U0362021

"十二五"国家重点图书

出版规划项目

清华国学丛书

书与心

浙学的精神维度

何俊 著

余英时题

北京大学出版社

PEKING UNIVERSITY PRESS

图书在版编目（CIP）数据

事与心：浙学的精神维度/何俊著. —北京：北京大学出版社，
2013.1

（清华国学丛书）

ISBN 978-7-301-21637-8

Ⅰ.①事… Ⅱ.①何… Ⅲ.①哲学学派-研究-浙江省
Ⅳ.①B2

中国版本图书馆 CIP 数据核字（2012）第 282159 号

书　　　　名：事与心：浙学的精神维度
著作责任者：何　俊　著
责 任 编 辑：田　炜
标 准 书 号：ISBN 978-7-301-21637-8/B·1087
出 版 发 行：北京大学出版社
地　　　　址：北京市海淀区成府路 205 号　100871
网　　　　址：http://www.pup.cn　新浪官方微博:@北京大学出版社
电 子 信 箱：pkuwsz@yahoo.com.cn
电　　　　话：邮购部 62752015　发行部 62750672　出版部 62754962
　　　　　　　编辑部 62750577
印 刷 者：三河市北燕印装有限公司
经 销 者：新华书店
　　　　　　　880mm×1230mm　A5　11.125 印张　269 千字
　　　　　　　2013 年 1 月第 1 版　2013 年 1 月第 1 次印刷
定　　　　价：35.00 元

《清华国学丛书》总序

　　在现代中国，"国学研究"就其内容而言即国人对于中国文化之研究。中国文化有几千年连续发展的历史，中国文化的体系博大精深。经过百年来与外来文明的融汇，中国文化不断实现着新的发展与更新。在中国现代化进程不断发展、全球化浪潮冲击世界的今天，更全面、更深入地认识中华文明及其历史发展，发扬优秀的中国传统文化，已经成为新时代的重要使命。清华大学国学研究院的恢复建立，就是要为中华文明的伟大复兴，为中国文化走向世界，为中国学术的卓越发展，为重振清华大学中国文化研究的雄风而尽其努力。

　　在清华的历史上，1925 年曾成立清华研究院国学门，当时亦通称清华国学研究院，后因各种原因，在 1929 年停办。在短短的四年当中，毕业学生近七十名，其中后来成为我国人文学界著名学者的近五十人。清华国学研究院指导学生的教授王国维、梁启超、陈寅恪、赵元任四位先生，后被称为四大导师，清华国学研究院的研究在当时代表了我国国学研究的最高水平，其教育人才的成就也成为我国近代教育史的一段佳话。

　　关于老清华国学研究院的宗旨和精神，吴宓在《清华开办研究院之宗旨及经过》中明确地指出："惟兹所谓国学者，乃指中国学术文化之全体而言。而研究之道，尤注重正确精密之方法，并取材于欧美学者研究东方语言及中国文化之成绩,此又本校研究院之异于国内之研究国学者也。"近代以来,"国学"概念的使用有不同的用法,吴宓的提法代表了当时多数学者的用法。后来清华国学研究院的教研实践也显示出,清华国学研究院对"国学"和国学研究的理解,始终是把国学作为一种学术、教育的概念,明确国学研究的对象即中国传统学术文化,以国学研究作为一种学术研究的体系。在研究方法上,则特别注重吸取当时世界上欧美等国研究中国文化的成果和方法。这表明,老清华国学研究院以研究中国传统文化为本色,但从一开始就不是守旧的,而是追求创新和卓越的,清华国学研究院的学术追求指向的不是限于传统的学术形态与方法,而是通向新的、近代的、世界性的学术发展。

所以,这种求新的世界眼光,是清华国学研究院得以取得如此成就和如此影响的根本原因之一。事实上,在 20 世纪 20 年代,在大学里成立国学研究的院所,清华并不是第一家,前有北京大学研究所国学门(1922)、东南大学国学院(1924),后有厦门大学国学研究院(1926)、燕京大学国学研究所(1928),尤其是北京大学国学研究所成立早,人员多,在当时影响广泛,但最终还是清华国学研究院后来居上,声望和成就超出于其他国学院所,成为现代中国学术史的标志。究其原因,除了王国维等人本身是当时我国国学研究冠绝一世的大师外,主要有二:一是清华国学研究院以中西文化融合的文化观作为基础,在中国文化的研究方面,沉潜坚定,不受激进主义的文化观念所影响;二是把国人的国学研究和世界汉学、东方学的研究连成一体,以追求创新和卓越的精神,置身在世界性的中国文化研究前沿,具有世界的学术眼光。

老清华国学研究院是不可复制的,但它的精神和宗旨在今天仍然有其不可磨灭的价值。今天的清华大学国学院,依然承续老清华国学研究院对国学概念的理解和使用,我们也将以"中国主体、世界眼光"为宗旨传承老清华国学研究院的学术精神。"国学研究"是中国学者对自己的历史文化的研究,必须突出中国文化的主体性;但这种文化主体性的挺立,不是闭关自守、自说自话,而是在世界文化和世界性的中国文化研究中确立起自己的地位。

清华大学国学研究院力图秉承老清华研究院国学门的精神,接续20世纪三四十年代清华人文研究的传统,参与新时期以来清华文科的恢复振兴,力求把"清华国学研究院"办成具有世界影响的中国文化研究中心,为中国文化研究提供一个一流的国际化的平台。研究院将依托清华大学现有人文学的多学科条件,关注世界范围内中国研究的进展,内外沟通、交叉并进,既关注传统学术的总体与特色,又着重围绕中国哲学、中国史学、中国美学与文学、世界汉学进行多维度的深入研究,以高端成果、高端讲座、高端刊物、高端丛书为特色,为发展国际化的中国文化研究做出贡献。

《清华国学丛书》是清华大学国学研究院主办的几种高端丛书之一,丛书主要收入本院教授、访问学人的研究成果,及本院策划立项的研究项目成果。这些成果在完成之后,经过遴选而收入本丛书,由北京大学出版社出版。

清华大学国学研究院

2011 年 1 月

序

　　有关儒学的普遍性与地域性，我一向认为，中国古代自秦汉以来，已经是各地文化交流频繁，并没有一个地区是孤立发展的，特别是在帝国统一的时代。宋代以后，文化的同质性大大提高，科举制度和印刷业在促进了各地文化的同一性方面起了巨大作用。因此，儒学的普遍性和地域性是辩证的关系，这种关系用传统的表述可谓是"理一而分殊"，统一性同时表达为各地的不同发展，而地域性是在统一性之下的地方差别，没有跳出儒学普遍性之外的地域话语，也不可能有离开全国文化总体性思潮涵盖的地方儒学。不过，地域文化的因素在古代交往还不甚发达的时代，终究是不能忽视的，但要弄清地域性的因素表现在什么层次和什么方面。如近世各地区的不同发展，主要是各地的文化传统之影响，而不是各地的经济－政治结构的不同。所以，问题的关键不在于承认不承认地域性的因素，而在于如何理解和认识、掌握地域性因素对思想学术的作用。

　　近一二十年，全国各地，尤其是经济发达的地区或文化教育繁荣发展的地区，都很注重地域文化的挖掘与传承。这可以看作是中国崛起的总态势下、中华文化自觉的总体之下各种局部的表达，有着积极的意义，也促进了地域文化研究的新开展。其中"浙学"的探讨似乎是全国以省为单位的文化溯源中特别突出的。这一点，只要对比与浙江地域文化最接近、经济发展和教育发展水平最相当的邻省江苏，就很清楚。江苏不仅没有浙江那么关注地域文化总体，其所关注的也往往是"吴文化"一类。指出下面一点应该是必要的，即与其他省份多侧重"文化"的展示不同，浙江更关注的是"浙学"的总结发掘。换言之，其他省多是宣传展示广义的地域文化的特色，而浙江更多关注的是学术思想史意义上的地域学术的传统。这是很不相同的。

当然，这与一个省在历史上是否有类似的学术资源或论述传统有关。如朱熹在南宋时已使用"浙学"，主要指称婺州吕氏、永康陈亮等所注重的着重古今世变、强调事功实效的学术。明代王阳明起自越中，阳明学在浙江的发展学者称为"浙中心学"；清初黄梨洲倡导史学，史称"浙东史学"。明代以后，"浙学"一词使用渐广。特别是，浙东史学或浙东学派的提法，清代以来已为学者耳熟能详，似乎成了浙学的代名词。当代关于"浙学"的探讨持续不断，其在浙江尤为集中。可以说，南宋以来，一直有一种对"浙学"的学术论述，自觉地把"浙学"作为一个传统来寻求其建构。我以为这显示着，至少自南宋以来，浙江的学术思想在各朝各代都非常突出，每一时代浙江的学术都在全国学术中成为重镇或重点，发生了较大影响。所谓"浙学"也应在这一点上突出其意义，而与其他各省侧重于"文化"展现有所分别。事实上，"浙学"与"浙江文化"的意义就并不相同。总之，这些历史上的浙学提法显示，宋代以来，每一时代总有一种"浙学"被当时学术思想界所重视、所关注，表明近世以来的浙江学术总是积极地参与中国学术思想、思潮的发展潮流，使浙学成为宋代以来中国学术思想发展中的重要成分；以至于宋元明清以来的浙江学术是否有一个一以贯之的学派或学术传统，倒并不是最重要的了。所以在我看来,浙学历史的多元性内涵已经使将浙学归结为某一种学派的努力成为不可能,"浙学"在历史上出现及其影响的重要意义是,每一时代的浙江学术都在全国发出为一种重要的声音,影响了全国,使浙学成为中国学术思想史内在的一个重要部分。

当然,每一时代的浙江学术及其各种学术派别往往都有所自觉地与历史上某一浙学的传统相联结而加以发扬,同时参与着全国学术思想的发展。因此,浙学的连续性是存在的,但这不是说宋代永嘉事功学影响了明代王阳明心学,或明代阳明心学影响了清代浙东史学,而是说每一时期的学术都在以往的浙学传统中有其根源,如南宋甬上四先生可谓明代浙中心学的先驱,而浙东史学又可谓根源于南宋浙学等。当然,由于全国学术的统一性,每一省的学术都不会仅仅是地方文化的传承,如江西陆氏是宋代心学的创立者,但其出色弟子皆在浙江如甬上;而后来王阳明在浙中兴起,但江右王学的兴盛不下于浙中,这些都是例子。浙学的不断发展不仅是对以往浙江学术的传承,也是对全国学术思想的吸收、回应和发展,是"地方全国化"的显著例子。

对"浙学"的肯定不必追求一个始终不变的特定学术规定性,然而,能否寻绎出浙学历史发展中的某种共同特征或精神内涵呢?关于历代浙学的共同特征,已经有不少讨论,如浙学重视事功与道德的统一这一特色,古人、今人申论甚多,就不必重复了。我想在这里提出一种观察,对已有讨论作一补充,即,南宋以来,浙江的朱子学总体上比较地不太发达。虽然朱熹与吕祖谦学术关系甚为密切,但吕氏死后,淳熙、绍熙年间,在浙江并未出现朱子学的重要发展,却出现了甬上四先生代表的陆学的重要发展。南宋末年至元初金华四先生的朱子学曾有所传承,但具有过渡的特征,而且在当时的浙江尚未及于慈湖心学的影响，与甬上四先生在陆学所占的重要地位也不能相比。元明清时代朱子学是这一时期全国的主流学术，但在文化发达的浙江，朱子学始终没有成为重点。这似乎说明，浙江学术对以"理"为中心的形上学建构较为疏离，而趋向注重实践性格较强的学术。不仅南宋的事功学性格是如此，王阳明心学的实践性也较强，浙东史学亦然。朱子学在浙江相对不发达这一事实可以反衬出浙江学术的某种特色，我想这是可以说的。

浙学的意义，也许主要不在于历代连续传承一种学术，而毋宁是每一时代的浙学都作用于时代的社会、政治、思潮，发挥了重要的思想文化影响，足以为浙江学术的骄傲。至于浙学的连续性，我以为，重要的不一定是要把南宋以来的浙江学术，用某一家一派的主张来贯穿以呈现所谓的连续性，这既不必要，也不可能，因为浙学在历史上本来不是单一的，而是富于多样性的。另一方面，正如本书作者所指出的，无论如何，南宋的事功学、明代的心学、清代的浙东史学是"浙学最具坐标性质的思想流派"，值得不断深入地加以研究。

吾友何俊教授，研究中国哲学史和中国思想史多年，颇有心得；他多年主持宋学的研究，成就斐然；而他的浙学研究始于宋代，而贯通至清代。他的研究特点是学术视野开阔，兼通哲学史、思想史、学术史的多重法门，注重研究方法的自觉。现在他的新书《事与心：浙学的精神维度》即将付印，要我写几句话，故不揣浅陋，略将我的浅见表之如上，以答其盛意，并向读者推荐这部新著。

陈　来

2012 年 9 月 2 日于清华园

目　录

《清华国学丛书》总序 ·························· （1）

序 ·································· 陈　来（1）

自　序 ······························· （1）

第一篇　深于学必能合乎内外之道

宋代永嘉事功学的兴起 ···················· （3）

郑伯熊与南宋绍淳年间洛学的复振 ············ （18）

论南宋的永嘉事功学 ······················ （40）

陈亮解经、系谱与南宋儒学的建构 ············ （54）

叶适的士风与学风 ························ （70）

叶适论道学与道统 ························ （89）

叶适与朱熹道统观异同论 ·················· （137）

第二篇　悬空想个本体不过养成个虚寂

洛学向心学的转化

　　——论王苹、张九成思想走向 ············ （153）

心学何以会归禅 ·· （166）

刘宗周的改过思想 ·· （203）

第三篇　言性命者必究于史

晚宋儒学的转型与解经方法的变化 ················· （235）

论《明夷待访录》的政治思想 ························· （261）

论《明夷待访录》的经世观念 ························· （273）

思想史的界定与门径

　　——以两部学案为例 ································· （295）

宋元儒学的重建与清初思想史观

　　——以《宋元学案》全氏补本为中心的考察 ········· （310）

后　记 ·· （337）

自　序

　　在中国近世哲学与思想史上，区域性思想流派的形成与互动是一个非常显见的现象，整个近世思想文化在很大程度上亦因此得以建构与演化。从长时段的视域来看，比如从宋一直到清，乃至清末民初，浙学显然在其中扮演了极具特色而又极富活力的角色。在长达千年以上的历史过程中，要对浙学作出某种形态化的界定，事实上既不可能，也无必要。但是，颇具意味的是，浙学在自身演化的每个阶段，却常常或建构已有的传统，或表达共同的识见，或追步前人的志业，从而有意无意地保持着浙学的连续性。比如叶适对北宋永嘉学术的梳理，无疑是在建构已有的传统；王阳明对文中子王通的高度肯定，足以让人回想起陈亮的识见；黄宗羲将其书斋名为"续抄堂"，正是要接续黄震的学术；以至于清末民初孙诒让、章炳麟对浙学的整理与振扬，不仅见于学术，而且呈于实务。毫无疑问，在这种不断的回溯过程中，既使得区域性的思想传统得以赓续，更意味着浙学确实具有着自身的精神维度，思想者们沿此维度展开他们的论学，表证他们的关怀。尤有意味的是，在今日浙江，从政府到民间，从学者到商人，这一传统依旧，而且不断地被呈现出来。

　　然而，充满戏剧性的是，浙学的精神维度似乎从一开始就呈现出巨大的分裂，因为其指向分别是外在的活动与内在的精神：事与心。

叶适在《温州新修学记》中对此表述得非常清楚，他追述永嘉之学的由来，将其精神关怀并列地概括为两个反向的维度，即内向的"必兢省以御物欲"与外向的"必弥纶以通世变"。但是，叶适在作出这样的梳理时，显然没有因为永嘉之学具有这样反向的精神维度而表现出丝毫的紧张，恰恰相反，他的阐述显得他完全视其为应然。这意味着，心与事反向的精神维度，其分裂只是表面的。在浙学的思想世界中，心与事的精神维度的反向性实质上存在着内在的统一性，其表面的反向恰为之打开了极大的思想空间，构成了必要的思想张力。心与事的反向诉求没有构成精神的分裂，相反，彼此恰成为对方存在与生长的前提与动力。

当然，如果考察具体思想流派的精神诉求，似乎仍然不可否认，不同时期的浙学在心与事的维度上呈现出了某种显见的偏向。比如由其名称即已表达的那样，宋代的事功学偏于外的事的成就，明代的心学重在内的心的确立。但是，在事功学与心学各自的思想中，这种偏向与其说是以另一维度的遮蔽为前提，毋宁说是逻辑地预设了另一维度的存在，因为无论是事功学，还是心学，都似乎强调此一维度的彰显恰是得力于另一维度的支撑，同时又促进了另一维度的延伸。它们所呈现出来的那种显见的偏向，固然来自于它们的理论重心，但同样也不免是一种因名而致的误解。

先看事功学。叶适尝针对朱熹《中庸章句序》中所确定的道统，在《习学记言序目》中"总述讲学大指"，详加反驳，以阐明他对儒学精神的认识。按照叶适的阐述，儒家的根本精神并不是围绕着人心——道心而展开的单纯的主体精神的培植，而是在包含了社会伦常与制度工具两方面内容在内的人类文明的建立。这可以说是事功学全部论说的宗旨。但是，在叶适的思想中，这个人类文明的建立，根本上无法依赖于以术下神或徒恃一悟的古今神秘主义,而见闻几废的陆学与狭而不充的朱学同样构成误导,只有依赖于人心在多识前言往行中培育起来的知识理性。而且,叶适强调,人心具有内在的向学主动性,犹如山泉流向江海。换言之,事功既依赖于人心的知性力量,又表证着人心的知性成长。

转观心学。虽然建立内在的主体精神是阳明思想的核心诉求,但阳明强调这一主体精神的成长,根本上有赖于事上磨炼。阳明与弟子最后的天泉证道,意欲表达的核心精神,实在于申明作为本体——主体的人心的充实成长是在动态的实践中实现的,而不是自囿于精神世界中的某种规定。阳明后学之所以陷入空禅,门径虽殊,但根源为一,即外在的事或隐遁或误判,内在的心终不能有效落实。后来刘宗周起而纠弹,在《人谱》中所开辟的人心成长道路,正在于将内在的心的成长自始至终放置在外在的践履上。

不过,相形之下,能够将浙学心与事的精神维度的统一性明确地予以澄清的,则是黄宗羲。他在《明儒学案·序》中指出,"心无本体,工夫所至,即是本体"。据此,心固然是内在的主体,但这一主体的真正确立却在于工夫的展开中,而无论对此工夫作怎样的诠释,都必然是人的实践的过程。质言之,心与事的精神维度具有着内在的统一性。

基于这一阐明,黄宗羲在学术思想上写出了《明夷待访录》与《明儒学案》这样杰出的著作。在《明儒学案》中,黄宗羲实质上是以一本万殊的思想史观表证了心与事的精神维度的统一性;而在《明夷待访录》中,黄宗羲固然坚持传统的端正君心,即所谓治道之本,但更大的关怀投放在了属于治道之事的整个制度,从而保证治道之本的君心在整个治道之事的展开中得以真正确立。也正是由于对心与事的精神维度的内在统一性具有高度的自觉与坚持，黄宗羲与他的继承者们才极其鲜明地将心与事的统一性具体化为"言性命者必究于史"的理念，以及经史并重的学术门径，在明清中国学术范式发生重大嬗递的语境中形成了既延续浙学心与事相统一的精神传统，又与时代相呼应的别具风格的浙东史学。

从事功学与心学对事与心的各自彰显，到浙东史学的心与事合一，同一个区域中先后产生的这些思想流派在历史的时序与思想的转进上，似乎传递出某种历史与逻辑合若符节的信息。这究竟是思想史的真实过程，抑或思想史家的美丽建构，并不是一个容易回答的问题。在赵宋以降的浙学演变史上，两宋的事功学、明代的心学、清代的浙东史学毫无疑义是最具坐标性质的思想流派。这种坐标性质不仅来自于它们在浙学自身的思想传统中所垒起的高度，而且来自于从别的区域，从周边到整个中国，乃至东亚与更广的范围所投射过来的思想目光对它们的识别。然而，依据高耸的坐标固然可以将思想史的洪流加以某种脉络化，但脉络化的过程同样存在着粗陋地简约化，并造成认识失误的巨大风险。这尚只是从思想史的认识客体而言。如果转而反省思想史的认识主体，那么即便是对于这些坐标性质的思想流派的认识，也同样存在误读的可能。当然，尽管如此，除了在体认那些思想者时保持足够的警惕，以及对于体认所获的识见保持足够的可质疑空间外，体认终须进行，识见也应当表达。

这里收录了我若干年来体认浙学的一些论稿。毫无疑问，这些成于不同时期，相隔二十年的论稿，显然不是在某种计划下进行的工程，而近似于随机性质的作业；而且由于反复体认的过程，前后的识见发生了某些修改，论述也不免些许重复。然而，当我现在回头整理汇集自己有关浙学的论稿时，却不期然地发现，十多年来的随机作业竟然不自觉地集中在事功学、心学与浙东史学这三个坐标上。虽然我非常清楚,在这三个坐标之间,整个浙学洪流在险难蔽塞中或激或止,呈现出极大的丰富性,但是我同样认为,这三个坐标终究仍足以代表浙学的思想传统。而尤令我欣喜的是,当我重检自己的这些陈迹时,这些有关思想前辈们的零散体认,竟然聚合成我对浙学的精神维度的新认识,使得近世中国思想世界中的浙学在我的识见中不再是散布的湖泊,而是追求心与事共生合成的精神洪流。

第一篇　深于学必能合乎内外之道

在讨论郑伯熊的论文中，可以知道"深于学必能合乎内外之道"这句话出自南宋周必大在乾道九年（1173）给郑伯熊的书信。当时的道学运动虽正兴起中，但有些流弊已露端倪，身居相位而对道学抱有同情的周必大已看到了这些流弊，并表达了某种担忧："近世士人稍通其说，则谓施于事者便与圣贤合，自信太早而不知，他日未免害道。"故他以上述这句话来表达他对道学士人的期盼。

追求知识真正落于践履，固然是儒学一以贯之的传统，但事实上总是难以做到的。在印刷术广泛使用从而使得知识生产、传播与接受变得相当活跃的南宋，"稍通其说"与"施于事"的不对称问题似乎变得更加凸显。从今天来看，这种不对称也许应该成为中国学术史上知识获得某种主体性从而走向自主成长的契机，从而产生为知识而知识的观念。但对南宋而言，这显然是过高而近乎苛刻的要求。为知识而知识的观念只能视为知识有它独立的自主性，如果就知识属于人类的活动之一而言，在本质上，无论是在传统时代，还是在现代，知识始终是与个体践履、社会运转紧密黏合为一体的，获得知识与成己成物是不可分的。然而，成己成物虽毫无疑问是南宋儒家的共同诉求，但成己终究不等于成物；加之知识渗入其中，更引出诸如知识以及什么样的知识在成己与成物中如何发挥功能以及发挥怎样的功能等问题，因此必然引发不同的判识与行动。从郑伯熊这位使永嘉学术在南宋得以重光，并推动洛学复振者的身上，永嘉学术的精神或如周必大所期盼的那样，是力求"合乎内外之道"的；而且在永嘉学术的集大成者叶适那里，"合乎内外之道"也是其思想的宗旨，但激荡中的思想却很容易使其精神在某一单向性的维度上获得自显或被显。宋代的永嘉学术最终被定名为事功学也许就可以这样来理解。

宋代永嘉事功学的兴起

　　宋代永嘉事功学的源头主要是伊洛程学,这几乎是传统的定论。但伊洛程学入浙何以会转变成事功学呢? 近人何炳松所撰《浙东学派溯源》以为,程颐、朱熹、陆九渊实各宗儒、道、释,因此程学与永嘉事功学同属儒家正宗,彼此间的区别只是源与流,思想宗旨及方法是一脉相承的。显然,在何著中前提与结论是自洽的,只是他对问题的回答实际上是取消问题。事实上在宋代,学者就认为永嘉事功学与程学有别,前者是后者的蜕变,这一观点至今仍是学界的共识。因此,问题依旧存在。另有学者以为,促成这种蜕变的唯一真因,"乃是南宋的经济与政治的发展"①。并有学者据此更进一步从南宋温州地区农工商业的发展予以证明②。经济政治,尤其是经济上的发达与功利主义的思想诚有内在的关联,但如因此在两者间简单地划上对应的因果连线恐有失于大,因为一种特定的经济与政治环境并不是只能导致一种特定的意识反应的。因此,关于永嘉事功学的兴起仍有待作进一步的细致解释。

---

① 侯外庐主编:《中国思想通史》第四卷(下),第 751 页,人民出版社,1960 年。

② 见周梦江:《试论薛季宣的事功思想》,收入《宋史研究集刊》,浙江古籍出版社,1986 年。

永嘉思想作为与理学、心学相抗衡的事功学是宋室南渡以后的事情,但要弄清楚永嘉事功学的兴起,则必须从其最初的渊源上谈起。这个源头按《宋元学案》讲应当有两个,其一是为后来永嘉问学兴盛奠基的王开祖(字景山,学者称为儒志先生),其二是受业于程颐、兼及吕大临的元丰太学九学士。前者是宋学初兴时期的人物,后者则是中期宋学中理学宗师的传人。不同时期的不同角色共同成为同一学派的源头,这本身就是一件值得研讨的事情。

北宋建国以后的七八十年,一个重振中国旧传统、再建社会政治教育理论的文化运动兴起,这就是作为汉学的反动而出现的宋学①,它不仅将不同身份的人卷入其中,而且遍及大江南北,全祖望所谓的"庆历之际,学统四起"②,指的就是宋学初兴时的气象。在这个潮流中,出现于浙东永嘉地区的代表便是王开祖。

王开祖,仁宗皇祐五年(1053)进士,不仕而杜门著书,在家乡永嘉东山书院讲学,从学常数百人。他以为"由孟子以来,道学不明",故他"今将述尧、舜之道,论文、武之治,杜淫邪之路,开皇极之门"③。从而在思想与实践上与开宋世学术之先河的"安定(胡瑗)湖学相应"④。湖学的精神在于"明体"与"达用"并重,其"经义"与"治事"二斋即是这种精神的体现。对这种精神,胡瑗弟子刘彝曾有具体的

---

① 见邓广铭:《略谈宋学》,收入《宋史研究论文集》,浙江人民出版社,1987年。
② 《宋元学案》卷六《士刘诸儒学案》。
③ 同上。
④ 同上,全祖望按语。

解释：

> 圣人之道，有体、有用、有事。君臣父子，仁义礼乐，历世不可变者，其体也。《诗》《书》史传子集，垂法后世者，其文也。举而措之天下，能润泽斯民，归于皇极者，其用也。①

质言之，这种体用并重的精神表明宋学初兴时的目标一是要确立道德精神，二是要追求经世致用。但是，处于"儒林之草昧"②时期的胡瑗、王开祖尚未能从理论上真正解决"明体"与"达用"的关系，他们的贡献还只在于在体用并重的精神指导下的教育实践。纪昀评论王开祖的《儒志编》：

> （王开祖）以上诸儒，皆在濂洛未出以前，其学在于修己治人，无所谓理气心性之微妙也，其说不过诵法圣人，未尝别尊一先生号召天下也。③

正点出了这一点。而这种理论上的空当自然留给后来者极大的发展余地。

"永嘉师道之立，始于儒志先生王氏，继之者为塘奥先生林氏"，而经行先生丁氏参之。④ 因此，林、丁二先生便是永嘉思想的第二代人物。

林石（字介夫，学者称为塘奥先生）是瑞安人，受学于龙泉管师常，系胡瑗、陈襄再传弟子。《宋元学案·古灵四先生学案》载：

> （时）临川王氏（安石）《三经》行，先生独不趋新学，以《春

---

① 《宋元学案》卷一《安定学案》。
② 《宋元学案》卷六《土刘诸儒学案》。
③ 《四库全书总目·子部·儒家类》。
④ 《宋元学案》卷六《土刘诸儒学案》。

秋》教授乡里。既而《春秋》为时所禁,乃绝意仕进,筑室躬耕,作芝堂以养母。或劝以仕,不答。讲论古今,必先实行而后文艺,曰:"本之不立,末之何有?"

林石反对王安石之新学,但仍着力于《春秋》之学,这表明他与王安石的对立,乃至隐居不仕是基于政治上的分歧,在经世致用的要求上是一致的。这是这段资料首先反映出来的一点。其次,也是最重要的,林石没有像上述刘彝那样沿用体、文、用这些术语,而改用本、末的说法,其"末"与刘彝之"文"对应,而其"本"则是刘彝所说的"用",这表明林石在"明体"与"达用"之间已于理论上偏重于"达用"。而正是这位林石,被太学九学士中最重要的周行己(字恭叔,学者称为浮沚先生)誉为与程颐、吕大临、龚原(王安石弟子)并立、"皆传古道"的"名世宗师"①;一时间永嘉学人,皆"舍己请从"②,太学九学士中的沈躬行便是他的门人。至于丁昌期(字逢辰,号经行),他是永嘉人,"其家世以笃行称,至先生,尤明经术"③。对他虽没有更多的资料以资分析,但至少可知他是一个好儒术而重实行的人。太学九学士中亦有人从学于丁门。由此可见,林石和丁昌期,尤其是林石,是王开祖以后,影响永嘉思想发展的一个重要人物,而正是在这个重要人物身上发生了偏重于"达用"的理论倾斜。

二

北宋神宗元丰年间(1078—1085),朝廷作新太学,四方游士甚

---

① 《浮沚集》卷七《沈子正墓志铭》。
② 《刘左史集》卷二《为林思廉祭林介夫》。
③ 《宋元学案》卷六《士刘诸儒学案》。

多。永嘉虽去京师阻远,游学者相对较少,但仍有一定数量的学士前往,九学士就是其中的一批。① 即就游及程门者而言,永嘉学士亦不止此,九学士只是大概而言,并非确指。在九学士中,周行己、许景衡、沈躬行、刘安节、刘安上、戴述六人是程颐弟子,赵霄、张辉、蒋元中只是私淑洛学。今有著述传世的有周行己《浮沚集》,刘安节《左史集》、刘安上《给谏集》,合称《二刘先生文集》,许景衡《横塘集》。其余则无著述传世。

清末孙诒让在《横塘集跋》中称学于程门的永嘉学士,得洛学以归,教授乡里;进而又比较九学士生平,指出:

> 盖元丰九先生,惟忠简(许景衡)独后卒,名德亦最显,厥后永嘉学者后先辈出,多于忠简为后进,或奉手受业其门。靖康建炎之际,永嘉之学几坠而复振,于忠简诚有赖哉。

在分析九学士对后来永嘉思想的作用问题上,孙氏前面的说法欠笼统,后面的说法则有抬高许景衡之嫌。比较程学及门的六弟子生平,沈躬行、戴述、刘安节早卒于周行己,许景衡、刘安上虽晚卒于周行己,但他们都卒于任所,精力主要在于仕途政事(这点刘安节与他们同样),而周行己登进士、官拜太学博士后即"愿分教乡里以便养亲",其后又"筑浮沚书院以讲学"②,因此真正教授乡里最久者应是周行己。至于南渡以后,永嘉九学士之绪言且将衰竭而又复振,与周行己私淑弟子郑伯熊有很大关系,所以叶适称永嘉之学"周行于前,郑承于后"③;黄百家讲:

---

① 《浮沚集》卷七《赵彦昭墓志铭》。
② 《宋元学案》卷三二《周许诸儒学案》。
③ 《叶适集》卷十一《温州新修学记》。

伊洛之学,东西之士,龟山、定夫之外,惟许景衡、周行己亲
见伊川,及其传以归。景衡之后不振。行己以躬身之学得郑伯
熊为之弟子,其后叶适继兴。经术文章,质有其文,其徒甚盛。①

可见,周行己于九学士中功居首位。

此外,"世知永嘉诸子之传洛学,不知其兼传关学"②。但九学士
中并非人人都受学于关学,在尝从关学传人吕大临游学者当中,周行
己与吕大临的关系显然比其他的人要亲密一些。《浮沚集》卷六《书
吕博士事》中流露出周行己对吕大临的敬仰,卷九《哭吕与叔四首》
反映了周行己痛失良师的心情,其第三首云:

朝闻夕死事难明,不尽心源漫久生。

手足启云犹是过,默然安得议亏成。

所以,真正传洛学以及关学入永嘉,并与永嘉的思想传统发生关系,
从而对后来永嘉事功学的崛起产生最重影响者,在九学士中当推周
行己。本文因限于篇幅,故下专以周行己为九学士代表析之。

三

周行己在思想上以孔孟为宗,表示"乃所愿则学孔子也",并以
为孔子之道,

有颜回者师其道于当世,有孟轲者师其道于后世……而师
之于当时者易,闻而师之于后世者难,知其难而能艰者,后世有

---

① 《宋元学案》卷三二《周许诸儒学案》按语。
② 《宋元学案》卷三二《周许诸儒学案》全祖望按语。

孟轲一人而已。孟轲,真知孔子者也。①

在学业上,他亲炙于程颐,问学于吕大临,从而确立起学术思想上的基本方向与倾向。但是,

> 行己之学,虽出程氏,而与曾巩、黄庭坚、晁说之、秦觏、李之仪、左誉诸人皆相倡和。集中《寄鲁直学士》一诗,称当今文伯眉阳苏,新词的烁垂明珠。于苏轼亦极倾倒,绝不立洛、蜀门户之见。②

周行己早年虽反对王安石,其游太学时,"新经之说方盛,而先生独之西京从伊川游"③,但他后来在政治上主张"解朋党"④;在学术上则如前文所言将程颐、吕大临、龚原与林石相提并论,认为他们"皆传古道"。由此可见,上述纪昀的论断是客观的。总的来说,这种学宗洛学以觇古道的立场和不立门户、兼容并蓄的态度构成了周行己思想的两面,明确这一点是分析周行己思想的基本前提。

宋代理学家在创建新儒学时,其立论基础都是直承胡瑗开先河的易学义理阐释,尤其是程子乃是这方面的宗师。周行己的哲学思考也是承袭这一思路展开的。他以为,

> 易之为书,伏羲始作八卦,文王因而重之,孔子系之以辞,于是卦爻象象之义备,而天地万物之情见……六十四卦,三百八十四爻,皆所以顺性命之理,尽变化之道也。散而在野,则有万殊;

---

① 《浮沚集》卷二。
② 纪昀:《浮沚集》提要。
③ 《宋元学案》卷三二《周许诸儒学案》。
④ 《浮沚集》卷一《上皇帝书》。

统之在道,则无二致。①

　　天尊地卑,礼固立矣。类聚群分,礼固行矣。人者,位乎天
地之间,立于万世之上,天地与吾同体也,万物与吾同气也。尊
卑分类,不设而彰。圣人循此为冠昏丧祭朝聘乡射之礼,以行君
臣父子兄弟夫妇朋友之义。其形而下者,见于饮食器服之用,其
形而上者,极于无声无臭之微。②

周行己在这段文字里一方面继承了传统儒家"推天道以明人事"的
思想原则,另一方面申明了程颐"天下之事,归于一是,是乃理也"③
和张载"民胞物与"的理论建设,对后者周行己通过体用的讨论有进
一步的发挥。他讲:

　　道本无名,所以名之曰道者,谓其万物莫不由之也。万物
皆有太极,太极者道之大本,万物皆有两仪,两仪者道之大用,无
一则不立,无用则不成,太极即两以成体,两仪即一以成用。④

周行己的这种体用观与程颐体用一源、即事显理的主张是一脉相承
的。唯一的一点细微区别是,周行己思想的重点在于他由体用之一
源强调体用的对等,有倾斜于形而下之器的思想趋向,而程颐则是由
体用之一源强调即事而明理,着力点是在"循此理乃可进学至形而
上者"⑤的理论目标。所以周行己于此段经解处特标明"百姓日用而
不知,故君子之道鲜矣"。周行己之所以与程颐有这种区别,根源就

---

① 《浮沚集》卷四《易讲义序》。
② 《浮沚集》卷四《礼记讲义序》。
③ 《二程外书》卷一。
④ 《浮沚集》卷二。
⑤ 《二程外书》卷一。

在于他兼容并蓄的学术风格和学以致用的精神导向。但是，周行己并没有将这种细微区别拉大，事实上，他自己也没有意识到这个区别。在思想上他依然是自觉地沿着程颐将儒家伦理道德本体化的方向而努力的，所以他进一步直接以义理心性来阐明形而上之道，"然是道也夫，何远之有哉，继于善者进乎此矣，成于性者复于此矣"①。

在确立了这样的基础之后，周行己便从两方面展开其思想。一方面是从人自身内在的明性存心上下工夫，这种工夫落实在行动上就是修身践言的持敬复礼。他以为，

> 君子所以知天者，知其性也。所以事天者，事其心也。

如果，

> 性之不明，心之不存，则在我者与天地不相似，故有长傲以悖天德，从欲以丧天性。所见者小，则其志满，天道亏矣。所慕者外，则其乐易极，天理灭矣。

因此，要不悖天德，不丧天性，不亏天道，不灭天理，必须使心性内敛。② 显然，这种明性存心的修炼工夫正是程门"存天理，灭人欲"基调的贯彻。至于克己复礼的具体问题，周行己在他的卷二《经解》十二首中，就有八首对此作专门讨论，核心便在一个"敬"，在手段上基本上跳不出程门的窠臼。另一方面，周行己本于孟子"仁政"、荀子"礼治"的理想，从制度管理上提醒朝廷。周行己虽然重弹"夫守位莫大于得人心"③、"礼治则治，礼乱则乱，礼存则存，礼亡则亡"④的

---

① 《浮沚集》卷二。
② 同上。
③ 《浮沚集》卷一《上皇帝书》。
④ 《浮沚集》卷四《礼记讲义序》。

老调，但他对当时的钱货、茶盐、济贫、吏役、转输等经济方面的管理均提出自己的一套看法，其中尤注意到货币与商品之间的关系。①这表明周行己体用对等，强调百姓日用的理论与态度是落于实处的。

总的来看，周行己从立论到方法，其理论建构是粗疏的，虽然总倾向上与程学合拍，但差异是存在的。事实上这种差异早在周行己游学程门时，就已存在，其程度还更为明显。《宋元学案·周许诸儒学案》载：

> 先生(周行己)未达时，从母有女，为其太孺人所属意，尝有成言而未纳采。至是，其女双瞽，而京师贵人欲以女女之，先生谢曰："吾母所许，吾养志可也。"竟娶之，爱过常人。伊川常语人曰："某未三十时，亦不能如此。然其进锐者其退速，当慎之。"其后先生尝属意一妓，密告人曰："勿令尹彦明知也。"又曰："此似不害义。"伊川闻曰："此安得不害义？父母之体，而以偶贱倡乎？"

这则轶事似从未引起研究者的重视。从表面上看，周行己谢绝京师贵人之女，而娶双瞽之女，很有视富贵如浮云之气节，但其行为决非基于真正的道德律令(当然更谈不上情感)，而是因一时的血气冲动和做人的过分矜持所致，而这也正是永嘉士风"任气而矜节"②的传统。从其养志的动机，以及程颐"进锐退速"的告诫则可以看到，周行己在性格及思想上是很有一点急功近利的，只是这种功利并非物质与权力而已。程学在修养上着力强调的是一个"敬"字，要"学者

---

① 见《浮沚集》卷一《上皇帝书》。

② 程俱：《北山小集》卷二二《席益差知温州制》。"敬"与"矜持"的区别是理学家修养所注重的一个问题，《朱子全书·学二》称："执事须是敬，又不可矜持太过。"

须敬守此心",但此敬"不可急迫,当栽培深厚,涵泳于其间,然后可以自得",因为"急迫求之,终是私己"①。而周行己的病因正在于此。至于谢上蔡"恭叔不是摆脱不开,只为立不住,便放倒耳",胡文定"恭叔才识高明,只缘累太重,若把得定,便长进矣"②的评语则更明确地点破周行己涵泳工夫不足的思想根源就是他没有牢牢地立足于程颐形而上的"天理",而是"缘累太重",而这些正是周行己后来所形成的思想的基础。

尽管如此,当周行己将他那种本身不纯的程学传入永嘉时,他所处的环境(主要是指文化背景)还是对他的思想形成了极大的压力。地处浙闽之交的永嘉,在风俗上是有它明显的独特性的。这主要有两点:一是重商之风特盛。时人就有"其俗剽悍以啬,其货纤靡,其人多贾,其士风任气而矜节"③的讲法。商业的职业性决定了该地区的世俗心理必好功利。二是尚鬼近乎墨,好文近乎儒。④ 墨学乃功利之学,专务实用。尚鬼神是中国乡村民间由来已久的一种风尚。在中国,对鬼神的敬仰基本上是出于实用的目的,也正因为如此,所祭祀的鬼神始终处于一个频繁更换的过程中⑤,而在这种频繁更换的背后所隐藏着的潜意识,我以为恰恰是鬼神祭拜者对鬼神的怀疑。至于好文近乎儒,指的是工文采、好辞章,并非指对儒家精神上的依归。可以说,这种求功利、重怀疑、好辞章的特征是造就出永嘉事功

---

① 《河南程氏遗书》卷十一。

② 《宋元学案》卷三二《周许诸儒学案》。

③ 程俱《北山小集》卷二二《席益差知温州制》。

④ 见《永嘉县志》卷六《风土志》,光绪八年刊,民国二十四年补刻版。

⑤ 关于鬼神的多变现象,参见 Valerie Hansen, *Changing Gods in Medieval China*, pp. 1127-1276, Princeton University Press, 1990.

学的极重要的文化背景。① 而前述的北宋庆历以来的永嘉思想向切近实用立场的明确倾斜,则从思想上与永嘉的文化背景配合默契。显然,这样的思想文化背景必然会对周行己的思想构成挑战,因为周行己虽然对程学的接受只不过是"俨然如醉忽醒,梦方觉",在行动上仍显得勉强,"必兢省以御物欲"②,远没有涵泳出理学宗师所具有的那种风恬浪静中的深长滋味,但他在思想上毕竟还是在走程学的路子,在感情上毕竟还是忠诚于程门的,更何况教授乡里时的周行己,其所造与年青游学程门时确也已不可同日而语。因此,周行己坦然地承受了这种压力,并接受了挑战。这点在他的《赠沈彬老》③一诗中,述说得非常清楚,兹照录于此:

> 永嘉人物衰,斯文久零替。学徒寡道心,日与风俗散。我生衰敝后,上思千载事。实欲闾里间,一一蹈仁义。敬重乡人情,翻遭俗眼忌。晚得沈夫子,学问有根柢。矫矫流辈中,颇识作者

---

① 关于永嘉事功学形成的历史文化因素,本文作了一些分析,但这种检视是很不够的。思想史的中心课题无疑应是人类对于自身所处环境的意识反应。然而如果仅仅将环境理解为思想文化当然是极其狭隘的,但超过这一范围的研究却有极大的困难,因为历史的无法还原性致使后人对许多社会经济结构到思想意识之间的中间环节及其影响的复杂性已不可能获得切实的感受,当然也就更谈不上理解。比如,有宋一代,两浙东路与西路在经济上是难分伯仲的,交通上浙东虽然有出海口,但浙西在陆路、水路上的发达应当不逊于浙东,然而为什么浙东偏偏有重商的习俗? 在文化上,湖学产生在浙西,游学程门者亦有浙西人士,而且从及进士第的人数比较,浙东虽高于浙西,但两浙东路与西路同是全国范围里名列前茅的地区,这意味着两地在教育上都相当重视,何以浙东既出史学,又出哲学,而浙西却不成气候? 在心理上,东路与西路皆重鬼神,且所敬的鬼神都在频繁更换,而在浙东,隐藏于重鬼神背后的那种重实用、好怀疑的潜意识却何以独能影响到理性思想的创建? 这些问题都已不在本文的视角所能理解的范围内,但它们确实是研究像永嘉事功学这样的地方学派的重要课题。
② 《叶适集》卷十一《温州新修学记》。
③ 《浮沚集》卷八。沈彬老即沈躬行。

意。欢然慰吾心,归此同好嗜。吾子更我听,士也贵尚志。古道自足师,不必今人贵。茶苦不异亩,薰莸不同器。所忧文理愆,何恤流俗义。进道要勇决,取与慎为计。去恶如去沙,河尽自见底。积善如积土,土多乃成岭。读书要知道,文章实小技。子试反覆思,鄙言有深味。自非心爱合,安能吐肝肺。行行慎取之,纾节思远大。岂但劝乡间,永为斯民赖。

周行己所传授的程学与永嘉已有的思想传统、文化背景的冲突并非是要不要事功,或者问不问道德的问题。周行己本人学以致用的思想是十分明确的,即使是程颐本人,也没有抛弃儒家经世致用的传统。永嘉思想虽重实用,但也并不是不问道德。但是周行己所代表的程学与永嘉固有的学术传统毕竟有所不同,前者思想路子在于即事明理,然后循此理进学至形而上者,其宗旨在于树立起形而上的道德本体,经世致用只不过是在此基础上,按照修齐治平的程序的一种自然展开;而在后者,道德精神显然没有得到如此的关注,相反,其思想的兴奋点是在如何务实。这就使双方冲突的核心实质上落到了道德与事功应该怎样相处的问题。换言之,道德与事功究竟谁是体、谁是用。对此,程学以及关学是明确的①;周行己虽然明确,但因他门户不紧,所以在实际的思想以及行为的贯彻上是有所走样的,而永嘉已有的思想传统则是不明确的,虽然林石已倾向于实用,但总的来说,永嘉从王开祖以来的学者并没有从思想上真正关心这一问题。因此,当程学传入后,程学的宗旨与永嘉已有的思想传统以及文化习

---

① 虽然关学要比洛学更关心实用,但根本的理论任务都是要再造儒家的宇宙本体论哲学,以使伦理道德本体化。因此张载死后,吕大临游学于程门,并没有原则上的冲突。参见陈俊民:《论吕大临易学思想及关学与洛学之关系》,《浙江学刊》1991年第2、3期。

俗之间的冲突,实际上是程学刺激了生活在特定的文化背景中、浸淫于自身具有的思想传统中的永嘉学者去真正厘清,或者说是建构起自己的思想。周行己与环境冲突的实质我以为就在于此,而且永嘉事功学思想上的二源头各自所起的作用在此也得到了清晰的展示。

四

当然,我们已经知道,周行己是要忠诚于程门的,他有以身殉道的精神准备,但是,"一种概念传入后,到底会发生什么样的反应,这取决于当地文化的特性"①。思想文化传播中的这种必然性在周行己的传承者,那位被联袂成帷的永嘉学者共以为渠率的郑伯熊(景望)身上很快得到了验证。

作为周行己的私淑弟子,郑伯熊在永嘉思想发展中是一个承前启后的人物。靖康之耻所引来的痛变,使南渡以后的学术思想呈现了一段空白。郑伯熊私淑周行己,首刻二程遗书于福建,从而使"且将衰歇"的学脉得以复苏,郑本人也由此而得东南学者的崇敬②。叶适称郑伯熊"明见天理,神畅气怡,笃信自守,言与行应,而后知今人之心可即于古人之心",其"必兢省以御物欲"③,这是郑伯熊上承周行己的一面。除此,郑伯熊"于古经制治法,讨论尤精"④。自孔安国以下,为《尚书》作解者殆百余家,但皆仅能随文释义,凡帝王之所以纲理世变者,盖未知其何如,而郑伯熊则能"与其徒读书之余,因为

---

① 李约瑟:《中国科学技术史》第一卷,科学出版社,1975年,第565页。
② 《宋元学案》卷三二《周许诸儒学案》。
③ 《叶适集》卷十一《温州新修学记》。
④ 《宋史·陈傅良传》。

之说,其亦异乎诸儒之说矣"①。郑伯熊"行己以吕申公(公著)范淳夫(祖禹)为法,论事以贾谊、陆贽为准,惓惓斯世,若有隐忧,则又学乎孔孟者也"②。这些便是郑伯熊下启永嘉事功学的一面。如果比较郑伯熊此两面,那么不难看出,承上者虚,启下者实,而且孔孟的道德精神只不过是在有隐忧的状况下临时所抱的"佛脚",这与周行己有明显区别,永嘉事功的旗帜已然树起。

郑伯熊以后,永嘉事功学开始真正兴起。至叶适,永嘉事功学从立场、思想、方法上成为真正与朱学、陆学分庭抗礼的哲学派别。

原载《杭州大学学报》1992 年第 22 卷第 3 期

---

① 《陈亮集》卷三二《郑景望书说序》。
② 《陈亮集》卷三二《郑景望杂著序》。

郑伯熊与南宋绍淳年间洛学的复振

宋室南渡以后,洛学于绍兴末得以解禁,并渐由复振阐扬而发展为道学运动。与此同时,区域性的学术思想也得到兴盛,彼此砥砺,共同推进道学运动。但是长期以来,对于洛学解禁以后为何能够得以复振,区域性的学术思想是如何参与其中,并同时得到发展,并没有清晰的梳理。郑伯熊是绍淳年间洛学复振阐扬的重要参与者,同时又是使颇益衰歇的永嘉学术得以重光的关键学者,因此本文试通过郑伯熊来观察绍淳年间的洛学复振,以期对上述问题有所认识。①

一、笃信固守以抗佞谀士风

绍兴二十五年(1155)十月秦桧死,次年六月秘书省兼实录院检官叶兼亨请求高宗改变拘一家之说的取士标准,“上曰:‘赵鼎主程

---

① 关于宋室南渡以后洛学复兴初期道学人士的努力,主要集中在哲学观念层面的分析,在实际层面的研究几乎处于空白。关于郑伯熊的研究,主要有周梦江的工作,参见他在《温州文献丛书·二郑集》(上海社会科学院出版社,2006 年)整理中所涉及的讨论。此外,王宇《永嘉学派与温州区域文化》(社会科学文献出版社,2007年)一书中也略有涉及。就本文关注的南宋道学运动的最初复振,以及此一过程中道学运动与区域性思想的互动,尚缺乏基本的讨论。

颐,秦桧尚安石,诚为偏曲,卿所言极当。'于是降旨行下"。由此,洛学的冰封期真正得以结束,荆公新学渐趋消沉,南宋儒学以洛学的复振阐扬拉开了帷幕。①

南宋初期洛学的复振阐扬,在思想层面上首推道南与湖湘。②但唯其是在思想的层面,因此他们的意义更在传洛学于不绝,而真正将洛学的复振阐扬推进为一场道学运动的,则在稍后一辈人的活动,即叶适后来时常追忆的那个历史情景:

> 每念绍兴末,淳熙终,若汪圣锡、芮国瑞、王龟龄、张钦夫、朱元晦、郑景望、薛士隆、吕伯恭及刘宾之、复之兄弟十余公,位虽屈,其道伸矣;身虽没,其言立矣。好恶同,出处偕,进退用舍,必能一其志者也。③

在这个名单中,我们看到了永嘉的郑伯熊(景望)与薛季宣(士隆)。这意味着,其一,洛学在南宋演进为道学运动的过程中,永嘉学者是处在中心圈内的;其二,元丰太学九先生以后颇益衰歇的永嘉之学在南宋的重光④与洛学的复振阐扬几乎是同步的。

不过,需要说明的是,叶适追忆的这个从绍兴末到淳熙终的历史情景,实际上包含了一个长的历史过程的前后两个阶段。前一个阶

---

① 关于两宋之际新学与洛学的消长,参见何俊:《南宋儒学建构》,第一章,上海人民出版社。
② 参见何俊:《南宋儒学建构》,第二章。
③ 叶适:《水心文集》卷十六《著作正字二刘公墓志铭》,《叶适集》第二册,中华书局,1961年,第306页。
④ 全祖望根据叶适《温州新修学记》(《水心文集》卷十一,《叶适集》第一册,第178—179页)对永嘉之学的梳理,指出:"永嘉诸先生从伊川者,其学多无传,独(周行己)先生尚有绪言。南渡之后,郑景望私淑之,遂以重光。"(黄宗羲、全祖望:《宋元学案》卷三二《周许诸儒学案》,《黄宗羲全集》第四册,浙江古籍出版社,1995年,第407页)

段是以洛学的复振阐扬为重点,其特征可视为传承;而在后一个阶段,洛学的阐扬已过渡为新思想的建构,其特征实已是开启。如果作个大致的时间划分,前一个阶段是从绍兴末到乾道年间,后一个阶段则从乾道年间到淳熙终。但是这两个阶段可以说是渐进过渡与交叉重叠的,只是由于这里重在讨论的是永嘉之学在前一阶段的重光及其与洛学最初振起的关系,因此有必要作此区分。具体地讲,讨论的焦点将主要在郑伯熊,而不是薛季宣。

从生卒上讲,薛季宣(1134—1173)虽比郑伯熊(1124—1181)小十岁,但却又早逝八年,因此,他在南宋初期儒学建构中的影响应是与郑伯熊同时产生的,上引叶适之文将他们并举也反映了这个事实。但是,因为绍淳年间洛学的复振阐扬可以细分为上述两个阶段,因此郑伯熊与薛季宣虽同属一个时代,但由于郑伯熊基本上是在重振洛学并"笃信固守",而薛季宣却已由洛学阐扬而"独究体统"①,他们的思想性质已分属于绍淳年间儒学运动的前后两个不同阶段。对郑、薛思想性质的这个归属划分,不仅可与南宋儒学建构的脉动相印证,而且也完全与永嘉之学的脉络相吻合,叶适梳理永嘉之学,着意于区分出"永嘉之学,必兢省以御物欲者,周(行己)作于前而郑(伯熊)承于后"与"永嘉之学,必弥纶以通世变者,薛(季宣)经其始而陈(傅良)纬其终"两个阶段②,所见正在于此。

郑伯熊的科举应该说是顺利的,二十二岁(绍兴十五年)就登进士第,但他的仕途却不得意,主要是在地方上任些事。此外,郑伯熊

---

① 这是叶适的判定,见《温州新修学记》。
② 《温州新修学记》。

的文集已佚,仅留下一些经说类文字①。可以说,无论是政治上,还是思想上,郑伯熊都不是一个显赫的人物。然而,正是这样一个普通的士大夫,却挽救了永嘉之学这样一个颇益衰歇了的区域性学术传统,并成为当时思想主流的重要参与者,这样的历史现象实是很耐人寻味的。

按照叶适的判定,永嘉之学对洛学的传承,核心是道德理性的持守与践履,即所谓"必兢省以御物欲";而郑伯熊的历史意义则在于,当两宋之际这样的核心价值日渐荡失时,他能够"明见天理,神畅气怡,笃信固守,言与行应",从而使时人"知今人之心可即于古人之心"②。需要强调的是,这个判定并非叶适一时之见,他在给郑伯熊的胞弟,与郑伯熊并尊为"二郑公"的郑伯英(1130—1192)的文集写序时,更详尽地表达了上述看法。叶适讲:

> 余尝叹章、蔡擅事,秦桧终成之,更五六十年,闭塞经史,灭绝理义,天下以佞谀鄙浅成俗,岂惟圣贤之常道隐,民彝并丧矣。于斯时也,士能以古人源流,前辈出处,终始执守,慨然力行,为后生率,非瑰杰特起者乎? 吾永嘉二郑公是已。③

据此,我们足以意识到,南宋绍兴末年洛学开始复振,决不纯然是一个学术上的理论问题,而首先是一个政治上的仕风问题。仍然借用叶适的话,那就是在阐扬洛学的士人们看来,两宋之际儒家道德

---

① 关于郑伯熊的文集,详见周梦江整理的《温州文献丛书·二郑集》。关于郑氏生平,周梦江也依据清人孙衣言《大郑公行年小纪》编了《郑伯熊年谱简编》(见《二郑集》,第79—102页);王宇又作了进一步的补充(《永嘉学派与温州区域文化》,第144—149页),可一并参见。

② 《温州新修学记》。

③ 《水心文集》卷十二《归愚翁文集序》,《叶适集》第1册,第216页。

理性的荡失,虽然其根源是在"闭塞经史,灭绝理义",但结果则呈现为仕风"以佞谀鄙浅成俗"。因此,洛学的复振阐扬,其最终固然要在经史学问上阐明理义,但当下的重心却首先是要整肃仕风。郑伯熊为士林所重,正在于他在这样佞谀鄙浅的仕风中,"能以古人源流,前辈出处,终始执守,慨然力行,为后生率"。也正是在这样的时代氛围中,郑伯熊始成为"瑰杰";位虽屈,其道伸,身虽没,其言立,才成为可能,而不是一句套话。人们在郑伯熊身上看到了洛学标示的道德理性在当下的存在,而且更为重要的是,如叶适所说,士人们由郑伯熊这一现实宦场中的鲜活典范,获得了复振洛学以拨乱反正的信心,"知今人之心可即于古人之心"。

郑伯熊,《宋史》中没有立传,其生平的存世材料很少,但有限的材料仍能够印证上述叶适的判定。兹引几例永嘉以外的人士对郑伯熊的评论以见之。《宋史》卷四五九《隐逸》下《徐中行传》记载,郑伯熊早年任黄岩县尉时,曾向胡瑗弟子徐中行的儿子徐庭筠请益,"庭筠曰:'富贵易得,名节难守。愿安时处顺,主张世道。'伯熊受其言,迄为名臣"。这段记载说明,郑伯熊入仕之初即以"名节"之持守为重。尤为重要的是,徐庭筠对郑伯熊的这番叮咛,正针对着"秦桧当国,科场尚谀佞"的仕风而发的。此与前述叶适所论,合若符节。

此外,周必大称"郑景望学问醇正,见于履践"[1];陈亮讲"郑公于今为道德之望,乃世所谓郑景望先生者"[2],所誉者也都重在践履及其为士林所望。但对郑伯熊"笃信固守"最生动形象的描述,还要算朱熹。因为这个描述对于理解郑伯熊以及他所处的时代很重要,故

---

[1]　周必大:《文忠集》卷一八六《与张钦夫》,四库本。
[2]　陈亮:《陈亮集》增订本,卷三五《郎秀才墓志铭》,下册,中华书局,1987年,第466页。

照引于此。

　　右申国吕正献公四事,见其家传,而故建宁太守郑侯书之斋壁,以自警者也。侯书此时已属疾,间不两月而终。启手足时,清明安定,执礼不懈如常日,是足以验其平生学力果能践斯言者,非一时偶书屋壁而已也。

　　夫吕公之行高矣,其可师者不止此;郑侯亦无不学,顾岂舍其大,而规规于其细如此哉! 诚以理无巨细,精粗之间大者既立,则虽毫发之间亦不欲其少有遗恨,以病夫道体之全也。

　　侯之莫府赵君彦能,将摸刻置府学,以视学者,而属熹书其本末,熹不得辞也。

　　侯名伯熊,字景望,永嘉人。其为此邦,号令条教,必本于孝弟忠信,学者传之。

　　淳熙辛丑秋八月乙巳朔旦,州民宣教郎新提举江南西路常平茶盐公事朱熹谨书。①

　　郑伯熊究竟将吕公著哪四件事书于斋壁以自警,虽不得而知,但吕公著的言行,朱熹在《三朝名臣言行录》中有详尽的辑录,他的整个形象正如其墓碑上的御题:"纯诚厚德"。而在上引这篇跋文中,朱熹所彰显的郑伯熊也正是这样的形象。朱熹虽然在文末对作为官员的郑伯熊作了一个"其为此邦,号令条教,必本于孝弟忠信,学者传之"的总评,但他的笔墨之意更在郑伯熊临死时"清明安定,执礼不懈如常日"的描述,这不仅是因为郑伯熊这样的修为达到了与吕

① 朱熹:《晦庵集》卷八一《跋郑景望书吕正献公四事》,《朱子全书》第24册,上海古籍出版社、安徽教育出版社,2002年,第3854页。

公著临终时"精神静定,手足安徐,声气不乱"①同样的境界,表明郑伯熊书吕公著之事以自警,决非一时的心血来潮,而且更是因为朱熹要以郑伯熊临终之际的情状来证明他"平生学力果能践斯言",以彰显逝者的形象。

更值得注意的是,朱熹并没有就事论事,而是笔锋一转,针对郑伯熊书吕公著四事于壁以自警,进一步自设一问:"吕公之行高矣,其可师者不止此;郑侯亦无不学",为何"舍其大,而规规于其细如此"呢? 朱熹的回答是:"诚以理无巨细,精粗之间大者既立,则虽毫发之间亦不欲其少有遗恨,以病夫道体之全也。"这一问答与其说是进一步提升吕、郑二人践履上所达到的巨细无遗的高度,毋宁说更是为了表达对道学运动的期盼。只是这样的期盼无法托之空言,只有寄于郑伯熊这样身边的典范,尤其是在当时士风谀佞的历史情境中。

跋文中对此事原委的交代,实际上也透露出了这样的信息。郑伯熊书吕公著四事于壁以自警,原只是他个人的志趣而已,朱熹之所以要专门对此加以叙述,是因为"侯之莫府赵君彦能,将摸刻置府学,以视学者"。换言之,郑伯熊纯私人的生活要转而成为士林的典范,以影响士人社群。这便是郑伯熊所处时代的需要,也是他成为"瑰杰"的历史原因。

二、行道济世以求儒效日白

郑伯熊以他的"笃信固守"使传承洛学的永嘉之学得以重光,而

---

① 《三朝名臣言行录》卷八之一《丞相申国吕正献公》,《朱子全书》第 12 册,第 635—636 页。

这本身恰恰属于整个洛学复振的一部分。由此,郑伯熊在这一历史过程中的地位不仅获得了确认,而且永嘉之学也得以成为参与绍淳年间将洛学的复振阐扬推进为道学运动的重要学派。一个重要的标志就是朱熹编纂《伊洛渊源录》确定道统时,曾托薛季宣、吕祖谦代为搜访洛学永嘉传人的事迹材料。①

当然,郑伯熊对洛学的复振,以及起永嘉之学于衰歇之中,决不仅在于他的"笃信固守"。事实上,当道学人士引郑伯熊为道德之望,以抗佞谀鄙浅之士风时,所针对的固然是士人们广义上的进德修业,但更是有所特指的,那就是仕途上的出处进退。叶适称赞郑伯熊"能以古人源流,前辈出处,终始执守,慨然力行,为后生率",标示的就是他在出处进退上的执守。郑伯熊仕宦不畅,实与他"每小不合,辄乞去"②的执守密切相关,而这也正是他奉为楷模的前辈吕公著的风格,吕公著于"去就之际,极于介洁。其在朝廷,小不合便脱然无留意"③。不过,这种有所不为的执守,相对于一意于求的佞谀,虽毫无疑问足显其高洁,为士林人心之望,但终不能替代有所为。洛学的精神毕竟在现实的世道,洛学的复振阐扬必待以积极的作为。郑伯熊自不例外。

作为一名地方官,前引朱熹跋文已对郑伯熊有所评定,"其为此邦,号令条教,必本于孝弟忠信,学者传之"。从这个评定,可知郑伯熊在其仕宦生涯中,致力于按照儒家的价值济世安民,并颇得好评。

① 《晦庵集》卷三三《答吕伯恭》,《朱子全书》第 21 册,第 1438 页;《东莱别集》卷八《与朱侍讲》之三。
② 《宋元学案》卷三二《周许诸儒学案》,《黄宗羲全集》第 4 册,第 429 页。
③ 《三朝名臣言行录》卷八之一《丞相申国吕正献公》,《朱子全书》第 12 册,第 637页。

只是朱熹这个评定太过概略,如无具体内容,易流为泛泛虚词。所幸郑伯熊的材料虽极有限,但仍能援举一二以见之。

乾道六年,郑伯熊出任福建路提举常平茶盐公事,正好遇到干旱,郑伯熊上奏朝廷:"福建路八州、军、府、县,自入夏以来,阙少雨泽。其上四州军府虽时得甘雨,犹未沾足,早禾多有伤损;下四州军府亢旱尤甚,晚种有不得入土者。乞将所在米价依条支拨常平米斛赈济。"结果得到了朝廷的认可。①

当然,这样履行职责的事情,最多只是反映了郑伯熊是一名体恤民艰的尽职官员。虽然做一名体恤民艰的尽职官员是儒家行道济世的应然之举,但仅就其本身终不足以呈现其背后的理据。不过幸运的是,在朱熹的文集中存有四封给郑伯熊的书信,其中两封信的主题是讨论如何理解"尧舜之世一用轻刑"。郑伯熊的信已佚,从朱熹的议论中推知,郑伯熊对"尧舜之世一用轻刑"的理解,一言以蔽之,就是应当宽民。② 事实上,宽民的观念是郑伯熊思想的一个重要内容,这个问题且待下文讨论。这里之所以只提朱熹的书信,是因为这些书信的时间恰好是郑伯熊在福建任上,虽然所讨论的问题源自郑伯熊所关心的《尚书》经义的理解,仿佛是一个学术的问题,但他所面对的现实民生问题无疑构成他主动向朱熹讨论这样的学术问题的动力与背景。换言之,前述郑伯熊的体恤民艰,并不只是一个官员的例行尽职,而是基于他的学术认知与价值观的行为。

正因为如此,郑伯熊才会超越他的职守,具有更广泛的社会责任感。如乾道二年秋八月,温州遇大风雨,人多溺死,时任国子监丞的

---

① 《宋会要辑稿》食货五十八之七。
② 朱熹的信可见《二郑集》所附,第68—71页,也可见《朱子全书》第21册,第1625—1630页。

郑伯熊,率乡人在朝者,奏请赈恤。①

除了勤政爱民以外,重振洛学的另一举措是对前贤表示崇敬。前文所述郑伯熊初入仕途,于黄岩县尉任上,向徐庭筠请益一事,即是郑伯熊现存材料中反映此类行动的显例。徐庭筠的父亲徐中行受学于胡瑗,与程颐属同门,父子二人都是学以诚敬为主,躬身力行的隐逸高节之士,为乡人所敬重,正属于师承有自、立身有节的前辈时贤。郑伯熊身为地方官员,向这样的人请益,既是自己心志的表达,更是具有象征意义的表彰,绍兴末年的洛学复振正有待于这样的举措来营造氛围。后来,约在郑伯熊死后第二年(淳熙九年),时任浙东路提举常平茶盐公事的朱熹巡历台州,亦专程拜祭徐氏,为之题墓,并作诗称誉:"道学传千古,东瓯说二徐。"其功能与意义是一样的。事实上,这样的请益或拜祭,在后来的道学运动中成为普遍性的仪式。

当然,作为一名行政官员,郑伯熊对绍淳年间洛学复振阐扬最直接的贡献,应该是在他福建任上协助朱熹刊刻相关的书籍。从现有的史料看,郑伯熊在福建刊刻的书中,除了二程的著作,应该还刊刻了朱熹编纂的其他著作。朱熹答郑伯熊四书,后二书谈的都是关于刊刻著作的事情,其中第四书云:

> 家祭礼三策并上,不知可补入见版本卷中否?若可添入,即孟诜、徐润两家当在贾顼家荐仪之后。孟为第七,徐为第八,而递攒以后篇数,至政和五礼为第十一,而继以孙日用为第十二,乃以杜公四时祭享仪为第十三,而递攒以后至范氏祭仪为第十九。

---

① 明嘉靖《温州府志》卷六灾变。

可知刊刻的应该是目录类著作，内容是属于仪注类。此外，朱熹在给吕祖谦的信中还提到过"《精义》或以属景望刊行，如何？"①《精义》就是朱熹的著作《论孟精义》，但此书是否最终曾由郑伯熊帮助刊刻过，由此尚难以确定。

毫无疑问，郑伯熊在福建任上帮助朱熹刊刻的著作中，以二程的著作最为重要。二程著作在南宋的刊刻，并非朱熹、郑伯熊的闽刻本为最早。进入南宋以后，随着洛学解禁，北宋后期星散各地的洛学传人即开始刊刻与传播二程著作，只是这些著作不仅内容上不完整，而且错误严重，即便是张栻在长沙刊刻的胡安定的本子，在朱熹看来也存在许多问题。朱熹花费许多心力编纂二程著作，不仅是为了洛学传播，而且也是为了清理南宋以来洛学分流所呈现的思想混乱。②因此，闽本一出，对于洛学的复振阐扬确实是一大贡献。上述情况，可从周必大在获得郑伯熊所赠此书后所写的感谢信中看得非常清楚，周必大称：

> 程氏书尝收数本，而未有如是之备者，最后《经说》尤所愿见。拜赐，感幸深矣。大凡深于学，必能合乎内外之道。近世士人稍通其说，则谓施于事者便与圣贤合，自信太早而不知，他日未免害道。所赖吏部及钦夫二三公推所蕴以觉来者，于抑扬去取间，使是非深浅皆有所别，自然儒效日白于世。③

至于郑伯熊所赠闽刻本的具体内容与版式，则在周必大同时写给张

---

① 《晦庵集》卷三三《答吕伯恭》，《朱子全书》第 21 册，第 1467 页。
② 参见何俊：《南宋儒学建构》，第 108—112 页。
③ 《文忠集》卷一八六《郑公景望吏部》。俊按：《文忠集》库本标注此信为乾道元年，但此信与下引《张钦夫左司》一信内容相关，写于同一年，后一信标注时间为乾道九年，故前一信库本所注时间为误。

栻的信中作了交代,周必大讲:

> 郑景望学问醇正,见于履践。前日奉祠过此,仅得一面,其在闽中尝类《程氏遗书》、《文集》、《经说》,刊成小本,独《易传》在外耳,留本相遗,其意甚厚。①

虽然朱熹在《程氏遗书后序》中说明尚有续编《程氏外书》的计划:

> 此外诸家所抄尚众,率皆割裂补缀,非复本篇。异时得其所自来,当复出之,以附今录。无则亦将去其重复,别为《外书》,以待后之君子云尔。

但就当时可以设想,二程的著作确如周必大所言,除了《伊川易传》以外,闽刻本已完备了。

朱熹《程氏遗书附录后序》自署于乾道四年,说明二程著作的整个编纂工作是在此前完成的,而郑伯熊任福建路仓使是在乾道六年,因此郑伯熊并没有参与二程著作的编纂工作。作为一名地方官员,郑伯熊能够帮助朱熹刊刻二程著作,显然是在经济上动用官费予以资助。但以官费资助刊刻,似乎引来批评,因为后来朱熹曾以此提醒过他人。在《答林择之》一信中,朱熹云:

> 渠(一赵姓官员)昨许草堂之贶,因话为扣之。然不可破官钱,恐又作郑景望也。②

指出这一点并不是无意义的,因为前文已述郑伯熊是一个持守甚严的人,他能够破费官钱来帮助朱熹刊刻二程著作,甚至其他相关著作,显然是因为他对复振洛学有着深刻的认同感与使命感。

---

① 《文忠集》卷一八六《张钦夫左司》。
② 《晦庵集·别集》卷六,《朱子全书》第25册,第4953页。

当然,作为洛学传人的郑伯熊也是一位严谨的学者,他在刊刻程氏著作时免不了会发表一些自己的意见,供朱熹参考。郑伯熊建议朱熹删去《程颢文集》中早年应科举的几篇程文,这虽然是时人编纂文集的通例,但由朱熹的回复可知,郑伯熊的建议是要维护洛学的形象。朱熹没有接受郑伯熊的意见,现存《程氏文集》中仍保留了这些文章,但朱熹认真对待了郑伯熊的意见,他在给郑伯熊的第三封信中同样从洛学精神的高度对此作了解释。朱熹讲:

> 示谕明道程文不必见于正集,考求前此,固多如此。然先生应举时已自闻道,今读其文,所论无非正理,非如今世举子阿世徇俗之文,乃有愧而不可传也。曾南丰序王深父之文,以为片言半简,非大义所系,皆存而不去,所以明深父之于细行皆可传也,况先生非欲以文显者;而即此程文,便可见其经纶之业已具于此时,虽文采不艳,而卓然皆有可行之实。正学以言,未尝有一辞之苟,其所以警悟后学,亦不为不深矣。愚意只欲仍旧次第,不审台意以为如何?

毫无疑问,朱、郑的意见分歧在此并不重要,重要的是由此反映出他们对于洛学复振事业具有共同的立场与认真的态度。

后人对于郑伯熊帮助朱熹刊刻二程著作给予很高的评价,认为是奠定永嘉之学以郑氏为宗的工作。全祖望就是这样看的,他说:

> 方秦桧擅国,禁人为赵鼎、胡寅之学,而永嘉乃其寓里,后进为所愚者尤多。故绍兴末,伊洛之学几息,九先生之绪言且将衰歇,吴湛然、沈元简其晨星也。(郑伯熊)先生兄弟并起,推性命微眇,酌古今要会,师友警策,惟以统纪之不接为惧。首雕程氏

书子于闽中，由是永嘉之学宗郑氏。①

但全祖望这个评定并不十分符合事实。绍兴初年，秦桧确曾罢相出任温州知州，并前后客居数年，与温州士人多有交往，温州士人亦因此在政治上分属于秦桧一党与赵鼎一党，或游走于其间，但并没有影响到温州士人在学术传统上的归属，他们仍主要归属于洛学。九先生在永嘉所传洛学的近乎衰歇，其实主要不是指学术上的接续，而恰恰是指温州士人热衷于仕宦，于官场上互通声气，失其脚步。② 郑氏兄弟正是以他们的笃信固守，在佞谀鄙浅的士风中弥显其为瑰杰，才真正赢得士人的尊重与认同。至于刊刻二程著作一事，则如上述，闽刻本既非程氏著作之首刻，郑伯熊也终究只是帮助了朱熹，故虽对洛学复振是一个大的推动，但决不能说郑伯熊凭此而确定了他在绍淳年间洛学复振中的地位，以及使永嘉之学得以重光。应该说，除了郑伯熊的践履以外，他在各个方面都推动着洛学的重振，同样，正是在这个过程中，永嘉之学重新赢得了时人的关注与重视。

三、说经议政以述洛学性理

永嘉之学在北南宋发生了很大的思想变型，即叶适所言，从"必兢省以御物欲"转为"必弥纶以通世变"。而且根据叶适的这个梳理，永嘉之学的转型是由薛季宣开始的，即所谓的"愤发昭旷，独究体统"。这个看法在朱熹那里是可以得到印证的。朱熹一直没有见到过薛季宣。薛季宣于知湖州任上曾慕名呈函请益，朱熹与他有过

---

① 《宋元学案》卷三二《周许诸儒学案》，《黄宗羲全集》第 4 册，第 429—430 页。
② 详见王宇：《永嘉学派与温州区域文化》，第二章。

书信往来,同时朱熹门人林择之向朱熹也介绍过薛季宣①,因此对于薛季宣的思想,朱熹略知一二。但朱熹以"甚惧"二字怀疑其学术路径。② 不久,薛季宣过世,朱熹后来阅读了薛氏著作,在有所肯定与否定的基础上进一步判定其学陷于"细碎",在"大纲领"上有缺。③可知薛季宣的思想确实另有关怀与新辟。

事实上,绍乾时期洛学的复振,推进到乾淳时期,转而成为道学运动,从思想上讲,正得力于并呈现为诸儒都由洛学的阐扬转而倡言新说,区别只在于新说与旧学之间尚有多大的关联,以及新说在理论上的水准与完备。

以此而论,郑伯熊虽有自己的关注与思考,但其学仍在洛学的框架内,服膺于二程的诚敬为本,尤著之于践履,与薛季宣的"独究体统"断然有别;而且薛季宣的思想也略具规模,亦非郑伯熊可比。至于朱熹,虽然本于洛学,但所造却是致广大而尽精微,郑氏之学更不可同日而语。然而,即便如此,郑伯熊作为一区域性学术思想传统的代表,他的思想折射出绍乾时期洛学初兴时期的士人实践与关怀,因此对于理解此一时期的南宋儒学仍有某种典型性,而对于理解处于转型之中的永嘉之学亦属必要。

前文述及,郑伯熊的著作基本散失,现存者主要是一些经说类的文字与几篇佚文,在叙述郑伯熊思想以前,有必要先略介他的这些著述。

---

① 参见薛季宣:《温州永嘉文献·薛季宣集》卷二三《与朱编修熹书》之一、二,上海社会科学院出版社,2003 年。并见《晦庵集》卷三八《答薛士龙》之一、二,《朱子全书》第 21 册,第 1695—1698 页。

② 《晦庵集》卷三三《答吕伯恭》,《朱子全书》第 21 册,第 1438 页。

③ 参见王宇:《永嘉学派与温州区域文化》,第三章第三节。

郑伯熊被学者们尊称为敷文先生，他传世最主要的著作就是冠以其尊称的议论儒家经典《尚书》的文章《敷文书说》，共 26 篇，主要用于准备科举考试，陈亮讲得很清楚，"余则姑与从事乎科举者诵之而已"。但陈亮同时也援引张载的话指出，孔安国以下百余家注疏《尚书》者，都只是随文释义而已，而对于其核心的帝王之所以纲理世变者，却未能阐发。现今"永嘉郑公景望与其徒读书之余，因为之说，其亦异乎诸儒之说矣"，正反映出郑伯熊"胸臆之大"，即郑伯熊关注的是《尚书》中所载帝王纲理世变的问题，以为当世之用。①

　　除了《敷文书说》，今《二郑集》尚辑录了郑伯熊《周礼》训义 19 条，训解《诗经》与《左传》各一则，以及诗若干首、杂著《议财论》三篇和《祭薛季宣》文一篇。这些文字，除去诗与祭文外，其余著作都与《敷文书说》一样，是用于准备科考的。也正是由于这个用处，郑伯熊的文章才被刊刻行世，这点仍由陈亮交代得很明白。陈亮讲：

　　　　朋友间有得其（郑伯熊）平时所与其徒考论古今之文，见其议论弘博，读之穷日夜不厌，又欲锓木以与从事于科举者共之。

尤有意味的是，陈亮曾劝这批朋友：

　　　　公（郑伯熊）之行己以吕申公、范淳夫为法，论事以贾谊、陆贽为准，而惓惓斯世，若有隐忧，则又学乎孔孟者也。是直其谭论之馀，或昔然而今不尽然者，毋乃反以累公乎？②

综而言之，郑伯熊的传世文本虽反映了他的思想关怀，但却无疑是他早年文字，尤为科考之备，这是必须指出的。

---

① 《陈亮集》增订本下册，卷二三《郑景望书说序》，第 259 页。
② 同上。

郑伯熊与南宋绍淳年间洛学的复振

因为是科考之备，郑伯熊经说文章的核心主题无疑是帝王之治，上文曾提及的"宽民"即属于其中的基本思想。这里且仍以上文涉及的郑伯熊与朱熹讨论"尧舜之世一用轻刑"为例，略加说明。

这一讨论是针对《尚书·舜典》中"象以典刑，流宥五刑"的记载而起的。关于这一经文，郑伯熊在《敷文书说》中有详细的阐发，他讲：

> 象以典刑。舜嗣位之初，巡狩既毕，即首制《刑书》，何也？曰："始轻刑也。"古之世惟肉刑而已，圣人之于斩割杀戮，岂忍也哉！民习乎重不遽轻者，势也。时雍之世，刑措不用，于是制为轻典五流，以宥其大者。为鞭为扑，以待其小者，犹以为未。又为赎，以恕其情之有可矜与法之有可疑者。肉刑盖将无用矣，而不敢废也，以示民使终知所避耳。

按照这一阐发，舜制《刑书》的根本目的是要减轻刑律。古时的肉刑已不忍心施行，即便是鞭、扑小刑，尤为不得已。对于触犯刑律而情有可原或于法可疑的，更设"赎"以为宽恕。刑虽不废，但只是作为威慑与警醒之用。郑伯熊指出：

> 五刑三千皆有赎，何也？人之常情，创见则震骇，习熟于耳目则易玩，因斯民远罪自爱之心，而弛其斩割杀戮可骇之事，详为赎法，以待其有时而入刑者，所以养其自爱重犯法之心也。

概言之，"尧舜之世一用轻刑"的指导精神，"呜呼！仁矣"[①]。

本来，这里的主旨是叙述郑伯熊的思想，不需要详细地陈述朱熹在此问题上对郑伯熊的商榷。但是，由于通过朱熹的释证，可以更好

---

① 《二郑集》，第6—7页。

地反衬郑伯熊对经典的诠释,因此仍有必要看朱熹的分析。朱熹不同意郑伯熊的诠释,"向蒙面诲,尧舜之世一用轻刑。当时尝以所疑为请,匆匆不及究其说。近熟思之,亦有不可不论者"。其一,从法理上论证刑律的制定并不是依据执政者主观之情,而应根据客观的理。朱熹强调:

> 但观皋陶所言"帝德罔愆"以下一节,便是圣人之心涵育发生,真与天地同德,而物或自逆于理以干天诛,则夫轻重取舍之间亦自有决然不易之理。

其二,从行政上指出滥施轻刑实际上是不负责任的。朱熹讲:

> 夫既不能止民之恶,而又为轻刑以诱之,使得以肆其凶暴于人而无所忌,则不惟彼见暴者无以自伸之为患,而奸民之犯于有司者且将日以益众,亦非圣人匡直辅翼使民迁善远罪之意也。①

其三,从训诂上逐一解读《舜典》中所载刑律及其施用对象。朱熹云:

> 《虞书》论刑最详,而《舜典》所记尤密。其曰"象以典刑者",象如天之垂象以示人,而"典"者常也,示人以常刑。所谓墨、劓、刖、宫、大辟,五刑之正也。所以待夫元恶大憝、杀人伤人、穿窬淫放,凡罪之不可宥者也。曰流宥五刑者,流放窜殛之类。所以待夫罪之稍轻,虽入于五刑,而情可矜,法可疑,与夫亲贵勋劳而不可加以刑者也。曰鞭作官刑,扑作教刑者,官府、学

---

① 《晦庵集》卷三七《答郑景望书》之一别本。俊按:上引《敷文说书》一文中最后一节与朱熹答书中基本一样,当是刊刻者将朱熹之语略加修改而附入所致,周梦江点校中亦指出。

校之刑以待夫罪之轻者也。曰金作赎刑,罪之极轻,虽入于鞭朴
之刑而情法犹有可议者也。此五句者,从重及轻,各有条理法之
正也。

可见,朱熹的释证以训诂为基础,并同时展开论证,尤重事物存在的
理据的阐明。反观郑伯熊的经说,基本上是针对现象而直接阐发自
己的观点,经文的训诂完全是服务于自己的观点,而这种言说风格其
实也正是洛学以义理解经的传统。

　　从陈亮对郑伯熊著作刊刻的说明,反映了郑伯熊这样的经说文
章很受当时士林备考科举的欢迎,这实际上折射出了绍淳年间洛学
复振阐扬时流行的言说风格。而且不仅于此,尤有意味的是,尽管朱
熹的释证在学术的意义上更为可靠,在理论的意义上更为有力,但即
便是认同朱学的严肃学者,仍然会对朱熹的释证有所保留,而不经意
地流露出对郑伯熊经说的认同,黄震就是一个例子。黄震在《黄氏
日抄》中说:

　　　　《答郑景望》论舜非轻刑,训释《虞书》甚备,但欲复肉刑,愚
　　　恐此事当更审。

实际上,朱熹所论完全是就理论与学术上分析,并不表明他要在现实
中恢复肉刑,黄震却不自觉地将这样的分析转换成了在现实中的对
应性应用。黄震已是后朱熹时代的学者,他高度认同朱学,并称得上
博学,在明确表明朱熹的训释甚备的情况下,尚且会产生这样的理
解,则不难想见一般的士人会如何认同郑伯熊的思想。可以肯定,除
了朱熹这样精深思考的学者以外,郑伯熊的思想是很容易为时人所
认同的,因为他所阐发的以仁为本的宽民思想,就其基本含义而言完
全符合儒家的传统,而其言说方式与洛学的风格一样,完全为时人所

乐见。

郑伯熊宽民为主旨的政论思想，散见于他的整个经说中，而比较集中的表达，则见之于他的三篇《议财论》。在《议财论上》中，郑伯熊指出：

> 自周之衰，先王之制亡，人欲日侈，用财者多。秦汉而下，类以四海九州之财赋养一人而不足，于是贱丈夫者，出而伸其喙，剥肤槌髓以厌一人之欲。

因此，理财之法，根本上就是要扭转这种状况，散财于民。郑伯熊讲：

> 抑不知先王之法，虽不可遽行，而其遗意犹可言也。盖先王之于民，爱之也，厚之也，予之也，散之也，而犹惧其或伤焉。夫财出于民，而爱之、厚之、予之、散之，是丰其本之术也。

要说明的是，郑伯熊的这一论述是针对着"握孟子仁义之说，闻言利之，急起而疾击之"的"高论之士"而发的。但由郑伯熊散财于民的论述可知，他对高论之士的抨击，针对的是他们滥用孟子的仁义之说，而并非否定孟子的仁义之说，因为他所主张的正属于孟子仁政的内容。

这一精神在《议财论》的中篇与下篇一以贯之。在《议财论中》，郑伯熊从四民的角度指出，士、工、商皆行无用之事，唯农尚守本业，但是农民的生存状态极差，已使子弟向往城市，不安于畎亩。因此，郑伯熊主张抑末厚本的传统政策，同时辅之以同样是传统性质的抑兼并政策。在《议财论下》，郑伯熊重申政府应制民以常产，使之足以相生养，而不应"庙堂之间，苟曰王府充，军储备，则幸矣，余不暇问也"，更不应滥用国家权力，"变法易令，以求丰财"。①

　　指出郑伯熊的思想没有超出孟子的仁政学说，并不是为了表明郑伯熊思想的无意义，而在于说明不能因为郑伯熊有这样的《议财论》文章，就认为他的思想已由洛学之言性理转向事功，从而构成北南宋永嘉之学转型的过渡环节②。相反，郑伯熊上述政论的意义，适足以说明作为绍淳年间洛学复振前期的参与者，郑伯熊的思想基本上是沿袭着洛学所秉承的孟子传统。尽管这三篇《议财论》只是郑伯熊的佚文，它们应该是一系列政论文章中的一个主题，但窥斑见豹，郑伯熊思想的基本性质大抵也就是如此。

　　除了诸如刑律、财政这些客观性质的议题的政论以外，由于帝王之治还涉及帝王心术的议题，因此在郑伯熊的经说中，也有他关于心性之学的阐发。郑伯熊主要阐发了两个议题，其一是强调尽性达天：

> 　　不矜不伐，至公无我之心也。举天下之善，安而行，无所累于心，故无骄矜之气，天德也。禹之所优，而颜子之所愿也。盖万善本吾性之所固有，学至于圣贤，于性无所加益，而缺一焉，则不足以为尽性。知此则任重道远，惟日不足矣，尚何敢矜之有。进此而安焉，则达乎天德矣。

其二是强调反身而诚：

> 　　爱人不亲反其仁，治人不治反其智，礼人不答反其敬。行有不得者，皆反求诸己，此帝王之家法也。自反而仁矣，自反而智且敬矣，而人未遽吾听焉，不遽责夫人也。曰："是吾仁智且敬

---

① 《二郑集》，第48—52页。
② 周梦江：《永嘉之学如何从性理转向事功》，《二郑集》（代前言），第1—16页。

有所未尽,而姑勉焉尔。"此帝王之心术也。①

这两段议论都是郑伯熊对《尚书·大禹谟》中经文的阐发,前者是"汝惟不矜",后者是"满招损谦受益"。但毋须赘言,郑伯熊所阐发的与其说是经文本义,毋宁说更是孟子之精神,洛学之诉求。

因此,通观郑伯熊之文,可以确知他的思想一如叶适的评定,"必兢省以御物欲",恪守洛学所秉承阐发的孟子传统。如果从每一个侧面而观之,郑伯熊似乎在洛学复振阐扬而转进为道学运动的历史过程中并没有重大的建树,但仍如叶适所言,郑伯熊"明见天理,神畅气怡,笃信固守,言与行应",以一个充实而光辉的形象成为洛学复兴中的某种标杆,不仅在各个方面推进洛学,而且也令颇益衰歇的永嘉之学得以重光。

原载《复旦大学学报》2010 年第 2 期

---

① 《二郑集》,第 12 页。

论南宋的永嘉事功学

在整个宋学中,南宋浙东学派是一极具光彩的流派。但浙东学派仅是一个依于地理上的笼统称谓,并不是基于思想分析和确认的界定。按传统的说法,浙东学派主要有金华学派(又称婺学)、永康学派和永嘉学派。婺学在思想上虽不无建树,但主要毕竟还是根于"中原文献之传"①而发展起来的一个史学流派。永康学派的代表陈亮是婺州永康人,但并不以此被认为是婺学中人,其学专被标之以"事功"②,这说明陈亮与婺学不同。《宋元学案》称陈亮学无师承,但就实际的交往以及思想实际而言,永嘉学者对陈亮的思想确有直接的影响,而陈亮的思想也给永嘉学者以极大的启发,彼此是互有发明,相聚甚乐的③。质之思想则更可以看到内在的联系和宗旨上的一致性。其实在朱熹眼中,永嘉、永康亦只是地理的不同称谓而已,两家思想声息相通,同属不成学问的功利之学④。至于陈亮在永嘉事功学发展中的具体位置,当与薛季宣、陈傅良同时,而稍早于叶适,

---

① 《宋元学案》卷三六《紫微学案》全祖望按语。

② 《朱子年谱》。

③ 见徐规等:《陈亮永嘉之行及其与永嘉事功学派的关系》,《杭州大学学报》1977年第2期。

④ 《朱子语类》卷一二二。

这与他们的年龄以及永嘉事功思想的展开是相一致的。在浙东学派中,真正在思想上、方法上与宋代理学、心学构成鼎足之势的哲学流派只有永嘉学派,其旗帜便是事功。

对于永嘉事功学这样一个完全由某一特定地区的学者促成,而其思想却超越地理限制,足以与社会的主流思想相抗衡的学派,应有不同的方式来解释,需要从各种角度来研究,才能完全理解他们在各个层面所面临的问题,以及他们解决问题的方法的思想意义。本文所选择的是从其思想演进的角度来理解它内在的过程。

一

永嘉思想作为与理学、心学相抗衡的事功学是宋室南渡以后的事情,但其最初的渊源及思想的铺垫则是在北宋。其源头主要有两个,一个是永嘉既有的、始于王开祖(字景山,学者称为儒志先生)的学术思想传统,它是在整个北宋新思想的建设潮流中产生的,另一个是伊洛程学(关学虽兼及,但是次要的)。前者尚没有自觉地追求一种哲学的创建,基本上停留在"修己治人"的实践层面上,于经世致用尤为强调,而永嘉的士风民俗与此思想相得益彰;后者的宗旨在于树立起形而上的道德本体,经世致用只不过是在此基础上,按照修齐治平的程序的一种自然展开。当以周行己等人、即元丰太学九学士为代表的程门弟子将洛学传回家乡永嘉后,双方遂起激烈冲突。冲突的核心问题便是道德与事功应该怎样相处,即道德与事功究竟谁是体、谁是用。由于洛学已是一种较定型的理论体系,而永嘉既有的学术思想传统尚未理论化,因此,两者的冲突实质上是洛学刺激了生活在特定的文化背景中、浸润于自身具有的思想传统中的永嘉学者真正厘清或者说是构建起自己的思想。这种思想建设的趋向在周行己的私淑弟子郑伯熊（景望）身上已显端倪，经过他的承上启下，靖康之耻以后一度呈现空白，且将衰歇的永嘉学术得以复苏①。其后，永嘉事功学真正走向确立，其代表主要便是本文所要论及的薛季宣（艮斋）、陈傅良（止斋）和陈亮（同甫）、叶适（正则）。

全祖望讲："永嘉之学统远矣，其以程门袁氏之传为别派者，自艮斋薛文宪公始。"②这里提到作为程子与永嘉事功学中介的不是周行己等太学九学士，而是袁溉（字道洁）。袁溉乃程颐弟子，但其学术路径已有很大走作，是一个"自六经百氏，下至博弈小数方术兵道，无所不通"③的人，这点恐不立门户、兼收并蓄的周行己及其私淑郑伯熊亦难望其项背。薛季宣既得袁溉之传，便"愤发昭旷，独究体统，兴王远大之制叔末寡陋之术，不随毁誉，必遮故实"。"至陈君举（傅良）尤号精密，民病某政，国厌某法，各到根穴。""故永嘉之学，必弥纶以通世变者，薛经其始而陈纬其终也。"④

《宋元学案》将陈傅良、叶适皆列为郑伯熊的门人，这种说法虽不无根据，但总的来说应理解为泛指郑伯熊对后来学者的影响。《叶适集》卷二十八《祭郑景望龙图文》所云"某之于公，长幼分殊，登门晚矣，承教则疏"，与同卷《祭陈同甫文》中"余蚤从子，今也变衰"的话，都只是一种客气。对陈傅良的师承，除了郑伯熊外，《宋元学案》王梓材考中还提到薛季宣，《宋史·陈傅良传》中亦有陈傅良"得季宣之学为多"的说法，但全祖望据《宋元学案·序录》原底"止斋实

① 详见拙文《宋代永嘉事功学的兴起》，《杭州大学学报》1992 年第 3 期。
② 《宋元学案》卷五二《艮斋学案》按语。
③ 《止斋集》卷五二《薛公行状》。
④ 《叶适集》卷十一《温州新修学记》。

从艮斋分派,而非弟子"的说法,不以陈傅良为薛季宣的弟子才是对的。薛季宣《浪语集》卷二十三《答陈同甫书》云:

> 某自戊子入都,得左右之文于景望、四三哥之舍……每以未及识面,聆声欤之音为歉。及趋召,道宛陵,四三哥寄朋友书二:其一左右,一君举也。泊访旧知于学,则闻二陈之名籍甚京师。

这除了说明薛季宣、郑伯熊二人之间有密切交往之外,还知陈亮与陈傅良业已并称二陈,名声在外。由此可以推想,薛季宣与陈傅良决非严格的师生关系。实质上,叶适称陈傅良"独崇敬郑景望、薛士隆(季宣),师友事之"①一语中,用"师友"来表示彼此的关系是最为恰当的。

关于陈亮,《宋元学案》卷五十六中王梓材依其《祭郑景望龙图文》②中有"吾郑先生"一语即断陈亮亦在郑氏门下,实在勉强。《陈亮集》卷三十二《郑景望书说序》中有"永嘉郑公景望,与其徒读书之余"云云,显然将自己与其徒作分开论。前文已讲,陈亮与永嘉学者关系密切,但这种关系只是师友,而非师生关系。朱熹曾以龙川之学比迹于文中子,他讲"文中子《中说》,说治乱处与其他好处极多。其间论文史及时事世变,煞好。今浙间英迈之士皆宗之"。"文中子有个意思,以为尧、舜三代也只与后世一般,也只是偶然做得着。近日陈同甫便是这般说话。"③朱子推本陈亮思想谓其直承王通,此正说明,陈亮在形式上确实没有严格的师承关系,他的思想基本上是在特定的氛围(如与永嘉学者的关系以及共同面对的问题)中独立形

---

① 《叶适集》卷十六《宝谟阁待制中书舍人陈公墓志铭》。
② 《陈亮集》卷三十。
③ 《朱子语类》卷一三七。

成的。

　　上述这些对本文所具的意义在于:第一,不论洛学入浙之中介是谁,"永嘉自九先生而后,伊川之学统在焉"①。因此,事功学根本上是受洛学刺激进而为对抗洛学而崛起的,所以"为考亭之徒所不喜,目之为功利之学"②。第二,郑伯熊以后的永嘉事功学的代表彼此之间实际上是一种密切的师友关系,他们是在同样的背景中共同解决同样的问题,因此,他们彼此间具体的师承关系就显得无关宏旨。相反,他们对问题的如何处置却成了应被关注的焦点。

二

　　永嘉学者解决问题,建构事功学是从体用论展开的。陈亮在乾道六年(1170)秋天,于临安与薛季宣结交,并通信论学。这年薛季宣36岁,三年以后即去世,陈亮则27岁。在这年冬天的《答陈同甫书》中,薛季宣讲:"体用之论,备称高旨。某何足知此,然不敢以不敏而罢。"因此,他便以形而上之道与形而下之器来申明何者为体,何者为用? 他以为:

　　　　道无形埒,舍器将安适乎? 且道非器可名,然不远物,则常存乎形器之内。昧者离器于道,以为非道遗之,非但不能知器,亦不知道矣③。

这就使"永嘉之学,教人就事上理会,步步著实,言之必使可行,足以

――――――――――

① 全祖望:《永嘉张氏古礼序》,《宋元学案》卷五二《艮斋学案》。
② 《宋元学案》卷五二《艮斋学案》黄百家按语。
③ 《浪语集》卷二三。

开物成务"①的宗旨在理论上有了牢靠的基石。至于陈亮给薛季宣的信,今本《陈亮集》已不存,但陈亮在光宗绍熙四年(1193)省试策论中强调的"天下岂有道外之事哉","夫道,非出于形气之表,而常行于事物之间者也"②,表明他在体用论上与薛季宣是一致的,而且这种立场贯彻于陈亮的一生。

薛季宣虽早死,但他已对"田赋、兵制、地形、水利甚下工夫"③。薛季宣去世时,早有名声在外的陈傅良正当年富力强(36岁),他进一步将务切实用的宗旨贯彻于制度的研究。"年经月纬,昼验夜索,询世旧,繙吏牍,搜断简,采异闻,一事一物,必稽于极而后止"④,被南宋史学家李心传推崇为"最为知今"⑤的学者。

应该说,在薛季宣、陈傅良那里,事功的旗帜已经树立起来,理学家如张南轩、中立者如吕祖谦都已看到了这一点。张南轩明确指出:"士龙(薛季宣)正欲详闻其为人,事功固有所当为,若曰喜事功,则喜字上煞有病。"⑥吕祖谦客气一些,但也坦然言明:"士龙所学,固不止于所著书,但终有合商量处。"⑦但是,薛、陈,尤其是陈傅良,为人谦虚,持论平和,问学严实,其在思想上并没有对洛学树叛帜,和闽学唱对台戏。薛季宣义理不必深究之说,吕祖谦曾面叩之,答初无是言也。在学问上,"士龙坦平坚决,所学确实有用,甚虚心,方欲广咨博访,不谓止此"⑧。《朱子文集》卷三十八有《答陈君举》四书,其中一

① 《宋元学案》卷五二《艮斋学案》黄宗羲按语。
② 《陈亮集》卷九《勉强行道大有功》。
③ 《宋元学案》卷五二《艮斋学案》附录吕东莱《与朱侍讲书》。
④ 《叶适集》卷十六《宝谟阁待制中书舍人陈公墓志铭》。
⑤ 《建炎以来朝野杂记》乙集卷十二《昔人著书多或差误》。
⑥ 《宋元学案》卷五二《艮斋学案》附录张南轩《与吕伯恭书》。
⑦ 同上附录吕东莱《与陈同甫书》。
⑧ 同上附录吕东莱《与朱侍讲书》。

书云："前书所示，未蒙开云，敢丐高明，少垂采择。其未然者，痛剖击下，庶有以得其真是之归。"表明朱子于陈傅良极欲得一彼此畅辩的机会，以求归于一是，但陈傅良与朱子书，颇不以讲究辩切为然。陈傅良在《致陈同甫书》开头就有"某寻常人，蒙老兄拈掇最早，而晚又为正则推作前辈行……独恨未及与晦庵游，讲求余论"①的话头，足见他对朱熹的敬仰。他在信中对陈亮与朱熹双方立论的概括及其分析，无异于表明他在思想上并没有像陈亮那样要用事功去消解道德。在《再致陈同甫书》中，虽然"止斋之意，毕竟主张龙川一边过多"②，但陈傅良仍以为"元晦执以见攻，盖是忠爱"，他自己"非有轻重抑扬之论也"③。因此全祖望称"止斋最称醇恪，观其所得，似较艮斋更平实，占得地步也"④。这是对的。

　　真正将事功的旗帜打出去，与朱熹针锋相对的是陈亮。时间是在淳熙十一年到十三年（1184—1186），而此时的陈傅良则正埋首于古之经制的研究。比较陈亮与薛季宣、陈傅良，彼此的共同处在于他们的宗旨是一样的，即事功。相异处在于各自的着力方向不同。薛季宣、陈傅良专于经制上下工夫，为事功的宗旨找到真正的落实之处，在思想上则很有点吕祖谦的气味，喜和不喜争，喜融通不喜矫激；而陈亮正相反，重在思想上辩论，其目的就是要为功利正名，故其持论鲜明，所谓"功到成处，便是有德；事到济处，便是有理"，便明确地用事功取代了道德，濂、洛、关、闽所汲汲追求的道德精神本体化从根本上被推倒。他们两者，实质上是永嘉事功学不可或缺的两个轮子。

①　《止斋文集》卷三六。
②　《宋元学案》卷五六《龙川学案》黄宗羲按语。
③　《止斋文集》卷三六。
④　《宋元学案》卷五三《止斋学案》按语。

如果缺了薛季宣、陈傅良，那么"以经制言事功"的永嘉事功学就会失去其史学的内容，一则成为空疏之学，二则其事功也不过是言言而已。陈亮初上书皇帝，引得天子惊异数日，以为绝出，陈亮将由布衣经唯诺殿上，以定大事。但诋讪交起，竟用空言罗织成罪。① 这正说明这一点。如果缺了陈亮，那么，永嘉事功之学的思想旗帜就不能真正树起来，薛季宣与陈傅良的学问充其量不过是带有一定思想的考据学。事实上，当时朱熹已经有"永嘉之学，理会制度，偏考究其小小者"②的指责。唯有他们的共同努力，才能够从立场、宗旨、态度和落实上为永嘉事功学的真正确立打通道路。因此，集永嘉事功学大成的叶适既推崇薛季宣、陈傅良，对陈亮评价也极高，但叶适笔墨所及也只是他们各自所作出的上述贡献。③

陈亮与薛季宣、陈傅良所以有这样的区别，与其文化背景是有关系的。永嘉的学术思想传统历来注重于体用之同时展开，而于"用"上尤下工夫。功利只不过是一种立场，切用则需要实在的研究。陈亮虽与永嘉学者相聚甚乐，互有发明，但这种思想文化背景上的潜意识熏陶毕竟缺乏。造成陈亮与薛、陈区别的另一个重要原因在于个人生平的不同。陈亮在性格上是一个奇特强毅的豪杰、"为人才气超迈，喜谈兵，议论风生，下笔数千言立就"④，以文名于天下。但他一生梦寐以求的建功立业的机会却来得尤晚，直至去世前一年的51岁才状元及第，因此"常抱不平之恨"⑤。薛季宣早在陈亮27岁落第

---

① 《叶适集》卷十二《龙川文集序》。
② 《朱子语类》卷二一一。
③ 《叶适集》卷十一《温州新修学记》、卷十二《龙川文集序》、卷十六《宝谟阁待制中书舍人陈公墓志铭》、卷二八《祭陈同甫文》、《祭陈君举中书文》。
④ 《宋史·陈亮传》。
⑤ 《宋元学案》卷五六《龙川学案》附录。

时对他的这种情绪就有"学官秋试,遂遗贤者,士大夫不能无恨。得失有命,时运故应然耶！使乡举无留才,则何以为造化"①的安慰。同时,陈亮虽然广交时贤,在士大夫中有一定的影响,但在社会地位上仍旧是一个没有取得功名的普通乡绅,在生活上常要受制于人,经济上时有赖于经商②;加之中国传统社会可供知识分子选择的道路有限,致使像陈亮这样抱有匡世济民志向的人只能而且必须走登第入仕的道路。假"使同甫晚不登进士第,则世终以为狂疾人矣"③。叶适这句话正说明了这一事实。因此,陈亮不可能像薛季宣(薛虽非进士,但出生于官宦家庭,恩荫制度使他轻易进入仕途)、陈傅良和叶适(陈、叶均进士出身)那样心平气和、从容自怡地埋头于研究,故其学自然"更粗莽抢魁",一旦高中状元,不免感激涕零,授人以"晚节尤有惭德"④之柄。

当然,永嘉事功学到薛季宣与二陈这里,问题之解决还只开了个头,因为面对理论建设和实际研究的双重要求,永嘉学者在努力实现的同时,不幸地制造出彼此的分离。薛季宣、陈傅良的经制研究和陈亮的功利思想并没有被打通。而且,要弥合这种分离,仍以原有的方法以及形式是不能实现的。因为,一方面薛季宣和陈傅良的经制研究在相当程度上是置身于思想建设之外的,道德精神在他们那里实际上是处于一个十分含糊的位置;另一方面陈亮的思想建设则干脆取消道德,致使其思想完全处在一种与中国哲学确定的表达方式——注释和重建传统的精神——相脱离的状态,而这种脱离又不

---

① 《浪语集》卷二三。
② 见徐规等:《试析陈亮的乡绅生活》,《宋史论集》,中州书画社,1983 年。
③ 《叶适集》卷十二《龙川文集序》。
④ 《宋元学案》卷五六《龙川学案》全祖望按语。

仅仅是一个形式问题。对此叶适是十分清楚的,所以他指出了当时的问题,"夫学不自身始而推之天下,可乎?虽曰推之天下而不足以反其身,可乎?然而妄相融合者零落而不存,外为驰骤者粗鄙而不近矣"①。既已指出了问题,自然他就要去解决。

三

关于叶适思想,非此稿所能尽言,只宜就所论主题进行分析。除了上述的问题有待弄清以外,尚有两点疑虑:其一,"水心较止斋又稍晚出,其学始同而终异。永嘉功利之说,至水心始一洗之"②。功利之说既一洗之,叶适又怎么做得成永嘉事功学的集大成者,朱熹何必还需"外永嘉而弗用"③;然则,难道如有些学者说的那样,是全祖望失言了?④ 其二,"水心天资高,放眼砭古人多过情,其自曾子、子思而下皆不免"⑤。显然,叶适这样做本身不是目的,那么,叶适究竟要干什么?

黄宗羲在评陈亮与朱熹"王霸义利"之争时曾讲:"夫朱子以事功卑龙川,龙川正不违言事功,所以终不能服龙川心。"⑥这句评语反过来以道德套在朱熹头上,结果也是如此。这就反映出一个事实,即朱熹与陈亮作为哲学家,彼此的兴奋点是完全不同的。朱熹的目的是要通过道德的确立来引导人类达到理想的生活方式;而陈亮则要

---

① 《叶适集》卷十一《温州新修学记》。
② 《宋元学案》卷五四《水心学案》全祖望按语。
③ 《叶适集》卷二八《祭薛端明文》。
④ 侯外庐主编:《中国思想史》第 4 卷下,人民出版社,1960 年,第 748 页。
⑤ 《宋元学案》卷五四《水心学案》全祖望按语。
⑥ 《宋元学案》卷五四《水心学案》黄宗羲按语。

凭借人力的独运来处理人类所不断面临的生存危机。① 因此,前者重视的是价值关怀,后者追求的是生存智慧。两者相较,传统论述多依据唯物主义与唯心主义的标准而偏向于陈亮,这种立场与方法在中国传统哲学的多元诠释中无疑曾有并将继续展示其有效性。但对本文来说,着眼点在于通过历史性的研究来展示出某一具体哲学在中国哲学发展中所具的价值。因此我以为,朱熹所关怀的价值是依赖于具有历史性权威的传统的,而包括朱熹在内的中国哲学家对传统的一般态度与其说是维护过去,毋宁说是面向未来。因此,尽管朱熹其价值体系的具体内容具有一定的时代保守性,但它作为开放的传统中的一个环节却具有超越时代、属于未来的意义。相反,陈亮对道德精神权威的推翻,势必导致基于传统的历史性权威上的价值失落的危机,从而割断了价值的连续性,并进而危及整个已有的社会秩序。朱熹的关怀是富有建设性的,而陈亮的追求则正相反,他着意在推倒而不是开拓。

由此,永嘉事功学要真正与朱、陆成鼎足之势,叶适必须另辟蹊径。钱穆讲得好,"陈亮反对朱熹的,在朱熹的新传统里抹去了汉唐诸儒,叶适则反对朱熹新传统里所定孔曾思孟四子书之不合。陈亮还是在争态度,叶适始是争思想。陈亮所根据的还是功利立场,叶适却直从正统宋学的义理立场来争辩"②。这不仅指点出叶适的路径,而且揭示了其方法。至此可知,全祖望的说法并非失言。所谓"永嘉功利之说,至水心始一洗之",指的是叶适放弃了陈亮那种推倒道德精神,用功利立场取而代之的做法,而是直接从道德精神出发来树

---

① 这种区别其实陈傅良已隐隐指出。见《止斋文集》卷三六《答陈同甫书》。
② 《宋明理学概述》,台湾学生书局印行,1984 年再版,第 215 页。

立永嘉事功学的旗帜。其实,叶适的这种做法与薛季宣、陈傅良"以经制言事功"的路子也是有所不同的。但是,理解叶适这一路子的必要前提,就是看到,无论对薛季宣、陈傅良,还是陈亮,叶适都是予以高度肯定的。因此,叶适对陈亮做法的放弃,以及对薛季宣、陈傅良研究的修正,都只是一种策略。对此无论怎样强调,都是不过分的。在实质上,叶适贯彻的仍然是陈亮的事功立场,只是他必须使这个立场与具有历史性权威的传统(道德精神是其价值核心)连接上,从而才能毫无顾虑地用事功来解释义理;事功仍旧要落实于薛季宣、陈傅良所精研的制度中,只是制度的真正实施必须有赖于来自传统的权威。

那么,怎样才能做到这一点呢?办法只有一个,那就是否认朱熹排定的圣人系谱。无疑,这需要绝然的怀疑态度和批判精神,而这正是永嘉文化背景的一个重要内容①,故我们可以想见叶适应该不会缺乏这种态度和精神。因此,叶适"放眼砭古人多过情,其自曾子、子思而下皆不免",决非是一般地为否定朱熹的"道统"而否定,而是永嘉事功学在发展中必须由他来解决的问题使然。正是在截断曾子对孔子的传承以后,叶适方能以遥接孔子自命,从而确立起永嘉事功学的正统地位,使事功合理地做了义理的注脚;而薛季宣、陈傅良的经制研究和陈亮的功利思想的分裂在它们与具有历史性权威的传统相连接的同时得以弥合。

但是,叶适否定"道统"尚有更大的意义。永嘉事功学的根本目的毕竟不是为了争"正统",或者是思想上的自洽,尽管这些都是永嘉事功学确立过程中必须解决的问题。事实上,务切实用才是永嘉

---

① 见拙文《宋代永嘉事功学的兴起》。

学者根本的、最后的目的，而要真正达到这一目的，就必须从眼前的现实出发来谈论一切。然而，在中国哲学中，传统与过去始终受到高度的尊重，因此，如何对待传统和现实，这是要将自己的事功学务必贯彻到现实生活中的永嘉事功学者必须解决的问题。叶适遥接孔子以后所展开的对传统的批判，实质上就是对传统进行时代的阐释，在继承传统、尊重传统的形式下建设他自己根于时代的创造性思想。所谓"至于论唐史诸条，往往为宋事而发"①正揭示了这点。事实上，叶适所批判的古今人物和学派甚为广泛，"自孔子之外，古今百家，随其浅深，咸有遗论，无得免者"②，并不局限于思孟学派以来的传统，尽管对它的批判相对集中一些，更何况这其实也是朱熹的"道统"的刺激所致。

由此可见，在叶适怀疑、批判的支配下所达到的上述两个结果，虽然总的来说都是叶适作为永嘉事功学的集大成者的贡献，但前者主要是对永嘉事功学发展中的遗留问题的解决，后者则是他对永嘉事功精神真正的最后贯彻，正是在这一点上，叶适使永嘉事功学臻于完备。而且，也正是具备了这一点，永嘉事功学作为与理学、心学相鼎立的一个派别，在传统（它主要表现为经典以及一些特定人物）解释的方向与方法上才能表现出分歧。朱子理学强调传统作为道德载体的权威性，要求人们认真努力地遵守传统（表现为熟读经典），从中获得价值的传承；陆子心学申明价值真正的源头在于每个人的本心，传统乃是个人本心发明的注脚，即所谓"六经皆我注脚"；永嘉事功学则坚信义理（道）只能存在于实际的事务之中，传统往往是根据

---

① 《四库全书总目提要·子部·杂家类》。

② 陈振孙：《直斋书录解题》卷十。

现实的需要来得到引申。显然，这种分歧在贯彻永嘉事功学精神的同时，依然保留了作为汉学的反动而出现、作为时代精神反映的宋学的风格。至此，永嘉事功学从立场、思想、方法上成为真正与理学、心学分庭抗礼的哲学派别。

原载于《浙江大学学报》(社会科学版)1994 年第 8 卷第 4 期

陈亮解经、系谱与南宋儒学的建构

淳熙八年，吕祖谦逝世，朱熹除提举两浙东路常平茶盐公事。次年正月起，朱熹开始巡历绍兴府所属县，以及婺州、衢州、台州。但仅年余，即"知道之难行，退而奉祠，杜门不出"①。由于在浙东期间亲身感受到了浙东的士风，因此，当朱熹返闽以后，批评浙学便成了他讲学的一个重要内容。

起初朱熹对浙学的批评主要是针对吕学，但很快就转向与陈亮永康学的论战。事实上，浙学、乃至朱熹所面对的整个南宋思想界真正在思想上向朱熹进行挑战，并令朱熹感到"奇伟不常，真所创见，惊魂未定，未敢遽下语"②的，正是陈亮的思想。尤其是与当时浙学所呈现出的吕学和永嘉学（以薛季宣、陈傅良为代表）相比，陈亮思想实是使浙学功利旗帜得以树立的关键。吕学与朱熹之别更多的是在路径上，而不是在思想上争锋；而朱、陈相争时的永嘉学，虽然已初具自己的形态，但薛季宣、陈傅良更多的是呈以学问者的身份，而不是思想者的形象，他们的工作更多的是带有一定思想的考据学。当

---

① 《朱子年谱》淳熙十年条。朱熹虽然一生以讲学著述为重，但始终没有放弃对政治的关注，因此所谓"杜门不出"不能作为不关注政治来理解，这点余英时先生《朱熹的历史世界》已作充分揭示。

② 《寄陈同甫书》之二。

时朱熹便有"看文字,文字平白处都不看,偏要去注疏小字中,寻节目以为博"①的轻视性评点。永嘉学真正在思想上的确立,是叶适,而叶适的工作是在朱熹身后展开的。

陈亮思想的表达,虽然集中在他与朱熹的直接论争中,但作为宋学知识话语中的士大夫,他对儒家精神的确认必须通过儒家经典的诠释;同时,尽管陈亮没有明显的师承,也没有直接用"道统"来指称,但他必须建立自己关于儒家思想谱系的诠释。

一、经典诠释

陈亮专门撰有《经书发题》②,论《书经》、《诗经》、《礼经》、《春秋》、《礼记》和《论语》、《孟子》之宗旨。由文中"亮也何人,而敢义此,盖将与诸君共举焉",大致可断这些《发题》正是陈亮在上《中兴论》不报而退学于乡村十年间论证自己思想的产物。在这组文章中,不仅有陈亮一以贯之的诠释,更重要的是他在《五经》中排除了《易》,这表明了陈亮在对儒家精神的确认上有自己的认定,与北宋五子以来以《易》为基本思想框架来建构儒学的思路迥异。

《易》在朱熹思想中,实有重要的地位,无论理、气,都由此而来,整个儒学都是建构于《易》的形而上学架构上的。但陈亮不以为然,他讲:

> 世之儒者,揭《易传》以与学者共之,于是靡然始知所向。
> 然予以谓不由《大学》、《论语》及《孟子》、《中庸》以达乎《春秋》

①　《朱子语类》卷一二三,第2964页。
②　《陈亮集》卷十。

之用,宜于《易》未有用心之地也。①

陈亮表面上似没有否定《易》,但他通过由《四书》而上达《春秋》,轻易地将《易》搁置了起来。而对《易》的搁置,正在于否定对儒学作形而上的玄想。此外,陈亮也似乎没有否定《大学》、《中庸》,但他将《大学》与《论语》并举,《中庸》与《孟子》并举,表明《大学》、《中庸》在陈亮思想上只是对《论语》、《孟子》的发挥,并无独立的价值。

如果细读陈亮《经书发题》对儒家经典的诠释,则可以更清楚地看到他对儒家精神的确认。陈亮论《书经》:

> 夫盈宇宙者无非物,日用之间无非事。古之帝王独明于事物之故,发言立政,顺民之心,因时之宜,处其常而不惰,遇其变而天下安之。今载之《书》者皆是也。

此以《书经》为历史之记录。他论《诗经》:

> 道之在天下,平施于日用之间,得其性情之正者,彼固有以知之矣。当先王时,天下之人,其发乎情,止乎礼义,盖有不知其然而然者。先王既远,民情之流也久矣。而其所谓平施于日用之间者,与生俱生,固不可得而离也。是以既流之情,易发之言,而天下亦不自知其何若,而圣人于其间有取焉,抑不独先王之泽也。

此以《诗经》为人情之记录。他论《周礼》:

> 《周礼》一书,先王之遗制具在。

此以《周礼》为国家制度之记录。他论《春秋》:

---

① 《陈亮集》卷十四《杨龟山中庸解序》。

夫《春秋》,天子之事也……或曰:"《春秋》而系之以鲁,何也?"曰:"天下有王,凡诸侯之国之所记载,独非天子之事乎?而况鲁,周之宗国,其事可得而详也。"

此以《春秋》为天子之事的记录。他论《礼记》:

《礼记》一书,或杂出于汉儒之手。今取《曲礼》若《内则》、《少仪》诸篇,群而读之,其所载不过日用饮食、洒扫应对之事要。

此以《礼记》为日常生活仪礼的记录。

概言之,儒家之经典,正是历史之实录。这个思想即是后来叶适以经为史的观念。而在这个以经为史的观念背后,陈亮所要表达的正是他对儒家精神的确认。在陈亮看来,儒家的精神,就是直面生活的挑战而作出全面的回应,而不是去冥想虚构什么生活之外的某种道理。儒家的经典,是圣人先王大有作为的记录与总结,它的流传后世,是有待于后人应用这份经验来直面自己的生活,而不应该是以这些经典的讨论作为儒者之要务。陈亮在《经书发题》开篇即讲:

昔者圣人以道揆古今之变,取其概于道者百篇,而垂万世之训。其文理密察,本末具举,盖有待于后之君子。而经生分篇析句之学,其何足以知此哉!

因此,陈亮所追求的,正是"推倒一世之智勇,开拓万古之心胸,如世俗所谓粗块大脔,饱有余而文不足者"[1]。

这里,需要进一步说明的是,陈亮关于"经生分篇析句之学"这个批评的针对性与性质。以此针对汉唐学者,这是宋儒的老生常谈。

---

[1] 《陈亮集》卷二十《又甲辰秋书》。

但陈亮之所言，虽然也有泛指之意，但显然主要已非针对汉唐儒者，而主要是针对当时朱熹所致力的以文献整理与疏解为标志的儒家"学"的基础工作建设，这从后来他与朱熹的论辩中是可以得到印证的。如果联想到朱、陆之争中陆九渊对朱熹的批评，以及考虑到朱、陆之争几乎与朱、陈之争同时，则足以知朱熹在当时确已培植起这种"分篇析句之学"的风气。但是，陈亮似没有在这个问题上像陆九渊那样直接教训朱熹，即便是在他与朱熹反复通信论辩时，也始终是围绕着彼此的理论展开，而没有直斥朱熹之学为"经生分篇析句之学"。

陈亮没有在"经生分篇析句之学"的问题上像陆九渊那样直斥朱熹，固然是因为陈亮对朱熹有相当的尊敬，但更重要的是因为陈亮批评"经生分篇析句之学"的性质。北宋即开端的对汉唐经学的非议，并不公允，因为术业有专攻，没有经生之分篇析句之学，又如何能正确体会圣人的"万世之训"？不能正确体会，又如何应用来直面生活的挑战？但这样的质疑，对陈亮似乎并不适用。因为陈亮讲，"经生分篇析句之学，其何足以知此"，他所意欲表达的，显然不是要否定"经生分篇析句之学"，而是要否定以"经生分篇析句之学"为儒者之本业。经生之学是一项工作，但陈亮认为朱熹是由这项工作入手，转而引向陈义甚高的修身养性，即所谓"研究义理之精微，辨析古今之同异，原心于秒忽，较礼于分寸，以积累为功，以涵养为正，睟面盎背"[1]。陈亮虽在给朱熹的信中没有说什么，而且还表示了自己在这方面与诸儒相比诚有不如，但他实很不以为然，而且在《上孝宗皇帝第一书》中早已指出，"自以为得正心诚意之学者，皆风痹不知痛痒

---

[1]　《陈亮集》卷二十《又甲辰秋书》。

之人也"。换言之，陈亮认为，经生之业是一业，但非儒家之本业，而朱熹的事业由此入手，实偏离了儒家真正的精神。因此，尽管陈亮知道"故纸里，是争雄处"，但他以为"文非铅椠也，必有处事之才"①。以致后来朱熹在论辩中规劝他做一个"醇儒"时，陈亮便干脆表明不屑于做儒者，强调"人生只是要做个人"②。弄清这个性质，实是理解陈亮立场，以及理解他与朱熹相争的一个前提。黄宗羲尝云："夫朱子以事功卑龙川，龙川正不讳言事功，所以终不能服龙川之心。"③正是点出了此一关键。

然而，陈亮既知自己的立场，也深知朱熹的事业，为何后来还要与朱熹争辩呢？陈亮对朱熹讲：

> 夫说话之重轻，亦系其人。以秘书（朱熹）重德，为一世所尊仰，一言之出，人谁敢非！以亮之不肖，虽孔子亲授以其说，才过亮口，则弱者疑之，强者斥之矣。愿秘书平心以听，惟理之从，尽洗天下之横竖、高下、清浊、白黑，一归之正道，无使天地有弃物，四时有剩运。④

由此可知，论辩的目的是希望说服朱熹，进而由朱熹来登高一呼，带头来纠正对儒学的误读，不再"使世人争骛高远以求之，东扶西倒而卒不着实而适用"⑤。只是，朱熹既不能说服陈亮，陈亮又怎么可能说服朱熹，故"亮本不敢望有合，且欲因此一发，以待后来云云"⑥，才

① 《陈亮集》卷五《酌古论序》。
② 《陈亮集》卷二十《又乙巳春书之一》。
③ 《宋元学案》卷五六《龙川学案》案语。
④ 《陈亮集》卷二十《又乙巳春书之一》。
⑤ 同上。
⑥ 《陈亮集》卷二十《又乙巳秋书》。

是真正的表白。

以经为史，以事功为儒学之精神。陈亮在解经中所表达的这种确认，并不是不经过质疑，而使历史中的主体（人）完全在对象性的历史过程中消失而无视人自身的存在。陈亮在论《礼记》中，继指出《曲礼》"所载不过日用饮食、洒扫应对之事"后，接着而问道，"圣人之极致安在?"这个对"极致"的追问，便已是在哲学本体论上对人的存在之根本目的与依据的考问。陈亮讲：

> 然读之使人心惬意满，虽欲以意增减，而辄不合。返观吾一日之间，悚然有隐于中，是孰使之然哉！今而后知三百三千之仪，无非吾心之所流通也。心不至焉，而礼亦去之。尽吾之心，则动容周旋，无往而不中矣。故世之谓繁文末节，圣人之所以穷神知化者也。

按照陈亮这个说法，人在历史中的作为，固然是表现在对外在挑战的回应，但这个回应的判定标准，是人之"心惬意满"否。"心不至焉，而礼亦去之"，心是事功的主宰，合乎人的目的性是检验历史过程正当与否的唯一标准。这里，不仅是将"人是目的"这一思想非常清楚地标示了出来，而且强调了"人的目的"的实现，并不在于是否符合外在的标准，无论这种标准是来自历史的，还是教条的，而在于符合人自身的需要。这是陈亮由儒家经典而得出的基本认识。

二、论孔说孟

经典以降，便是对《论语》、《孟子》的诠释。陈亮讲："《论语》一书，无非下学之事也。"后世学者读《论语》，自私己见，"意生见长"，一定要从"下学之事"中求一个"上达之说","堕于榛莽之中,而犹自谓其有得"。陈亮强调,儒家之道,根本就没有什么下学与上达的区分,"夫道之在天下,无本末,无内外"。孔子讲下学,决不是得其末而失其本,否则孔子也不是什么圣人了。孔子讲末,便是在讲本,末与本合于一体。因此,读《论语》,就是要"用明于内,汲汲于下学,而求其心之所同然者。功深力到,则他日之上达,无非今日之下学也"①。如此论《论语》,《论语》之精神与见之于经典之精神,实是一脉相承。实际上,陈亮论孔子,完全是按照他对经典的诠释——即儒家精神在事功——来定位的;而他论孟子,则放在他自己由经典而体会出的"心"之地位的意义上来诠释。陈亮以为:

> 先王之时,礼达分定,而心有所止。故天下之人各识其本心,亲其亲而亲人之亲,子其子而子人之子,其本心未尝不同也。周道衰而王泽竭,利害兴而人心动,计较作于中,思虑营于外,其始将计其便安,而其终至于争夺诛杀,毒流四海而未已。

历史在展开的过程中违背了人的目的,从而致使人各逞己私来争夺诛杀。而孟子的历史贡献正在于,"生于是时,悯天下之至此极,谓其流不可胜救,惟人心一正,则各循其本,而天下定矣",即点出历史之违背人的目的的根源在于私心之用。陈亮之论孟,一方面是指出了他对孟子思想的理解,另一方面实也隐含着他对人类历史进程的认识,即以为人类的发展经过了一个由公而私的过程。而尤有意味的是,对这个由公而私的过程,陈亮的分析虽然不是非常清晰,但倾向上似乎不是从人的意识的角度来寻找根源,人心不是历史

---

① 《陈亮集》卷十《经书发题·论语》。

的原因,相反,是人在历史活动中,呈现出"周道衰而王泽竭"的状态,呈现出社会的不公正,从而激发出人的自我保护意识,私心遂取代公心。为什么会有这个转化的过程,陈亮仿佛没有意识到这个问题,他只是在陈述一个事实,说明历史经过了这样一个转变。

然而问题在于,按照陈亮对儒家经典的诠释与体会,儒家的精神在于事功,而事功的目的与意义在于合乎人心。但是,历史发生了变化,作为历史主体的人的心也发生了变化,检验事功的人心不再是公心,而已是私心;而既是私心,则事功的目的与意义又如何来验定?标准又将是根据谁的心呢?

显然,以私心为标准,这个标准是不可能统一的,要返回到"先王之时,礼达分定,而心有所止"又是不可能的。陈亮清楚地意识到这一点,他在论孟时开头即讲:

> 昔先儒有言:"公则一,私则万殊。"人心不同,如其面焉,此私心也。呜呼! 私心一萌,而吾不知其所终穷矣。

因此,改变人心,使人心由私转回到公,是自然而然能想到的解决方法。孟子既找到了王道衰竭的病根,当然一定也能想到这个最显见的药方。陈亮标示了孟子的药方:

> 善观《孟子》之书者,当知其主于正人心;而求正人心之说者,当知其严义利之辨于毫厘之际。

但是,这个药方并不灵验。陈亮讲:"孟子知其理甚速,而时君方以为迂。"时君以为迂,是因为孟子虽找出了问题的病根,但将药投错了地方。由此而令陈亮觉悟,"吾是以知非斯道之难行,而人心之难正也"①。另寻药方是唯一的方法。但是,孟子以降,世儒不能体会孟子思想的真正目的,而沉醉于孟子所开出的药方而汨没于记闻之学。陈亮强调孟子的药方只是儒家精神的一个具体的应用,而决非儒家精神本身,他讲:

> 战国之祸惨矣,保民之论,反本之策,君民轻重之分,仁义爵禄之辨,岂其(孟子)乐与圣人(孔予)异哉! 此孟子所以通《春秋》之用者也。②

因此当孟子所开出的药方失效时,不应该紧盯着这张药方来议论,而应该针对现实的生活来寻找新的药方,这才是儒家真正的精神。

三、标举王通

陈亮以为这个真正的精神,孟子以后,是由文中子王通重新自觉与把握住的,从而也重新回到了儒家正确的道路上。陈亮讲:"天地之经,纷纷然不可以复正。文中子始正之,续经之作,孔氏之志也。"③这个"天地之经",便是人类要走的道路,而儒家见之于经典与《论语》的精神,便是对这道路的探寻,以及在这道路上的行进。孟

---

① 《陈亮集》卷十《经书发题·孟子》。由陈亮对儒家精神以事功为宗旨,以人心为依归,以及他对孟子的诠释与肯定,可以看到他的思想与陆九渊的相似处。但细加体会,两家终有不同,陆学虽有潜在的事功学特征(详拙书《南宋儒学建构》,上海人民出版社,2004 年,第 203—211 页),却是由心外拓为事功,陈学则是将事功由心来考问,最终的呈现固相同,但内在的依据则相异,陆学终是道德主义的,而陈学是功利主义的。至于朱熹,由他对皇帝强调正心诚意,可知是接着孟子思想的,这表明朱、陆在根本立场上同是道德主义的。

② 《陈亮集》卷十四《类次文中子引》。

③ 同上。

子没有使这条道路得以复正，后儒更是没有弄清方向，至王通始改变了这种状态。为什么王通有这样的地位？陈亮讲：

> 初，文中子讲道河、汾，门人咸有记焉……盖文中子没于隋大业十三年五月，是岁十一月，唐公入关。其后攀龙附凤以翼成三百载之基业者，大略尝往来河汾矣。①

表面上，是因为王通为唐朝的三百年基业培养了人才，实质上，这个人才培养的背后自然地隐含着王通找到了治世的良方。陈亮仿《论语》来编纂《文中子》，正在于呈其良方于南宋。毫无疑问，王通所提供的药方的内容究竟是什么，在此显然并不重要，因为这只是陈亮道统谱系的建构所需要，真正重要的其实是陈亮自己的思想。

当然，仅从道统谱系的建构来讲，对王通的标示，实又是非常的重要，因为陈亮必须由此来论证自己思想具有源自历史的权威性。陈亮对王通的证明，其实也并不是他的首创。陈亮自己便对自来认识王通的过程作了一个解释，他讲，当初往来于河、汾而促成唐代事业的那些王通弟子，"智不足以尽知其道，而师友之业未成，故朝论有所不及……及陆龟蒙、司空图、皮日休诸人，始知好其书。至本朝阮（逸）氏、龚（鼎臣）氏，遂各以其所得本为之训义。考其始末，要皆不足以知之也。独伊川程氏以为隐君子，称其书胜荀（况）、扬（雄）"②。陈亮的这个说法并不完全符合史实。北宋儒学初兴时，宋儒在继承韩愈的道统观念时，便已经将王通列入道统之中，予以高度的肯定。如孙复讲：

---

① 《陈亮集》卷十四《类次文中子引》。
② 同上。

> 吾之所谓道者,尧、舜、禹、汤、文、武、周公、孔子之道也,孟
> 轲、荀卿、扬雄、王通、韩愈之道也。①

而宋儒对王通的这个肯定,源自唐人对王通的评价。杜淹云:

> 文中子王氏,讳通,字仲淹……退而志其道,定居万春乡之
> 甘泽里,乃续诗书,正礼乐,修元经,赞易道,九年而六经大就。
> 门人自远而至,河南董恒、太山姚义、京兆杜淹、赵郡李靖、南阳
> 程元、扶风窦威、河东薛收、中山贾琼、清河房元龄、钜鹿魏征、太
> 原温大雅、颍川陈叔达等,咸称师,北面受王佐之道焉。②

很显然,王通得列于道统谱系,盖因于其既能续孔门之经,又能授王
佐之道。这已由前人讲得非常清楚。但是陈亮的叙述仍有特别的意
义。首先是他引用了程颐的评价,而由这个评价,进一步让王通胜过
荀况与扬雄。洛学在南宋,已为主流,引用程颐的话,无疑是有很强
的说服力。而让王通胜过荀、扬,这就使王通的地位被极大地凸显了
出来。

陈亮标举王通,对此时的南宋儒学,实是一个不小的挑战,因为
此时朱熹的道统谱系已经提出,孟子以后,是以北宋周、张、二程四子
来承接的,这个承接的依据,是接着孟子的如何正心的问题来的;陆
九渊虽然搁置北宋四子,不同意朱熹的思想,但也自认是承接着孟子
的正心来展开的。而按照陈亮的诠释,孟子只是指出了病症,并没有
治得了病,后儒更成问题,完全是迷失于孟子之旧辙,而不知欲往何
处,唯有王通另辟蹊径,找到了正道。王通究竟找到的正道是什么,

---

① 《全宋文》卷四〇一《孙复·信道堂记》。
② 《全唐文》卷一三五《文中子世家》。

陈亮虽然没有直接予以陈述,但他将唐朝三百年的宏大事功作了王通思想的注脚。这实质上便意味着,事功的成就与否,被提到了验证思想是否正确的位置上。这显然是与孟子以正心为根本,进而求仁政王道的思想反了过来。因此,陈亮对王通的评价,不能不引来专门的评价。吕祖谦生前即针对陈亮所编纂的王通著述讲:

> 《文中子序引》,此意久无人知之,第其间颇有抑扬过当处。如云"荀、扬不足胜"……盖荀、扬虽未尽知统纪,谓之"不足胜",则处之太卑……某又以为论次笔削,遂定为王氏正书,盖非易事,少辽缓之为善。①

吕祖谦的看法,不仅是否定陈亮对王通的评价,而且干脆是劝陈亮放弃《文中子》的编纂。

当然,最重要的评论是来自朱熹的。陈亮在婺州陪朱熹时,似乎专门向朱熹提及他仿《论语》编《文中子》的事情,因为朱熹在从婺州回闽后《寄陈同甫书》的第一封中即专门叮嘱,"所定《文中子》,千万携来"。朱熹显然是看过了陈亮编纂的《文中子》,因为他有关于陈亮的思想承接于王通的评价。朱熹讲:

> 它(指王通之学)有个意思,以为尧、舜三代,也只与后世一般,也只是偶然做得著……近日陈同父便是这般说话。②

朱熹对王通有某种程度上的认同,对陈亮承接王通的思想也似有一点肯定。他讲:

---

① 《陈亮集》卷十四《类次文中子引》附《答陈同甫书》(《东莱集》卷五收录)。
② 《朱子语类》卷一三七,第3269页。

> 文中子……论文史及时事世变,煞好,今浙间英迈之士皆
> 宗之。①

但是,朱熹不可能接受陈亮对王通如此高的评价,他专门谈了这个问题:

> 王通极开爽,说得广阔。缘它于事上讲究得精,故于世交
> 兴亡,人情物态,更革沿袭,施为作用,先后次第,都晓得,识得个
> 仁义礼乐都有用处。若用于世,必有可观。只可惜不曾向上透
> 一著,于大体处有所欠阙。②

这是在理论上否定王通,认为王通的思想只是停留于"用",而没有进入到"体",只是懂得儒术,没有把握儒道。

> 文中子议论,多是中间暗了一段,无分明。其间弟子问答
> 姓名,多是唐辅相,恐亦不然,盖诸人更无一语及其师。③

这是从经世上否定王通,认为王通的思想并未有助于唐朝的功业。

朱熹的后一个否定,并不是他的新看法,上引文中陈亮所讲王通的弟子们"智不足以尽知其道,而师友之业未成,故朝论有所不及",已是对"无一语及其师"的解释。事实上,关于王通与隋、唐诸名人之间是否有师徒关系,北宋司马光便提出过疑问。司马光云:

> 其所称朋友门人,皆隋、唐之际将相名臣……考诸旧史,无
> 一人语及通名者。《隋史》,唐初为也,亦未尝载其名于儒林、隐

---

① 《朱子语类》卷一三七,第3269页。
② 同上。
③ 同上。

逸之间,岂诸公皆忘师弃旧之人乎?①

这里重要的不是去考证留传下来的王通故事是不是史实。这对于史学家的司马光也许是非常重要,但对于朱熹与陈亮来说,承认这个故事与否,都只是用来服务于他们的思想观念的。陈亮强调此事,是为了说明王通思想的有效性为唐史所证实,因此王通的思想是对的;朱熹否定此事,是为了说明唐史与王通的思想无关,从而从陈亮的逻辑上来否定陈亮对王通的评价。显然,历史无法重现,而史料又不足以使双方取得认同,因此,就王通本身争是无结果的。而由王通所引出的问题才显得具有重要的讨论价值。

这里问题有两个:一个便是上述朱熹对王通的前一个否定,即在理论上以为王通对儒学只是个有用无体的认识而已;另一个便是如何来看唐的功业。陈亮高标王通,就是因为唐的功业。朱熹要否定王通,可以有两个方法,一个是割断王通与唐的关系,另一个就是否定唐的功业,这样,即便是王通与唐有关系,陈亮的评价也不成立。上述朱熹对王通的后一个否定,就是由前一个方法进行的。但是因为这个方法缺乏史料得不到证明或证伪,所以朱熹要推倒陈亮对王通的评价,便要用第二个方法,即直接否定唐的功业。陈亮要证明,也必须搁置王通,与朱熹一样,围绕着唐的功业来讨论。然而这个围绕着唐的功业的讨论,实际上又含有两个论题:一个是对唐史本身如何看,这只是历史的识见问题;另一个是,争论唐的功业,意味着在理论上预设着一个前提,即功业呈现着价值。功业呈现价值,正如理呈

① 《宋文鉴》卷一四九《文中子补传》。平心而论,这种怀疑在逻辑上并不足以否定王通曾广收门徒授之以王佐之道,因此也难怪晚清龚自珍写出"河汾房杜有人疑,名位千秋处士卑"(《龚自珍全集》第10辑《己亥杂诗》)这样的诗,来感慨世态炎凉。

现于气,这也是符合朱熹的本体论的,不足为怪。但是,功业呈现价值,是否可以进一步推出功业等同于价值呢? 这便是体与用、道与术的关系问题了,而这个问题,也正是朱熹在理论上否定王通的依据。换言之,由唐的功业的争论,乃至对王通的评价,最终指向的仍是理论上的体用问题,道在何处? 儒家之精神是什么? 所以,陈亮讲:

> 亮与朱元晦所论,本非为三代、汉、唐设,且欲明此道……①

当然,此意亦为朱熹所晓,因为陈亮给朱熹的信中也讲得非常清楚,两人所论"非专为汉唐分疏也"②。朱、陈论战对于南宋儒学建构的意义,至此已彰显无遗了。

原载《陈亮研究:永康学派与浙江精神》,上海古籍出版社,2005 年

---

① 《陈亮集》卷二一《与陈君举》之二。
② 《陈亮集》卷二十《又乙巳春书之一》。

叶适的士风与学风

在南宋乾道、淳熙年间（1165—1190）道学运动兴起以后，随着张栻、吕祖谦的去世，道学的思想话语权与影响力分归朱、陆两家，而叶适作为相对晚起的思想家，以其思想与行动，使永嘉之学与之鼎足而三。

叶适（1150—1223），字正则，晚年定居温州城外水心村，学者称为水心先生。关于叶适的生平事迹，周学武的《叶水心先生年谱》与周梦江的《叶适年谱》已作了清楚的编年梳理，张义德的《叶适评传》①也有较详细的介绍，毋须赘述。然而，生平事迹往往只是勾勒出有形的过程，寓于其中的无形的精神气质与学术风格却容易被忽视，②而对于理解一个传统士大夫兼思想者的思想与行动来说，它们实在是不可或缺的重要参照，甚至直接构成了某些特征。③ 虽然"丹

---

① 周学武：《叶水心先生年谱》，台湾大安出版社，1988 年；周梦江：《叶适年谱》，浙江古籍出版社，1996 年；张义德：《叶适评传》，南京大学出版社，1994 年。

② 此外，生平事迹所隐含着的历史信息也是有待发覆的。晚近关于南宋道学运动中的思想家们活动的重要研究范例，可见余英时：《朱熹的历史世界》（三联书店，2004 年），其中涉及叶适的，尤见第十章"孝宗与理学家"，第 524—622 页。

③ 人类学家本尼迪克特在分析文化的形成时指出，只有首先理解了一个社会在情感与理智上的主导潮流，才得以理解各种行动所取的形式（《文化模式》，浙江人民出版社，1987 年，第 45 页）。虽然这种分析是针对文化这样一个大的对象而言，而对于理解个体也不无启发。

青难写是精神"①,但本文仍希望能从士风与学风两个维度尝试着勾勒作为士大夫兼思想者的叶适的精神气质与学术风格。

一、自负而理智

宋代士大夫的政治主体意识高度自觉与张扬,而且这种自觉与张扬并不限于少数理想高远的士大夫,而是宋代士阶层的一种集体意识;不仅于此,宋代士大夫高度自觉了的政治主体意识在现实的政治活动中是得到了有效释放的。因此,在这样的历史场域中,士大夫们不可能在政治识见上保持一致,而且,由于现实的利益因素渗透于其中,宋代的士大夫不可避免地形成不同的政治团体。② 毫无疑问,这些分属不同政治团体的士大夫,从其自身的政治识见和现实的利益考虑,自然会有不同的思考方式与处事态度,从而形成各不相同的士风。

从类型学的视角看,我们可以先对宋代士大夫进行类型划分,然后据此来说明叶适的士风。但是类型划分对于宋代士大夫的整体分析可能更有意义,施之于一个具体的人物也许并不有效,甚至会显得空洞。而且,对于一个具体的士大夫而言,他的士风在某种程度上也受到了他个性的影响,尽管这种影响很难给予实证性的说明。因此,我们更希望从叶适具体的仕宦来体会他的士风,而类型上的划分充其量只是淡化了的背景。

《宋史·叶适传》称"适志意慷慨,雅以经济自负",这种"自负"

---

① 王安石《临川文集》卷二五《读史》,库本。
② 参见余英时《朱熹的历史世界》上篇的第三章与下篇的第八章的相关论述。

可以说构成了作为士大夫的叶适一生的基本精神气质。早在淳熙元年(1174),二十五岁的叶适在京师呆了年余,以求出身,但没有结果,返乡前上书右相叶衡,就非常"自负"地对南宋的"国是"作了一番议论,甚至不免"狂妄"地以为,"今天下之事,非某谁实言之"①。出仕以后,在政见相异的官员眼里,叶适同样表现得相当"矜己以傲人"。《四朝闻见录》载:

> 刘(德秀)为大理司直,会治山陵于绍兴,朝议或欲他徙。丞相留公正会朝士议于其第,刘亦往焉。是早至相府,则太常少卿詹体仁元善、国子司业叶适正则先至矣。詹、叶亦晦翁之徒,而刘之同年也。二人方并席交谈,攘臂笑语,刘至,颜色顿异。刘即揖之,叙寒温,叶犹道即日等数语,至詹则长揖而已。揖罢,二人离席默坐,凛然不可犯。②

晚年,叶适虽息影水心村,但这种"自负"的精神气质却似乎没有丝毫衰颓。嘉定十四年(1221),这年已是叶适致仕的第二年,后年他便去世了,叶适为他的学生宋驹撰写了墓志铭,铭文开篇有一段精彩的叙述:

> 时诸儒以观心空寂名学,徒默视危拱,不能有论诘,猥曰:"道已存矣。"君(宋驹)固未信,质于余。余为言学之本统,古今伦贯,物变终始,所当究极。忽昂然负载,如万斛舟;如食九奏,大牢先设而酰酱不遗;如赐大宅,百室皆备,从门而入也。识益

---

① 《水心文集》卷二七《上西府书》,《叶适集》第二册,中华书局,1961年,第541页。

② 《四朝闻见录》丁集"考异"条,中华书局,1989年,第151页。这里称叶适"亦晦翁之徒",显然不应该理解为朱熹的门人,而宜从政治上的党徒来看。这种政治派系的区分实际上构成了南宋士林的一种分类背景。

增,智愈长,千岁前成败是非之迹,纠结者条理,郁暗者昭灼,破竹迎判乎! 伐柯睨远乎! 常掩卷叹曰:"世孰能为我师!"家居,或尽一史,露抄雪纂,逾月不出门。野宿,或专一经,山吟水诵,兼旬不返舍。每与余言,自谓乐甚,非人所知。且其趋舍不同流,知奚用为! 盖余友如君比不过数人尔,数年间相继死。悲夫! 无以寄余老矣。①

我们不嫌烦地照录这段文字,是因为这里所述的似乎是墓主的事迹,但真正彰显的却更是叶适对自己平生学问与立身的"自负"。

叶适这种"自负"的精神气质,其实是他特立独行性格的写照。对自己的这种性格,叶适是清楚了解的。由于特立而独行大抵是一种高标的性格,所以叶适尝以自谦否认的方式指出了自己的这种性格。嘉定五年(1212)在给夫人高氏所撰墓志铭的结尾处,叶适感慨言道:

> 余观自古特立独行之士,无所复望于世,而旅泊其身以苟免者,固已众矣,是不足悲也。然而岂亦不有夫顺亲和戚之属而为之托焉! 今余非敢谓特立而独行也,然既老而休,且病且衰,旦暮且尽,而高氏迫不余待,遂弃余,以是使余无顺亲和戚而为之托也,是亦不足悲乎!②

而从叶适为母亲杜氏所撰墓志,大致可以看到,叶适的这种性格或与自幼所承母教不无关系。从曾祖父起,"叶氏自处州龙泉徙于瑞安,贫匮三世矣",叶适母亲杜氏嫁入叶氏二十余年,始终处于困厄之

---

① 《水心文集》卷二五《宋厩父墓志铭》,《叶适集》第二册,第490页。
② 《水心文集》卷十八《高令人墓志铭》,《叶适集》第二册,第355页。

中,甚至居无定所。在叶父"聚数童子以自给,多不继"的情况下,"夫人无生事可治,然犹营理其微细者",虽亲戚共劝改业,但杜氏终持守本业,并以此训诫诸子,叶氏"得保为士人之家者,由夫人见之之明而所守者笃也"①。

不过,"自负"的精神气质在叶适身上虽然非常明显,而且终其一生都如此,但这种气质并非他独有,而是为同时代的许多士人,特别是道学人士所共有。前文所引文献中与叶适同样"凛然不可犯"的詹体仁,即是一显例。此外,据宋人的观察,永嘉"士风任气而矜节"②,似乎在精神气质上还有着某种区域特征。

如果我们细心体会前引《四朝闻见录》中的那段记载,可以发现,虽然詹体仁与叶适同样是对有同年关系的刘德秀摆出了"凛然不可犯"的傲慢,但叶适似乎温和些,至少还寒暄数语。詹是朱熹门人,陆学中人更甚,不仅是自负傲慢,而是几近张狂,朱熹曾描写为"狂妄凶狠,手足尽露"③。这个区别,实际上真正反映出了叶适的士风特征,即在他"自负"的精神气质中含有相当理智的成分。

我们试从叶适仕宦生涯中的两件大事来佐证这一点。第一件事就是淳熙十五年(1188)叶适独上封事为朱熹辩护。④ 叶适虽然比朱熹小二十岁,但思想却早熟,淳熙五年(1178)中进士以后,他的思想就渐有影响,淳熙十二年(1185)撰成的《外稿》更为士林所重,盛行

---

① 见《水心文集》卷二五《母杜氏墓志》,《叶适集》第二册,第509—511页。

② 程俱《北山集》卷二二《席益差知温州》,库本。

③ 《朱文公文集》卷五十《答程正思》,《朱子全书》第二十二册,上海古籍出版社、安徽教育出版社,2002年,第2327页。

④ 详见《水心文集》卷二《辩兵部郎官朱元晦状》,《叶适集》第一册,第16—20页。关于叶适与朱熹的交往,详见何俊:《南宋儒学建构》,上海人民出版社,2004年,第246—259页。

于时。虽然朱熹在绍熙二年(1191)的《答叶正则》中才提及"但见士子传诵所著书"①,但在淳熙十二年的《寄陈同甫书》中,朱熹就已有"观其(指叶适)议论,亦多与鄙意不同"②云云,因此彼此思想的分歧那时双方即已知晓。然而,当林栗弹劾朱熹时,叶适并没有因为思想上的分歧而袖手旁观,在群臣表现出沉默状时,他独上封事为朱熹辩护,一方面固然是为包括朱熹、叶适在内的一批推动儒学发展的思想者的思想学术活动力争合法权利与生存空间,但更重要的一面却是坚持着道学一党的政治志业。叶适能够超越思想分歧而着眼于政治上的志业,正表明了他对主观自我的克制,反映出他士风上的理智。

第二件事则是开禧二年(1206)叶适在北伐问题上的语默进退。叶适宿有北伐志愿,因此韩侂胄决定北伐时,"以适每有大仇未复之言重之"③。然而叶适并没有因为自己的宿愿,以及长期以来因此而树立的形象,从而无视对时势的理性分析。针对当时的强弱之势,叶适明确表明不同意北伐。他上书宁宗,主张以备边取代开边,④甚至为了拒绝起草北伐诏书,力辞兼任直学士院。而尤有意味的是,当他未能劝阻韩侂胄北伐,北伐却发生溃败,中外恐悚之时,叶适则又毅然受命于危难之际,出任宝谟阁待制、知建康府,兼沿江制置使,用以攻为守的策略取代据江而守的被动战术,从而为扭转战局立下了

① 《朱文公文集》卷五六,《朱子全书》第二十三册,第2651页。
② 《朱文公文集》卷三六,《朱了全书》第二十一册,第1585页。
③ 《宋史》卷四三四《叶适传》。
④ 详见《水心文集》卷一《上宁宗皇帝札子》(开禧二年),《叶适集》第一册,第5—9页。

大功。①

对于叶适在北伐问题上的立场变化，《宋史》本传表达了一种委婉的批评，以为"第出师之时，适能极力谏止，晓以利害祸福，则侂胄必不妄为，可免南北生灵之祸，议者不能不为之叹息焉"。但这种批评实际上近于苛刻，因为韩侂胄北伐心意已决，包括叶适在内的任何人都不可能谏止。作为一个宿主恢复的士大夫，叶适能够清醒地认识到开禧北伐是在不恰当的时候发动的一场不恰当的战争，而且不惜自我形象的否定，上疏陈其利害，力阻其事，直至力辞直学士院以拒绝起草北伐诏书，不仅是一种极其理智的举措，而且实已是勉为其难的行为。而当战事既起，出现危机之时，叶适竟然能够搁置自己在北伐问题上的看法，前往一线指挥，更属极具风险而难能之举。如果战败，叶适自然是没有好结果，而在当时战败的可能性极大；如果战胜，叶适似乎又表现出对韩侂胄北伐的认同，而韩侂胄执意北伐最终的结局不好，叶适是清楚的。事实上，次年韩侂胄被诛，御史中丞雷孝友劾叶适附韩侂胄用兵，叶适落职，此后便退隐水心村直至去世。

如果说，叶适为朱熹辩护，尚只是反映出他对共同的政治志业的坚持，那么在开禧北伐上的语默进退，则彰显了他作为一个士大夫对政治责任的承担。开禧年间，乾淳时代的老一辈已基本谢世，叶适已是当时士林最具思想号召力的士大夫，但是他的举措表明，叶适并不受累于这样的身份与名誉，甚至不顾个人的处境，而几乎完全是根据冷静而理智的认识，以负责的态度，做出语默出处的选择，有所为，有所不为。

---

① 参见《宋史》本传；《水心文集》卷二《定山瓜步石跋三堡坞状》，《叶适集》第一册，第12—15页。

二、徇于道与由于学

毫无疑问,自负而理智这一士风,固然有着个人习惯的可能,但同样也不免有主观努力的成分,而在叶适身上,却可以说是有着高度的自觉。叶适讲:

> 士在天地间,无他职业,一徇于道,一由于学而已。道有伸有屈,生死之也;学无仕无已,始终之也。集义而行,道之序也;致命而止,学之成也。①

"徇于道"与"由于学",正是令叶适自负又理智的内在依据与支撑。对于"学",下文详说。这里就"道"对叶适的士风再作申述。

叶适以为士的志业之一是"徇于道",这个"道"在叶适的思想中不是悬空了的虚设之路,而是存于历史现实中的诉求。具体地说,在叶适成长与从仕的年代里,一个真正"徇于道"的士,便是要对"凡天下之大政,师旅刑赋之本末,道德法制之先后,至于宫掖之议,民伍之情"②有深刻的了解,从而为南宋找到一条切实的"治道"。

淳熙十四年(1187)冬,叶适迁博士,获对孝宗,在他的《上殿札子》③中,叶适纲领性地表达了他对南宋"治道"的认识,提出了变国是、变议论、变人材、变法度,从而根本性地改变兵多而弱、财多而乏、不信官而信吏、不任人而任法、不用贤能而用资格的困局。值得注意的是,叶适指出,针对南宋"报二陵之仇、复故疆之半"的"国是",言

---

① 《水心文集》卷十一《台州州学三老先生祠堂记》,《叶适集》第一册,第 193 页。
② 《水心文集》卷二七《上西府书》,《叶适集》第二册,第 541 页。
③ 详见《水心别集》卷十五,《叶适集》第三册,第 830—836 页。

者虽不否定,但却强调外房强大而难攻、坚固而未动,因此南宋只能等待时机,其结果,"公卿大夫,私窃告语,咸以今之事势举无可为者,姑以美衣甘食老身长子自足而已",实际上完全是"率易苟且,习闻卑论,而无复振起之实意"。由此可见,叶适的自负,在极大的程度上是源于他蔑视南宋士林这种因循苟且的士风,而自持求治愈新的理想主义情怀。

上述尚从大处而言。事实上,叶适的"徇于道"决不只是停于求治愈新的理想层面,而是见诸重大问题的处理上的,他在逼光宗内禅一事上的作用即是显例。吴子良《荆溪林下偶谈》云:

> 水心平生静重寡言,有雅量,喜愠不形于色,然能断大事。绍熙末年,光庙不过重华宫,谏者盈庭,中外汹汹。未几,寿皇将大渐,诸公计无所出。水心时为司业,御史黄公度使其婿太学生王棐仲温密问水心,曰:"今若更不成服,当何如?"水心曰:"如此却是独夫也!"仲温归,以告黄公,公大悟,而内禅之议起于此。[1]

南宋沿袭牵制,始终未能走出困局,但叶适的这种"徇于道"的经世情怀却一生不渝,并对自己的经世思想充满自信。嘉泰四年(1204),叶适在久病稍苏而未愈之时,取出近二十年前(淳熙十二年,1185)撰写的《外稿》进行修订,他在附记中讲:

> 取而读之,恍然不啻如隔世事。嗟乎! 余既沉痼且老,不胜先人之丧,惧即殒灭,而此书虽与一世之论绝异,然其上考前世

---

[1] 吴子良:《荆溪林下偶谈》卷三"水心能断大事"条,库本。另参见余英时:《朱熹的历史世界》下册,第620—622页。

兴坏之变,接乎今日利害之实,未尝特立意见,创为新说也。惜其粗有益于治道,因稍比次而系以二疏(引按指《上殿札子》与《应诏条奏六事》)于后,他日以授寀、宬(引按系叶适的儿子)焉。①

嘉定十三年(1220),叶适在跋学生周南的策文时,也忆及当年吕祖谦对自己治道思想的评价:"往东莱吕氏评余《廷对》,谓自有策以来,其不上印板即不可知;已上印板,皆莫如也。"虽然他接着谦虚地表示,"嗟夫! 予何足以及此"②,但自信是显见的。

对于自己关于治道的撰述,叶适标示"与一世之论绝异",足见他的自负。但这种自负又非凭空而生。叶适曾在《上殿札子》为孝宗陈说,宋室南渡以来,小人之论一味偏安主和,不足以言,而即便是君子之议,同样不可期待。他分类指出:

> 为奇谋秘画者,则止于乘机待时;忠义决策者,则止于亲征迁都;沈深虑远者,则止于固本自治;高谈者远述性命,而以功业为可略;精论者妄推天意,而以夷夏为无辨。

与此相反,叶适强调自己的议论,虽然"未尝特立意见,创为新说",但却是经过了"上考前世兴坏之变,接乎今日利害之实",即基于理性的智识主义立场,对南宋的政治经济提出的系统分析与对策。

换言之,叶适精神气质上的自负,固然源于他的"徇于道",但这

---

① 叶适对于治道的认识,也为当时人所称誉,赵汝回《呈水心先生》诗云:"外稿定于何日上,中兴只在十年间。"《两宋名贤小集》卷二二九《东阁吟稿》,库本。

② 此系叶适佚文(周梦江:《叶适年谱》,第171页),见周南:《山房集》卷七《丁卯召试馆职策》所附跋语,库本。

个"道"本身却又是"由于学"的。这便意味着,叶适精神上因"徇于道"而滋生的自负气质,因其"由于学"而复有理性的成分。叶适曾评定友人黄度"公志在经世,而以学为本"①。这个评定其实也完全适用于叶适自己。

三、为学自善与唯道是求

纵观叶适一生,可以非常清楚地以嘉定元年(1208)59 岁罢官息影水心村为界分成两个部分,此前主要是经世实践,此后则是系统地阐释与证明他对儒学的认识,"以斯文为己任"②。

叶适思想的最终确立虽然是在归隐以后的十六年中完成的,但他似乎自始就认为"重其任而轻其道,专其学而杂其施,此为政者所以谬于古而违于今也"③,因此在还没有进入仕途以前,他便对"治道"进行了"上考前世兴坏之变,接乎今日利害之实"的系统研究。实际上,正是这个研究,形成了他早期对儒学的独立认识,并受到了朱熹的质疑与批评。只是叶适没有像陈亮那样正面响应这些质疑与批评④,而是在归隐以后才如他的学生孙之弘所言,"间玩群书",将自己的实践与认识印证于经史,在以往学习摘录的基础上,撰成了他的思想代表作《习学记言序目》,从而完整地阐释与证明他所认定的儒学。概言之,为学构成了叶适一生的主轴与重心,而经世则表证着

① 《水心文集》卷二十《故礼部尚书龙图阁学士黄公墓志铭》,《叶适集》第二册,第393页。
② 《光绪青田县志》卷八《官师志·名宦》。
③ 《水心文集》卷二六《蕲州谒先圣文》,《叶适集》第二册,第536页。
④ 参见何俊:《南宋儒学建构》,第211—245页。

他的为学。

淳熙五年(1178)29 岁的叶适赐进士第二时,南宋士林已告别"绍兴以来,闻卑见陋;士失常心,颠错昏昼"①的局面,"东南之学起"②,南宋儒学正处在方兴未艾之中。五年前(乾道九年),朱熹已完成了《伊洛渊源录》的编撰,对南宋以来洛学分流所呈现出的"混乱"作了阶段性的清理;三年前(淳熙二年),朱熹又与吕祖谦合编了《近思录》,旨在传播他所建构的道学。③ 朱熹是如此,活跃于乾淳年间的南宋诸儒也都处于思想的交阐互畅之中,使后辈士子争相追随。这样的思想氛围,叶适曾有非常亲切的感受,他后来清晰地回忆道:

> 每念绍兴末,淳熙终,若汪圣锡、芮国瑞、王龟龄、张钦夫、朱元晦、郑景望、薛士隆、吕伯恭及刘宾之、复之兄弟十余公,位虽屈,其道伸矣;身虽没,其言立矣。好恶同,出处偕,进退用舍,必能一其志者也。④

> 乾道五六年,(道学)始复大振。讲说者被闽、浙,蔽江、湖,士争出山谷,弃家巷,赁馆贷食,庶几闻之。⑤

相对于上述人物,叶适晚出,他的思想正是在这样的氛围中形成的。在叶适的文集以及其他人的文集中,记载了许多叶适请益的内容,譬如对永嘉前辈,于郑伯熊,叶适讲:"某之于公,长幼分殊;登门

① 《水心文集》卷二八《祭吕太史文》,《叶适集》第二册,第 565 页。
② 《水心文集》卷十五《彭了复墓志铭》,《叶适集》第二册,第 273 页。
③ 参见何俊:《南宋儒学建构》,第 105—125、159—166 页。
④ 《水心文集》卷十六《著作正字二刘公墓志铭》,《叶适集》第二册,第 306 页。
⑤ 《水心文集》卷十三《郭府君墓志铭》,《叶适集》第一册,第 246 页。

晚矣,承教则疏。"①于郑伯英,叶适讲:"我最晚出,公顾亦厚。"②于薛季宣,叶适云:"(执事)听于途说,不以某之不肖,惠然肯顾,投以尺书,望我以急难,扣我以学问。"③于陈傅良,叶适讲:"余亦陪公游四十年,教余勤矣。"④对浙学前辈,叶适不仅曾问学于吕祖谦,"昔从东莱吕太史,秋夜共住明招山"⑤;而且也相伴过陈亮,叶适讲:"余蚤从子,今也变衰。"⑥即便是出道以后甚至很久,叶适仍然保留着向前辈陈说自己心得而冀望有所承教的开放心态,如对朱熹,叶适深知"彼建安之裁量,外永嘉而弗同"⑦,但仍多次请教,朱熹文集中现存的四封《答叶正则》证明了这一点。大约在淳熙十二年,叶适曾有书信请教于朱熹,叶适的信今佚,但朱熹在给陈亮的信中记录了这件事,并与门人论学时痛批了叶适的观点。⑧ 直到绍熙二年(1191),叶适还向朱熹陈述自己读佛经的心得,结果引来朱熹直接而尽兴的批评。⑨

　　但是,叶适并没有严格意义上的师承。⑩ 在问学上,叶适以为"力学莫如求师,无师莫如师心"。这个"师心",并不是指知识内容

① 《水心文集》卷二八《祭郑景望龙图文》,《叶适集》第二册,第564页。
② 《水心文集》卷二八《祭郑景元文》,《叶适集》第二册,第569页。
③ 《浪语集》卷二五《答叶适书》,库本。
④ 《水心文集》卷十六《宝谟阁待制中书舍人陈公墓志铭》,《叶适集》第二册,第300页。
⑤ 《水心文集》卷六《月谷》,《叶适集》第一册,第47页。
⑥ 《水心文集》卷二八《祭陈同甫文》,《叶适集》第二册,第572页。
⑦ 《水心文集》卷二八《祭薛端明文》,《叶适集》第二册,第586页。
⑧ 《朱文公文集》卷三六,《朱子全书》第二十一册,第1585—1586页;《朱子语类》卷一二三,第2966—2967页,中华书局,1986年。
⑨ 《朱文公文集》卷五六《答叶正则书》之四,第2651—2652页。
⑩ 即使是叶适从游时间最长的陈傅良,也未曾称师(参见周梦江:《叶适年谱》,第17页),《水心文集》卷二七《与吕丈书》中有"同志林百顺,依君举兄为学"语(《叶适集》第一册,第548页),足可证之。

源于主观性的"心",而是指顺应"心"的动力来寻求知识,显然这是因为叶适认为,"心"是具有向学的内在主动性的。他引《易·蒙》"山下出泉"以喻心之向学:"泉之在山,虽险难蔽塞,然而或激或止,不已其行,终为江海者,盖物莫能御,而非俟夫有以导之也。"[①]因此,学贵自善,很自然地成为叶适治学的心得。他讲:

> 师虽有传,说虽有本,然而学者必自善。自善则聪明有开也,义理有辨也,德行有新也,推之乎万世所共由不异矣。谓必用一说一本者,以学为诬者也;不一说,不一本,而不至乎其所共由者,以学为私者也。[②]

所谓"所共由者",就是"道"。[③] 换言之,叶适的"师心"与"自善"是有他的标准的,这就是把握"道";至于有传有本的师说,其取舍概以是否合乎道为准。这种唯"道"是求,不必用一说一本,亦不必弃一说一本的意识,正构成了叶适思想为后来黄宗羲所称誉的"异识超旷,不假梯级"[④]的风格。

四、释、老之妄与朱、陆之病

尤为难得的是,叶适的学风充溢着崇尚智识的理性精神。他在为陈傅良夫人张幼昭所撰的墓志中表彰陈夫人"不信方术,不崇释

---

① 《水心文集》卷十二《送戴许蔡仍王汶序》,《叶适集》第一册,第 217 页。
② 《水心文集》卷二九《题薛常州论语小学后》,《叶适集》第二册,第 592 页。
③ 《水心文集》卷二二《故运副龙图侍郎孟公墓志铭》曰:"道者,天下共由之途也。"见《叶适集》第二册,第 431 页。
④ 《宋元学案》卷五四《水心学案上》,《黄宗羲全集》第五册,浙江古籍出版社,1995年,第 172 页。

老,不畏巫鬼"①,实也反映了他本人的精神旨趣。宋人雅好风水,虽通人大儒如苏轼、朱熹亦不免,叶适却深不以为然,即便是不得已为友人的风水著作写序,仍讥讽其妄。②

叶适对释老的批评,集中在二氏之说"怪神虚霍,相与眩乱"的反理性倾向上。③ 叶适并不全盘否定佛学。在淳熙十六年出任荆州,继而转任蕲州的二三年中,他因"无吏责,读浮屠书尽数千卷。于其义类,粗若该涉"④。他对佛教的认识这里不详述,只就反理性一点略作申论。叶适认为,传入中国的佛学自有其经书,固有其智识,但是学佛的中国人难以理解;胡僧干脆弃书不用,以己为佛,却又遭到怀疑而被视为荒诞;禅风兴起,始自以为宗,"荡逸纵恣,终于不返"⑤,其结果是:

> 举以聪明为障,思虑为贼,颠错漫汗而谓之破巢窟,颓弛放散而谓之得本心,以愚求真,以粗合妙,而卒归之于无有。⑥

叶适曾专门以"悟"为例更具体地指出佛老在智识论上与儒学的根本分歧,他讲:

> 昔孔子称愤启悱发,举一而返三,而孟子亦言充其四端至于能保四海,往往近于今之所谓悟者。然仁必有方,道必有等,未有一造而尽获也;一造而尽获,庄、佛氏之妄也。⑦

---

① 《水心文集》卷十四《张令人墓志铭》,《叶适集》第一册,第263页。
② 见《水心文集》卷十二《阴阳精义序》,《叶适集》第一册,第206页。
③ 《水心文集》卷二九《吕子阳老子支离说》,《叶适集》第二册,第602页。
④ 《水心文集》卷二九《题张君所注佛书》,《叶适集》第二册,第599页。
⑤ 《水心文集》卷十二《宗记序》,《叶适集》第一册,第223页。
⑥ 《水心文集》卷九《觉斋记》,《叶适集》第一册,第142页。
⑦ 《水心文集》卷十七《陈叔向墓志铭》,《叶适集》第二册,第326页。

> 余每病学佛者徒守一悟而不知悟本，或外示超俗而实堕
> 俗纷。①

甚至可以进一步指出，"乾淳诸老既殁，学术之会，总为朱、陆两派，而水心断断其间"②，其中一个非常重要的原因，就在于叶适对朱、陆两派学风上所表现出来的非智识倾向深为不满。叶适晚年批评近世之学：

> 古人多识前言往行，谓之畜德。近世以心通性达为学，而见
> 闻几废，为其不能畜德也。然可以畜而犹废之，狭而不充，为德
> 之病矣。③

宋儒的性命之学，究其本质，就是要确立起价值理念与伦理秩序，"畜德"即其表证。叶适所坚信的是儒家传统的思想，认为畜德的过程依赖于知识的增长，即所谓"多识前言往行"；而近世之学的弊病恰恰在于，或"见闻几废"如陆学，或"狭而不充"如朱学。

叶适甚少提及陆学，但对于陆学的出场、进路与影响，却是清楚的。他在为人撰墓志时言及：

> 初，朱元晦、吕伯恭以道学教闽、浙士；有陆子静后出，号称
> 径要简捷，诸生或立语已感动悟入矣。以故越人为其学尤众，雨
> 并笠，夜续灯，聚崇礼之家，皆澄从内观。④

由前文所述叶适对佛学"徒守一悟"的批评，我们便足可想见他对陆

---

① 《水心文集》卷二九《题端信师帖》，《叶适集》第二册，第602页。
② 《宋元学案》卷五四《水心学案上》全祖望案语，《黄宗羲全集》第五册，第106页。
③ 《水心文集》卷二九《题周子实所录》，《叶适集》第二册，第603页。
④ 《水心文集》卷十七《胡崇礼墓志铭》，《叶适集》第二册，第338页。

学的"径要简捷"也决不会以为然。① 可幸的是,我们在《习学记言序目》中读到了他对陆学切中要害的批评。在论及祭祀之礼时,针对"墟墓之间,未施哀于民而民哀;社稷宗庙之中,未施敬于民而民敬"的说法,叶适强调,作为内在精神的"哀"、"敬"与作为外在礼仪的"墟墓"、"社稷宗庙"原本是统一的,哀敬存于祭祀之中,祭祀的过程即是哀敬的过程,两者间并不存在且不应该存在一个所谓的转进过程。由此,叶适转而引出他对陆学的批评:

> 余记陆氏兄弟从朱、吕氏于鹅湖寺,争此甚切。其诗云:"墟墓生哀宗庙钦,斯人千古最明心,大抵有基方作室,未闻无址可成岑。"噫!徇末以病本,而自谓知本,不明乎德而欲议德,误后生深矣!②

陆学误导后生之处,在叶适看来,就在于将"墟墓"、"宗庙"的外

---

① 后人如黄震以为,"先生于义理,独不满于陆氏,《胡崇礼墓志》讥陆学尤深"(《黄氏日抄·读叶水心文集》,库本),但叶适对"以悟为宗"者并不全然否定,如他对徐谊的评价就很高(参见《水心文集》卷二一《宝谟阁待制知隆兴府徐公墓志铭》,《叶适集》第二册,第402—406页)。究其原因,心学所倡导的"悟"固然使之呈现出禅学的倾向,但心学所主张的道事合一、道器不二,却使之外拓求落实,与事功学有相同的一面(参见拙书《南宋儒学建构》第四章第一节之二)。对徐谊的肯定便着眼于心学与事功学相同的一面,而此处对陆学的批评,针对的则是陆学在智识论上流于禅学从而背离儒家的倾向。叶适对心学的这种一分为二的评定,在所撰《故运副龙图侍郎孟公墓志铭》中讲得非常清楚,叶适讲:"(孟)良甫之学,以观省密察为主。外所涉历,皆切于心;身所觉知,皆反于性。凡情伪错陈,横逆忽来,几若无所撄拂,而筋骸之束,肌肤之会,常得由于顺正。其专悟独了,动用不穷,盖非简策所载,笺训所及。然余欲其博达伦类,尽究古今之变,以进于昔之所谓知道者,而良甫亦未能也。"(《水心文集》卷二二,《叶适集》第二册,第431页)

② 叶适所论及引语见《习学记言序目》卷八《礼记·檀弓》,上册,中华书局,1977年,第99页。陆氏诗句前两句是九渊所写,其中"最明心"当是"不磨心"(《象山全集》卷二五《鹅湖和教授兄韵》),后两句是九龄所写(《象山全集》卷三四《语录》,库本)。

在礼仪与"哀"、"钦（敬）"的内在精神，一起系于人心之明，以"明心"为"基"与"址"。这实与叶适的思想完全相反。叶适以为，人心之明恰恰来源于墟墓之间、社稷宗庙之中的礼仪，因为正是这个礼仪的过程培植了哀钦之德；而礼仪的实施有赖于相关的知识，因此，知识获求不仅是行礼的保证，而且同时也培植了行礼者的德性。陆学既以明心为本，甚而以为明心即等于践履，则有关礼仪的种种知识，不仅是次要的，甚至会产生副作用。由此，叶适所秉持的畜德有赖于多识前言往行、知识培植价值的理性主义立场与陆学"见闻几废"的非智识倾向①彰显得极为分明。

朱熹自然是非常重视道问学，极为关注思想理论的知识基础②，朱学何以会产生非智识的倾向尤需说明。叶适有一段话是很值得玩味的，他讲：

> 古圣贤之微言，先儒所共讲也；然皆曰"至二程而始明"。凡二程所尝讲，皆曰"至是止矣"。其密承亲领，游、杨、尹、谢之流，而张、吕、朱氏后时同起，交阐互畅，厥义大弘，无留蕴焉。窃怪数十年，士之诣门请益，历阶睹奥者，提策警厉之深，涵玩充溢之久，固宜各有论述，自名其宗，而未闻与众出之以扶翼其教，何哉？岂敬其师之所以觉我，而谦于我之所以觉人欤！③

文中虽然并举张、吕、朱，但此文作于嘉定十一年（1218）④，因此叶适所针对的主要是朱学当无疑。在这段文字中，叶适表面上质疑的是

---

① 陆九渊非常强调"智识"，但所指向的是主观的明心，而不是客观的见闻，参见拙书《南宋儒学建构》，第199页。
② 详见《南宋儒学建构》第三章第一节。
③ 《水心文集》卷二九《题陈寿老论孟纪蒙》，《叶适集》第二册，第607页。
④ 见周梦江：《叶适年谱》，第168—169页。

朱学后人缺乏创造,但实际上所含的批评则是程朱一系弃"先儒所共讲"而奉"二程所尝讲"为"始明"、为"止矣"。如此之结果,便是"虽争为性命之学,然而滞痼于语言,播流于偏末,多茫昧影响而已"①。朱熹本人固然是极为博学的人,以道问学为尊德性的基础,但道统的褊狭却足以使朱学产生"狭而不充"、权威取代理性的非智识倾向。

原载《浙东学术》(第一辑),浙江大学出版社,2009 年

---

① 《水心文集》卷二一《宝谟阁待制知隆兴府徐公墓志铭》,《叶适集》第二册,第405页。

叶适论道学与道统

　　叶适关于道学与道统的论述,既是他思想的重要起点,又是他学术展开的中心。过去我在由此切入而上溯至韩愈的道统观及宋儒对韩愈思想的超越时,曾发现,当韩愈最初于《原道》中建构"道统"的观念以拒斥佛教时,关于"道"的构成是有清楚表述的,如何破佛才是问题所在;而当宋儒承续韩愈之道、之文,并使此观念与文体确立以后,问题发生了转换,如何破佛让位于如何述道。[①] 此后在进一步理解南宋儒学时,我仍然认识到,弄清儒家之道,即什么是儒家精神,始终是宋代儒学运动的核心问题。只是在北宋,这个问题似乎没有得到充分展开,但在经过了王安石新学的政治实践,以及洛学的继而崛起及其对荆公新学的批判,对什么是儒家之道的回答与论证,实际上构成了宋室南渡以后的儒学基本问题。[②]

　　然而,以此审视南宋儒学诸家之论说时,极容易陷入一种复杂而矛盾的情况中。诸家在思想上分歧显然,决无丝毫调和之论,但同时又彼此推重,引为同调,甚至起而回护。以往学者见此,或将之视为非思想性的内容而予以回避;或囿于思想的范畴内强作解释,如通过

---

① 参见何俊:《论韩愈道统观及宋儒对他的超越》,《孔子研究》2000 年第 2 期。

② 何俊:《南宋儒学建构》,上海人民出版社,2004 年,第 5 页。

区分一个思想家前期与后期的思想来做出说明。在对叶适的研究中,我曾引入行动与感情的维度来尝试着做出解释①,但真正使这一复杂而矛盾的情况彻底得以澄清的,则是余英时先生在《朱熹的历史世界》中引入政治文化的视角对道学运动展开的分析,他明确地指出,"理学家在'义理'问题上尽管持论极严,但在政治问题上却有其'从权'的一面"②。

本文对叶适道学与道统观念的分析,就试从观其政治问题上的"从权"入手,进而转至理解他在义理问题上的极严持论。

一、为道学辩护:本于公心以发公论

叶适为"道学"辩护,在具体的历史场景中产生最重要影响的,当然就是淳熙十五年(1188)的《辩兵部郎官朱元晦状》③。这封上奏虽然是针对着兵部侍郎林栗对朱熹的弹劾,但事情远的背景可追溯到北宋兴起的儒学运动,近的原委则起于儒学运动在南宋的继进,以及基于其中的士大夫政治观念与权力的博弈。

为了去繁就简地说明这个问题,并着意于反映叶适在政治问题上对于"道学"的"从权"认识,我们以叶适的相关论述为中心来进行讨论。叶适讲:"熙宁后,道学始盛,而攻短者亦继出,靳侮交杂,意极鄙悖,士不敢辩也。"这里的"道学"当然是指以二程为代表的,与

---

① 何俊:《南宋儒学建构》,第250—251页。
② 余英时:《朱熹的历史世界》下册,三联书店,2004年,第508—509页。详细的讨论见第九章之五"周必大与理学家"。
③ 《水心文集》卷二《辩兵部郎官朱元晦状》,《叶适集》第一册,北京:中华书局,1961年,第16—20页。

荆公新学相对的伊洛之学,而所谓"攻短者亦继出,靳侮交杂,意极鄙悖",则指北宋党争中对道学一系的攻击。南宋初,胡安国对此有更清楚的叙述,可以印证。其言曰:

> 本朝自嘉祐以来,西都有邵雍、程颢及弟颐,关中有张载。此四人者,皆道学德行,名于当世。会王安石当路,重以蔡京得政,曲加排抑,故有西山、东国之阨。其道不行,深可惜也。①

宋室南渡前后的百年间,荆公新学与二程洛学其实经过了一个反复的沉浮消长时期,但随着绍兴二十五年(1155)推重新学的秦桧去世,以及绍兴三十二年高宗内禅于颇受洛学影响的孝宗以后,洛学在乾道年间(1165—1173)开始得以复振。② 经过二十多年的努力,道学一系终于在政治上形成气候,淳熙十五年五月,执行高宗因循苟且政策的王淮被罢左相,与道学一系交好的右相周必大主政,道学一系官员呈现出辐聚朝廷之势,朱熹则成为一个重要的象征。③

正是在这样的背景下,对道学的攻击也随之高涨。同年六月,陈贾上书请禁道学,林栗弹劾朱熹请罢其职,④因此而引发了叶适上状为朱熹辩护。叶适的辩状主要围绕三个内容展开:一是林栗劾章中对于朱熹在任职上的一些具体问题的攻击;二是对朱熹学术与讲学的攻击;三是由第二点所引出的对于道学的攻击。其中,对于第一点,叶适一一据实予以了反驳,因为与我们的主题关系不大,故不赘

---

① 《二程集·遗书》附录《奏状》上册,中华书局,2004 年,第 349 页。
② 参见《南宋儒学建构》第一章第一节,以及拙稿《郑伯熊与南宋乾淳年间的洛学复振》。
③ 关于王淮罢相的细节,参见余英时《朱熹的历史世界》第九章之四"王淮罢政的过程"。
④ 详见李心传《道命录》卷五"陈贾论道学欺世盗名乞摈斥"、"林栗劾晦庵先生状"。

言;另两点则反映了叶适关于道学运动的基本立场,我过去曾有所讨论①,这里再略作申述。

叶适整个辩状逐一引录林栗奏状所控予以反驳,关于朱熹学术与讲学事,《辩状》云:

> 栗又言:"熹本无学术,徒窃张载、程颐之绪余,以为浮诞宗主,谓之道学,妄自推尊。所至辄携门生十数人,习为春秋、战国之态,妄希孔、孟历聘之风。绳以治世之法,则乱人之首也。"臣闻朝廷开学校,建儒官,公教育于上;士子辟家塾,隆师友,私淑艾于下,自古而然矣。使熹果无学术欤,人何用仰之? 果有学术欤,其相与从之者,非欲强自标目以劝人为忠为孝者,乃所以为人材计,为国家计也。惟蔡京用事,讳习元祐学术,曾有不得为师之禁。今栗以诸生不得从熹讲学为熹之罪,而又谓非治世之法,宜禁绝之。此又非其实也。

在这一引述与反驳中,叶适并没有针对朱熹是否真有学术来进行评说,而只是简单地将它搁置起来,指出对此问题,天下的读书人会有自己的判识。叶适这样做,原因并不难理解。因为对于同时代在朝为官的士大夫而言,这个问题其实只是权力博弈的一个说项,同时又是一个具有主观性质的问题,如果围绕此问题来展开辩驳,不仅很容易陷入仁者见仁、智者见智的口水战之中,而且会遮蔽掉真正的问题实质。叶适的反驳集中在朱熹民间讲学的问题上,这不仅是道学运动赖于展开的一个重要基础,而且也是道学一系士大夫形成政治气候的基本活动内容。按照林栗的弹劾,一切的讲学应当纳入官方的

---

① 何俊:《南宋儒学建构》,第249—251页。

范围里,学者于民间的讲学是一种乱世风习,应予禁绝。对此,叶适完全予以否定。叶适强调,从传统上看,"朝廷开学校,建儒官,公教育于上;士子辟家塾,隆师友,私淑艾于下,自古而然";从功能上讲,两者都是"为人材计,为国家计"。这里我们不必讨论叶适的论证是否有效,重要的是意识到叶适的立场,即他对民间讲学风习的肯定与维护,反对官学的垄断。这是叶适针对宋代儒学重建运动中所涌现出来的讲学运动的基本态度,而道学作为其中后来发展出来的代表,无疑具有正当性与合法性。

除此以外,叶适的上述反驳,还透露出他思想的另一个方面,即在广泛意义上主张学术的自主性而拒斥独断性。所谓肯定民间讲学的正当性与合法性,就是反对以官学来笼罩整个学术活动,主张在官学的内容与制度系统之外,社会仍然存在着自主的论学空间。由于儒家的入世性质,这种论学的内容无疑又是与现实的社会与政治密切相关的,换言之,叶适的立场就是要为道学运动争得话语权。

不过,必须还要指出的是,这种论学中的自主性与独立性,并非只是在民间对官方的二元结构中容易丧失,即便是在民间论学中也是容易丧失的。苏轼曾指出王安石的一大问题就是"欲以其学同天下":"王氏之文,未必不善也,而患在于好使人同己。"①朱熹同样具有这样的强烈欲望,后来庆元党禁中,道学一系同受政治上的打压,朱熹作为党魁,即便处境尤为艰难,但他闻知叶适与陈傅良的著述被毁板时,仍当即叫好。② 这种论学倾向是叶适非常厌恶的。作为一个有所建树的思想家,希望自己的学说能获得世人认同,这是很自然

① 《苏轼文集》卷四九《答张文潜县丞书》,中华书局,1986 年。
② 《朱子语类》卷一二三,中华书局,1986 年,第 2967 页。

的期盼，但这与追求思想的垄断，唯我是尊，毕竟有根本的区别。叶适后来对程朱一系的"道学"进行否定，其中一个基本立场就是对学术独断性的摈斥。

由朱熹学术与讲学的辩驳，更进一步地聚焦在了"道学"的问题上。叶适讲：

> 凡栗之辞，始末参验，无一实者。至于其中"谓之道学"一语，则无实最甚。利害所系，不独朱熹，臣不可不力辩。盖自昔小人残害忠良，率有指名，或以为好名，或以为立异，或以为植党。近创为"道学"之目，郑丙倡之，陈贾和之，居要津者密相付授，见士大夫有稍慕洁修，粗能操守，辄以"道学"之名归之。以为善为玷阙，以好学为过愆，相为钩距，使不能进，从旁窥伺，使不获安。于是贤士惴栗，中材解体，销声灭影，秽德垢行，以避此名，殆如吃菜事魔影迹犯败之类。

这里，有一个问题首先需要分梳，即"道学"这一名目的提出。如果不仔细审读，很容易由叶适所讲"近创为道学之目"以下之语，以为"道学"名目是由郑丙、陈贾、林栗等人提出的，其实大谬。前引叶适所言"熙宁后，道学始盛"，即知"道学"作为宋代儒学运动的一部分，其名目北宋即已确立，至南宋洛学复振以后，以朱熹为代表的诸儒更自觉地以"道学"之名高标，非议虽日盛，坚持亦愈固。如朱熹在答周必大的信中所说："若谓虽尝学之，而不当自命（引按谓自命'道学'），以取高标揭己之嫌耶？则为士而自言其学道，犹为农而自言其服田，为贾而自言其通货，亦非所以为夸。"[1]很明显，叶适辩状中

① 《朱文公文集》卷三八《答周益公》，《朱子全书》第二十一册，第1691页，

所指的"近创为道学之目",并不是泛义上的宋代儒学运动,而是专指南宋中期以后政治权力博弈中郑丙、陈贾等人引来攻击道学一系的政治集团的专称,即叶适所列举的"好名"、"立异"与"植党"一样。

"道学"一旦从儒学认知与践履的一个泛称变为政治权力博弈中的一个政治身份专称,"道学"就必然要承受被诋毁的命运,因为在政治上的对立者看来,"道学"的标签首先是一种自我高标,以此邀名;其次是结党,在政治上呼朋引类,形成势力。如果"道学"在政治权力的博弈中获得了合法性与正当性,那么无论是在声誉上,还是在势力上,非"道学"中的士群就会被迫处于劣势。然而,在传统政治中,无论是邀名,还是结党,都将导向对以皇帝为核心的政治权力的挑战,因而反对"道学"一系的政治势力只要在政治的意义上创立起"道学"党派的名目,"道学"一系的政治势力便会显性化,从而陷入政治上犯忌的危境之中,叶适所谓"于是贤士惴栗,中材解体,销声灭影,秽德垢行,以避此名,殆如吃菜事魔影迹犯败之类",即是政治权力博弈中的真实写照。

由此回头看叶适的辩状,一方面叶适力陈所谓的"道学"人士,其实就是"稍慕洁修,粗能操守"、"为善"而"好学"的一批士大夫,努力为"道学"这批人正名。但是这种正名,在一定意义上也等于间接承认了朝廷内外存在着这样一个士大夫群体,而如前述,这便有着承认"朋党"的危险。因此另一方面,叶适辩状的核心更在于强调,"道学"只是郑丙、陈贾等人杜撰的一个名目,是当权者用来党同伐异的:"往日王淮表里台谏,阴废正人,盖用此术";现在林栗亦袭用此说,"以道学为大罪,文致语言,逐去一熹"。换言之,叶适的辩状是相当有策略的,他着意指出的是林栗等人"无事而指学者为党",而对于"道学"本身则以似有似无的表述将之淡化了。

叶适关于"道学"及其"朋党"的真实思想,后来在嘉定六年(1213)为他的学生周南述墓①时,借用周南绍熙元年(1190)的进士策文②作了清楚的表述,也可以说是叶适在淳熙十五年以后,相距二十五年后的最重要的直接表述。周南此策甚长,所涉亦广,叶适于墓志开篇即论此策,并详述其中"最切于世论者"的关于道学、朋党、皇极这三个彼此相关问题的进言,可见叶适对周南策文的认同。叶适概括周南所论"道学":"夫仁义礼乐是为道,问辩讲习是为学。人有不知学,学有不闻道,皆弃材也。古人同天下而为善,故得谓之道学,名之至美者也。"这里不仅是正式从功能(闻道成材)与特性(同天下而为善,即非独断性)肯定了"道学"在价值上的正当性(名之至美者),而且更重要的是从内容(仁义礼乐)到形式(问辩讲习)对"道学"作了一个完整的界定。在后文中,我们将看到叶适在"义理"层面上严斥濂洛关闽关于"道学"的褊狭理解,所依据的就是这个认识,尽管从表面上看,无论是"仁义礼乐",还是"问辩讲习",都为各家所倡导、所践履。

不过,上述对"道学"的界定,虽然反映了叶适师徒在本义上对于"道学"的完整理解,但在策文中,其着眼点仍在政治层面。这点周南讲得极明白:"元祐诸贤未尝立此号名,近世儒先岂曾以此标榜!中间忽有排摈异己之人,谋为一网尽去之计,遂以此名题品善士。"由此,"道学"由本义上的"名之至美者",经过"不能为善而恶其异己,于是反而攻之"的"小夫潜人",转而成为"天下之恶名"。不幸的是,这种政治层面上的攻击被皇帝认可,"道学"的标签遂进一

---

① 详见《水心文集》卷二十《文林郎前秘书省正字周君南仲墓志铭》,《叶适集》第二册,第381—384页。
② 详见《山房集》卷七《庚戌廷对策》。

步演化为"朋党",道学一系的政治人物或因"道学"、或因"朋党"而被逐离朝廷,庸人当政,而这样的政治竟被美誉为箕子于《洪范》中所要建立的"皇极"。对此,周南在策文中申辩:

> 臣窃观箕子之论,本非为佞庸自售之计也。其曰"有为、有猷、有守"者,是有才智、有道义、有操执之人也;"汝则念之"者,欲其斯须之不可忘也;若"不协于极"而亦"受之"者,谓其才虽有偏而终有可用,则亦当收拾而成就之者也。若以实而论,则今之所谓"朋党"、"道学"之士,是乃"皇极"之所取用之人也。

这不仅是为"道学"与"朋党"正名,而且通过"皇极"的训解赋予了全新的内涵。叶适高度肯定了周南的论说,他讲:"至谓道学、朋党即皇极所用之人,则自箕子以来,为之训解者未有及君此言也!"余英时先生曾将叶适、周南师生关于道学、朋党与皇极的上述论断,与朱熹的相关论说作过比较,指出若就政治的现实含义而言,则不能不说他们是"异曲同工"①。换言之,在政治的层面上,叶适对于"道学"的认识,与朱熹一样,是完全肯定的。

淳熙十五年林栗弹劾朱熹以后,南宋的道学运动在政治上虽受到挫折,但却得到更大的推进。至绍熙五年(1194),叶适与道学中人竟联手助时相赵汝愚逼迫光宗内禅,拥立宁宗②,朱熹除焕章阁待制,兼侍讲,道学一系在政治上达到高峰。但很快发生了连头带尾持续八年的庆元党禁(庆元元年至嘉泰二年,1195—1202),叶适与朱熹都入《伪学逆党籍》,道学运动急转直下,朱熹也于其间(庆元六

---

① 余英时:《朱熹的历史世界》,第 833 页。详尽的分析参见第十二章之七"环绕'皇极'的争论"。
② 同上书,第 620—622 页。

年,1200)去世。叶适晚年曾不无悲慨地回忆这段历史:

> 悲夫!祸所从来远矣。世方绌道学,而柄路艰用材。周(必大)丞相执政久,士多貌若愿,不心与也。忮者已怨,相与击逐,喜曰:"道学散群矣。"赵(汝愚)丞相特用材锐甚,清官重职,往往世所标指谓道学者。忮者尤怨,幸其有功,生异起说,枝连叶缀,若组织然。谤成而赵公亦逐,则又喜曰:"道学结局矣。"凡经赵公识面坐语,无不迹绝影灭也。①

嘉泰二年(1202)党禁解除,道学运动逐渐复兴,最终在理宗(1224—1265)时期被确立为政治意识形态。在此期间,叶适虽然复出,并参与了开禧二年(1206)的北伐,但次年随着韩侂胄的失败,叶适即被弹劾附韩用兵而落职,旋即奉祠归隐永嘉,直至嘉定十六年(1223)去世,远离政治而专心于学术长达十七年。每当回顾道学运动时,叶适对于政治层面上的道学始终给予肯定,对于因道学而受牵累的士人也予以褒誉,上引这则墓志就是一个显例。此志是叶适辞世三年前的嘉定十三年为李祥撰写的。李祥,《宋史》有传,他并非道学中人,但他在庆元党禁开始时,主持公道,为赵汝愚争辩,结果被弹劾罢官。叶适在追述此事后,便追忆了上引那段道学运动在政治上的前后厄运,这几乎是作为历史的亲历者对那段历史在政治层面上的完整叙述,从中可见叶适对道学运动的感情。接着,叶适这样评论李祥:

> 盖道学于公(李祥),途问巷揖,无及门之款;赵公(汝愚)

---

① 《水心文集》卷二四《国子祭酒赠宝谟阁待制李公墓志铭》,《叶适集》第二册,第471页。

于公，序进次补，无逾级之迁也。一旦正色抗辞，矜行谲说，犹蛰虫之遇震霆，莫能测焉，何哉？冲然无去来而为心者，公心也；漠然无重轻而为言者，公论也。公本于公心以发公论，赵公之诬赖以明，道学之禁赖以解，殆天意，非人力也。

"本于公心以发公论"，这是叶适对李祥的评价，但实际上也是他对政治层面上的道学运动的认识。

二、为道学正名：以学致道

就在为李祥述墓的同一年①，叶适因门人陈耆卿的表弟吴明辅来信请教"道学名实真伪"问题，在回信中正面表述了他在义理层面上关于"道学"的认识。叶适讲：

> 垂谕道学名实真伪之说，《书》："惟学逊志，务时敏，厥修乃来。允怀于兹，道积于厥躬。"言学修而后道积也；《诗》："日就月将，学有缉熙于光明。佛时仔肩，示我显德行。"言学明而后德显也。皆以学致道而不以道致学。道学之名，起于近世儒者，其意曰："举天下之学皆不足以致其道，独我能致之。"故云尔，其本少差，其末大弊矣。足下有志于古人，当以《诗》、《书》为正，后之名实伪真，毋致辨焉。②

这里，叶适将自己与"近世儒者"关于"道学"的分歧，在两个层面上彰显了出来：其一是"学"与"道"的关系，其二是"我"与"道"的

---

① 周学武：《叶水心先生年谱》，台湾大安出版社，1988 年，第 180 页。
② 《水心文集》卷二七《答吴明辅书》，《叶适集》第二册，第 554 页。

关系。

针对"学"与"道"的关系，叶适引《书》、《诗》申明他的看法，道并不是先在的，而是成于每个人的学修与学明。因此，道依赖于学，学与道的关系是"学以致道"，而非"以道致学"。所谓"以道致学"，强调的是学者必须先有了对"道"的认同，而后引导出"学"的确立。这里需要申述的是，"以道致学"实际上隐含了两个预设：第一，"道"的内涵是明确的；第二，"道"的认同足以保证"学"的成就。但是，叶适对这两点都存有疑问。

我们仍接着上文，继续来看叶适对于"道"与"学"关系的看法。在《答吴明辅书》中，叶适征引儒家经典《诗》、《书》来阐明"道"成于"学"，这在传统的经史学术中，可以看作是一种理论上的陈述。除此以外，叶适更多的是从经验的层面说明，"道"的确认不仅不足以引导出"学"的成就，而且反而导致以"道"为"学"的现象的出现，既使"学"丧失，又使学者陷于狂妄。叶适曾形象地描写了这种他亲见的情况："时诸儒以观心空寂名学，徒默视危拱，不能有论诘，猥曰：'道已存矣。'"①"以观心空寂名学"的概括，很容易让人联想到是专指陆九渊的心学，因为"以道致学"还是"以学致道"，至少从字面的意思看，恰恰是陆九渊和朱熹在鹅湖论学的核心问题。但是据记载吴明辅向叶适求教道学名实真伪一事的方回讲，叶适所指的"近世儒者"是朱熹、张栻、吕祖谦，方回并为之辩护，认为叶适所批评的情况只是弟子后学们的流弊，而朱、张、吕并没有这样的问题。② 的确，叶适在《答吴明辅》中所指的"近世儒者"不是陆九渊，而是朱、张、

---

① 《水心文集》卷二五《宋厩父墓志铭》，《叶适集》第二册，第490页。
② 见方回：《桐江集》卷二《读员窗荆溪集跋》，转自周学武《叶水心先生年谱》，第180页。

吕,至少重心是如此,因为就在两年前叶适撰写《题陈寿老论孟纪蒙》一文时,曾明确点到了张、吕、朱,可以佐证。当然,此时张栻、吕祖谦去世几近四十年,他们的弟子后学其实已消失,故叶适所指,重在朱熹及其门下①。然而,在"学"与"道"的问题上,朱熹似乎是强调"以学致道"的,否则就没有鹅湖寺的朱陆相争了。因此,要真正理解叶适对于"学"与"道"关系的看法,就必须联系他对"我"与"道"的关系的认识。

"我"与"道"的关系,笔者在论述叶适的学风②时,实际上已经涉及了,但这里不妨再重申一下。朱熹的博学,叶适当然清楚,而且非常敬重,但是他批评朱熹弃"先儒所共讲"而专奉"二程所尝讲",并以此为"始明",为"止矣",尊其为"道"之所在,其结果实际上是以"我"所确定的权威与"道"规定和限制了"学"。这是叶适与朱熹根本的分歧。因此,朱学后来陷入"以道致学"的问题,固然彰显是在后学,但责任在于朱熹。朱熹固然博学,但他以他对"道"的确认来引导"学"的开展,这种引导在本质上具有封闭性,从起点上就存在着根本的弊病,故"其本少差,其末大弊"是必然的;而且,在叶适的思想中,这并不是逻辑上的推演,而是显而共见的事实,即如他所描述的那样,那些"以道致学"的后学们"虽争为性命之学,然而滞痼于语言,播流于偏末,多茫昧影响而已"③。

"学"根本性地构成了"道"的基础。"道"存于"学"之中,舍

---

① 庆元党禁解除以后,道学运动中的诸家出现了整合,从这里所引的叶适相关描述来看,朱学虽已成为主流,但陆学"以观心空寂名学"的风格显然融入其中。相关的讨论可参见《南宋儒学建构》第五章第一节。
② 参见拙稿《叶适的士风与学风》。
③ 《水心文集》卷二一《宝谟阁待制知隆兴府徐公墓志铭》,《叶适集》第二册,第405页。

"学"无以成"道"。这几乎是叶适牢不可破的观念。叶适在《叶岭书房记》中有一段议论，可谓透彻地表达了他的这种意识。叶岭书房的主人是当年协助叶适拥立宁宗的蔡必胜之子蔡任。开禧北伐时，叶适临危受命，出知建康府，兼沿江制置使，因蔡任是故人之子而辟为助手，专治军事。在此任上，蔡任昼夜任劳，极具才干，但后来累次受黜，仕进路绝。灰心之余，蔡任在自己的居处盖一书房，"以为材无用于世，则姑寄于书而已"。在蔡任的精神中，读书只是人生不得志时聊以遣日之事。这实际上几乎是传统士大夫们的集体无意识，或者是常见的共同的生活方式。叶适对此很不以为然，故而借撰《叶岭书房记》而对蔡任讲：

> 夫书不足以合变，而材之高下无与于书，此为不知书者言也。使诚知之，则非书无以合变，而材之高下，固书之浅深系焉。古之成材者，其高有至于圣，以是书也；静有以息谤，动有以居功，亦书也；泊无所存，而所存者常在功名之外，亦书也；百家众作，殊方异论，各造其极，如天地之宝并列于前，能兼取而无祸，皆书之余也。书之博大广远不可测量如此。惜乎余老死，不暇读矣；子其尽心哉，无徒以材为无用而姑寄于书也！①

书当然象征着知识与学习，叶适所言，无疑表达了他对知识与学习的高度肯定。其中，"古之成材者，其高有至于圣，以是书也"一语尤为重要。南宋的道学运动中无论何家何派，无论对于儒家之"道"作何种理解，成圣是共同的宗旨。全祖望讲：

> 宋乾淳以后，学派分而为三：朱学也，吕学也，陆学也。三家

① 《水心文集》卷十，《叶适集》第一册，第176页。

同时,皆不甚合。朱学以格物致知,陆学以明心,吕学则兼取其长,而复以中原文献之统润色之。门庭径路虽别,要其归宿于圣人则一也。①

在叶适看来,成圣的唯一之路是知识的习得。可以毫不犹豫地指出,把握这一点是理解叶适哲学思想的关键。

由"学"与"道"的关系的清理,以及"我"与"道"的关系的澄清,叶适不认同朱熹对于"道"的确认,就非常显见了。而且,从广义上看,不仅是朱熹,乾淳以来以复振洛学为旗帜的道学运动中的其他思想家,只要他们在最终的思想上对儒家之"道"的确认,系于儒学史上的某一权威,无论是二程,还是孟子,叶适就难以认同;当世学者,自是更在其外。② 甚至可以说,在实际上,即便是孔子,叶适的认同仍然是有条件的。要完全阐明这些,就必须进一步分析叶适关于儒家之道的本统的论述。这个论述最系统完整的文本,就是《习学记言序目》中因读范育的《正蒙序》而"总述"的"讲学大旨"。值得指出的是,叶适对儒家之道的系统完整的论述,没有标以"道",而标以"学",正是他对自己以学致道、道成于学的思想的准确而刻意的表

---

① 《宋元学案》卷五一《同谷三先生书院记》,《黄宗羲全集》第五册,第7页。

② 在叶适生平师友中,吕祖谦的治学大抵是叶适最为肯定者,故他在《习学记言序目》(中华书局,1977年)中以四卷摘评吕氏所编《皇朝文鉴》以殿后,并申明:"此书二千五百余篇,纲条大者十数,义类百数,其因文示义,不徒以文,余所谓必约而归于正道者千余数,盖一代之统纪略具焉,后有欲明吕氏之学者,宜于此求之矣。"但尽管如此,"吕氏既葬明招山,(陈)亮与潘景愈使余嗣其学。余顾从游晚,吕氏俊贤众,辞不敢当"(《习学记言序目》卷五十《皇朝文鉴四》,第755—756页)。这固然是谦语,但叶适治学"异识超旷,不假梯级"是事实。他与吕祖谦在学术思想上的最终区别也是清楚的,正如元人黄溍讲:"叶正则推郑景望、周恭叔以达于程氏(俊按:叶适推重永嘉前辈,并敬重程氏,但在学术思想上并不认同,后文自有详述),若与吕氏同所自出。至其根柢《六经》,折衷诸子,剖析秦汉,讫于五季,凡所论述,无一合于吕氏。"(《文献集》卷五《送曹顺甫序》)

达。他在《宋厩父墓志铭》中讲：

> 时诸儒以观心空寂名学，徒默视危拱，不能有论诘，猥曰：
> "道已存矣。"君（宋驹）固未信，质于余。余为言学之本统，古今
> 伦贯，物变终始，所当究极。忽昂然负载，如万斛舟；如食九奏，
> 大牢先设而醯酱不遗；如赐大宅，百室皆备，从门而入也。①

《习学记言序目》中的"总述讲学大指"，可以说完全就是这段文字的
具体内容。而从这段文字足以见到，这个"总述讲学大指"，完全是
对"道"的"总述"，但叶适却坚持标示自己是"言学之本统"。毫无
疑问，这正是他的思想宗旨所在：言学就是论道。

三、总述讲学大指：对道之本统的阐释

"总述讲学大指"，顾名思义，即知是叶适至为重要的关于儒学
宗旨的根本性总述。《宋元学案·水心学案》中首录全文，后来学者
讨论叶适的道统观，均基于此文献。但对此最为重视的当属牟宗三，
他在《心体与性体》中专辟一大章来"衡定"叶适的"总述讲学大
指"，尽管所持的看法是全盘否定。牟宗三开篇即断言：

> 叶水心不满曾子、子思、孟子、《中庸》、《易传》以及北宋诸
> 儒所弘扬之"性理"，而另开讲学之大旨，以期有合于二帝三王
> 之"本统"。然而不解孔子对于道之本统再建之意义，孔子之传
> 统全被抹杀，是则其归也终于成为隔绝论与冥惑论。故真正轻
> 忽孔子而与孔子传统为敌者叶水心也。

① 《水心文集》卷二五《宋厩父墓志铭》，《叶适集》第二册，第490页。

毫无疑问,牟宗三的否定是极其严重的。我们下文的讨论将随文引及牟宗三的批评,以为参照。①

(一)"总述"针对的是《中庸章句序》

"总述讲学大指"诚如牟宗三所言,是出于对"曾子、子思、孟子、《中庸》、《易传》以及北宋诸儒所弘扬之'性理'"的"不满",但直接引发叶适作此"总述"的,却是吕祖谦所编《皇朝文鉴》中所收范育的《正蒙序》。

范育是张载门人,他的《正蒙序》所以会引起叶适的兴致,进而专门总述自己的思想宗旨,是因为范育在此序中以《正蒙》为例,不仅讨论到关洛之学的一个根本性的理论问题,即儒与佛、老的区别,而且也涉及对宋代道学运动中周、张、二程的理论建构的评价问题。

宋代的道学运动承续着韩愈的道统观而来,虽然宋儒后来超越了韩愈的思想,并将问题的重心从斥佛转至儒家之道的阐述与建构②,但斥佛始终是建构儒家之道的前提预设,也是周(敦颐)张(载)程(颢、颐)朱(熹)一系形成其理论架构以及概念体系的重要参照。张载在《正蒙》中以"太虚之气"阐述他关于形上本体,即所谓"道体"的思想,这个阐述超越了具象性的存在物,这在当时的思想界是一个崭新的概念,用范育的话讲,是"《六经》之所未载,圣人之所不言"。但是,张载哲学中"清虚一大"的话语,也被当时的思想界认为是模糊了儒与佛、老的区别,因而引起訾议,而范育正是借《正

---

① 参见牟宗三:《心体与性体》第五章,第225—319页,正中书局,1979年。下文讨论中的随文引用比照,恕不再一一标示。又,本节所述,在拙书《南宋儒学建构》第四章第三节之二中亦有涉及,但或有偏重,故可参见。"总述讲学大指"全文见《习学记言序目》卷四九《皇朝文鉴三》,第735—741页,下文引用亦不再反复注明。

② 参见何俊:《论韩愈道统观及宋儒对他的超越》,载前揭刊。

蒙序》为老师作辩护。范育云：

> 自孔、孟没，学绝道丧，千有余年，处士横议，异端间作，若
> 浮屠、老子之书，天下共传，与《六经》并行，而其徒侈其说，以为
> 大道精微之理，儒家之所不能谈，必取吾书为正；世之儒者亦自
> 许曰，吾之《六经》未尝语也，孔、孟未尝及也，从而信其书，宗其
> 道，天下靡然同风，无敢置疑于其间，况能奋一朝之辩，而与之较
> 是非曲直乎哉？子张子独以命世之宏才，旷古之绝识，参之以博
> 闻强记之学，质之以稽天穷地之思，与尧、舜、孔、孟合德乎数千
> 载之间，闵乎道之不明，斯人之迷且病，天下之理泯然其将灭也，
> 故为此言，与浮屠、老子辩。①

按照此序，宋儒普遍认为形而上的道体，长期以来没有成为儒家关注
的重心，而成了佛、老思想的专利。但在范育看来，张载的思想正在
于对此千年湮没的道体作了阐发，根本上厘清了儒与佛、老的区别。
在这个阐发的过程中，张载出入于佛老，在哲学话语上虽袭用佛、老
术语，但无伤儒家思想的根本。概言之，张载的哲学建构不仅厘清了
儒与佛、老的区别，而且这个新的建构为儒学作出了贡献，重新确立
了形而上的道体。

　　然而，"因范育序《正蒙》，遂总述讲学大指"的叶适，虽然对此很
不以为然，但他的"总述"仅在最后述及本朝学术时才针对范育的辩
护，论述了他对儒与佛、老区别的认识，以及表达了他对北宋诸儒所
建构的理论的质疑。同时，整个"总述"几乎没有摘录范育的《正蒙
序》。相反，"总述"将笔墨用在了"始于尧"的儒家之道的阐释。

---

① 范育：《正蒙序》，《宋文鉴》卷九一，中华书局，1992 年，第 1284—1285 页。

如果我们回顾前引《宋厥父墓志铭》中叶适所提到的由于"时诸儒以观心空寂名学，徒默视危拱，不能有论诘"，因而要"言学之本统"，以及《答吴明辅》信中涉及的"道学名实真伪"问题，可知叶适的"总述"决非仅是针对着范育的《正蒙序》，而更是针对当时整个朱门后学的流弊而言的。只是，整个《习学记言序目》完全是在叶适多年学习摘录的基础上写成的，即先有《习学记言》，而后给予《序目》的，既然"总述讲学大指"文献上不是基于对范育《正蒙序》的摘录，而只是"因范育序《正蒙》，遂总述讲学大指"，而且"总述"在主题、内容上也都完全超出了《正蒙序》，那么，叶适"总述"时究竟是基于哪个文献呢？比照"总述讲学大指"与《中庸章句序》，可以清楚看到，叶适的"总述"完全是针对着朱熹的《中庸章句序》，也正因为如此，"总述"才表现出了对"曾子、子思、孟子、《中庸》、《易传》以及北宋诸儒所弘扬之'性理'"的"不满"。

为了方便下文的讨论，先全文照引朱熹《中庸章句序》前面的相关部分，朱熹云：

> 《中庸》何为而作也？子思子忧道学之失其传而作也。盖自上古圣神继天立极，而道统之传有自来矣。其见于经，则"允执厥中"者，尧之所以授舜也；"人心惟危，道心惟微，惟精惟一，允执厥中"者，舜之所以授禹也。尧之一言，至矣，尽矣！而舜复益之以三言者，则所以明夫尧之一言，必如是而后可庶几也。

> 盖尝论之：心之虚灵知觉，一而已矣，而以为有人心、道心之异者，则以其或生于形气之私，或原于性命之正，而所以为知觉者不同，是以或危殆而不安，或微妙而难见耳。然人莫不有是形，故虽上智不能无人心，亦莫不有是性，故虽下愚不能无道心。二者杂于方寸之间，而不知所以治之，则危者愈危，微者愈微，而

天理之公卒无以胜夫人欲之私矣。精则察夫二者之间而不杂也，一则守其本心之正而不离也。从事于斯，无少间断，必使道心常为一身之主，而人心每听命焉，则危者安、微者著，而动静云为自无过不及之差矣。

夫尧、舜、禹，天下之大圣也。以天下相传，天下之大事也。以天下之大圣，行天下之大事，而其授受之际，丁宁告戒，不过如此。则天下之理，岂有以加于此哉？自是以来，圣圣相承：若成汤、文、武之为君，皋陶、伊、傅、周、召之为臣，既皆以此而接夫道统之传。若吾夫子，则虽不得其位，而所以继往圣、开来学，其功反有贤于尧、舜者。然当是时，见而知之者，惟颜氏、曾氏之传得其宗。及曾氏之再传，而复得夫子之孙子思，则去圣远而异端起矣。子思惧夫愈久而愈失其真也，于是推本尧、舜以来相传之意，质以平日所闻父、师之言，更互演绎，作为此书，以诏后之学者。盖其忧之也深，故其言之也切；其虑之也远，故其说之也详。其曰"天命率性"，则道心之谓也；其曰"择善固执"，则精一之谓也；其曰"君子时中"，则执中之谓也。世之相后，千有余年，而其言之不异，如合符节。历选前圣之书，所以提挈纲维、开示蕴奥，未有若是之明且尽者也。自是而又再传以得孟氏，为能推明是书，以承先圣之统，及其没而遂失其传焉。则吾道之所寄不越乎言语文字之间，而异端之说日新月盛，以至于老、佛之徒出，则弥近理而大乱真矣。然而尚幸此书之不泯，故程夫子兄弟者出，得有所考，以续夫千载不传之绪，得有所据，以斥夫二家似是之非。①

---

① 《四书章句集注》，第14—15页。

事与心：浙学的精神维度

108

上引三段,第一段是指出尧、舜、禹相传之道,即儒家之道的核心问题是关于人心与道心的处置,第二段是对这一问题的进一步申述,因此,两段所述是同一个问题,第三段则细述儒家之道的传承及其各环节所面对的挑战。

以下我们就来看叶适"总述讲学大指"中的一一回应。

(二)尧、舜、禹相传的道是什么?

认为儒家之道从尧开始,这是叶适与朱熹共同的历史观念,叶适"总述"的第一句话即断言"道始于尧"。叶适断言"道始于尧",有两方面的思想含义:其一是他对"道"何以开始的理解,其二是他对《易传》的质疑。

关于"道"的开始,叶适根据的是《尚书》的记载:"《易传》虽有包牺、神农、黄帝在尧之前,而《书》不载,称'若稽古帝尧'而已。"这里,叶适非常清楚地表达了对《易传》的怀疑。宋学的崛起,在方法论上是从疑传、疑经开始的,这在北宋即已取得很大的成就。就《易》则言,自欧阳修在《易童子问》中指出《十翼》诸篇非孔子所作,而是众人所撰以后,《易传》的经典地位是受到怀疑的。在永嘉的学术传统中,永嘉之学的开山者王开祖也持同样的主张,《儒志编》载:

> 或曰:"今之所谓《系辞》,果非圣人之书乎?"曰:"其源出于孔子,而后相传于易师。其来也远,其传也久,其间失坠而增加者,不能无也。故有圣人之言焉,有非圣人之言焉。"

这种怀疑为叶适所接受,在《十翼》中,他只认为《彖》、《象》为孔子所撰,其余都有问题。叶适云:

> 《彖》、《象》辞意劲厉,截然著明,正与《论语》相出入(引者按:叶适对《论语》同样有所质疑,详下文),然后信其为孔氏作

无疑。至所谓《上、下系》、《文言》、《序卦》，文义复重，浅深失中，与《彖》、《象》异，而亦附之孔氏者，妄也。①

叶适否定《易传》文本的经典性，目的是在于否定其思想的意义，进而否定周、张、程、朱一系道学的理论基础。这点容后详述。

在"道始于尧"的判定上，除了文献上的根据以外，更重要的还在于思想上对于"道"的界定。为什么不取《易传》的讲法呢？叶适的看法是："尧、舜之前，非无圣人，神灵而不常者，非人道之始故也。"②换言之，尧以前虽然已有人类文明的创生，但在自然的环境中，人类的文明并不能够稳定下来，即所谓"神灵而不常"。只有在尧以后，这种情况始有根本的改变。这里，界定"道"的标志被确认为是"常"，即稳定性的问题。显然，这是一种外在状态上的界定标准。

毫无疑问，"道"在内容上的确认更为重要。按照朱熹《中庸章句序》的建构，儒家之道的精髓全在尧最初传给舜的那句"允执厥中"，后来舜传禹，又将它引申为四句："人心惟危，道心惟微，惟精惟一，允执厥中。"这十六字诀是朱熹论学的核心，故他接着的那段关于人心—道学的阐发可以称得上是字斟句酌。

但是，叶适对尧、舜所创建的"道"的内容却有完全不同的认识。关于尧，叶适讲："道始于尧，'钦明文思安安，允恭克让'；命羲、和'历象日月星辰，敬授人时'。"这里的引文出自《尚书·尧典》。前一句通常的训解是表彰尧以敬明文思四德安定天下，并且信恭能让，叶适则更直接地指出这个始于尧的"道"就是尧躬身践履的社会伦常：

---

① 《习学记言序目》卷三，第35页。
② 《习学记言序目》卷五《尚书·虞书》，第52页。

"'安安'者,言人伦之常也,'允恭克让',所以下之也,此所以为人道之始也。"①后一句则以羲、和的"制历明时"为例,说明尧关于制度工具的建构。叶适更进一步引《尚书·吕刑》中的"乃命重黎,绝地天通,罔有降格",以及《左传》,着意于指出:"尧敬天至矣,历而象之,使人事与天行不差。若夫以术下神,而欲穷天道之所难知,则不许也。"由此,叶适完整地表达了他对儒家之道的界定:其一,儒家之道是"人道",是人类文明的建构;其二,这个文明包含了两层内容:一是社会伦常,二是制度工具;其三,儒家之道的确立,基于人类对自然的尊重与认识,以求"人事与天行不差",但这种尊重与认识,完全是理性的,而不是神秘的"以术下神,而欲穷天道之所难知"。

尧以后,舜完全沿袭了这种建构儒家之道的精神与方法。叶适引用《尚书·舜典》中的"濬哲文明,温恭允塞,在璿玑玉衡以齐七政"来表证舜的建构,其中"濬哲文明,温恭允塞",就是社会伦常;"在璿玑玉衡以齐七政"即是制度工具。叶适特别强调:"舜之知天,不过以器求之耳,日月五星齐,则天道合矣。"在舜的时代,人们对自然的认识已经从早期最朴素的"历而象之",发展到"以器求之",但性质是一样的,叶适标以"不过"二字,正在于强调尧、舜在建构儒家之道的方法上虽然有所延展,但精神实质却是一脉相承的。

在陈述了尧、舜的建构后,叶适摘录了《尚书·大禹谟》中的十六字诀:"其微言曰:'人心惟危,道心惟微,惟精惟一,允执厥中。'"十六字诀的关注点在人心—道心,与前述尧、舜的传统没有连贯性。叶适在这里摘录它,针对的是朱熹《中庸章句序》。在叶适的时代,《尚书·大禹谟》的真伪问题尚未出现,故叶适没有质疑文本的真实

---

① 《习学记言序目》卷五《尚书·虞书》,第52页。

性,但他尽力祛除朱熹所确认的思孟一脉所添附在十六字诀上的玄论,强调它的朴素性。他讲:"人心至可见,执中至易知,至易行,不言性命。子思赞舜,始有大知、执两端、用中之论;孟子尤多;皆推称所及,非本文也。"

关于叶适对尧、舜之道的阐释,牟宗三的评定是:"徒封囿于政治措施之即事达义,以器知天,而谓能尽古人言天之体统乎?看似平实,实乃器识之陋也。"牟氏以为,古人言天,实有两层含义,一是自然之天,二是道德宗教之天,两者是合为一体的;而叶适的阐述,故意取一舍一,将古人的敬天、知天以及历而象之,完全解释为具体的政治举措,"独以羲、和传统为中心,不以尧、舜之德为中心,可谓忽其本而著其末,正是不明道之本统为何物者也"。

牟氏所见,惟惟否否。就他指责叶适剔除敬天知天中所蕴涵的宗教性超越意义而言,牟氏是对的,但他以为叶适封囿于政治举措而不见历史中之道德性价值意义,则有失公允。叶适讲:"文字章,义理著,自《典》、《谟》始。此古圣贤所择以为法言,非史家系日月之泛文也。"[①]仅此一语,即可断知叶适对尧、舜、禹的历史,并非究心于政治举措之陈迹,而正在于陈迹所显露出的价值意义,其中无疑包含着道德性价值。只是在叶适看来,这个意义无法空说,由前述而知,叶适将之归于社会伦常与制度工具的双重建构。只不过社会伦常的确立,叶适落实在践履,"允恭克让",而不是诉诸人心—道心的性命玄思;制度工具的创设,叶适求之于理性,剔除了神秘的"以术下神"。

事实上,牟宗三不得不承认,叶适对儒家之道的这种"即事达义"、"以器明道"的建构,至少在形式上与孔子以后的传统是一致

① 《习学记言序目》卷五《尚书·书序》,第51页。

的,当然,立足点上仍有本质性的区别。牟宗三讲:

> 后来通过孔子后,亦未有离事言义,离器明道者,然此即事
> 即器,乃本乎超越者圆融而言之,非叶水心之只现象地外在地平
> 面地言之也。此不可不辨。鱼目混珠,遂藉以为拒谈性命天道
> 之口实矣。

显然,叶适阐释儒家之道,器与道并举,这是牟宗三不得不承认的。
这里,真正的问题是如何看待见于社会伦常与制度工具中的价值意
义的"超越"的问题。

从对宗教性的"以术下神"的否定来看,叶适对由此途径建构
"道"的超越性,显然是不以为然的。他在接着尧、舜以后阐释禹时,
对此实有更明确的论述。叶适摘引了《尚书·大禹谟》中的两句话
来概括禹对道的继承:"次禹,'后克艰厥后,臣克艰厥臣。惠迪吉,
从逆凶,惟影响'。"前一句讲君臣能知艰难,天下始能治理;后一句
则强调治理天下,顺道则吉,逆道则凶,其效应如影响。接着,叶适有
一长段注文:

> 《洪范》者,武王问以天,箕子亦对以天,故曰"帝乃震怒,
> 不畀洪范九畴","天乃锡禹洪范九畴",明水有逆顺也。孔子因
> 箕子、周公之言,故曰"凤鸟不至,河不出图",叹治有废兴也。
> 然自前世以为龙马负图自天而降,《洛书》九畴亦自然之文,其
> 言怪诞。夫"思曰睿,睿作圣",人固能之,奚以怪焉!至山林诡
> 谲有先天后天之说,今不取。

在这段注文中,叶适虽借用箕子与孔子的故事,印证前述《大禹谟》
的精神,但整段注文的宗旨却转论自然之神迹问题,似乎发生了主题
转移,以致牟宗三认为,"注文言《洪范》,不相干,略。"

其实不然。在上古文献中，"天道"的呈现常兼具实然性与神灵性，如叶适所引箕子所谓的"天乃锡禹洪范九畴"，以及孔子所叹"凤鸟不至，河不出图"。叶适引此，恰着意于指出，无论是箕子所言，还是孔子所叹，都只是在特定语境下的表达，它们各有实际的意指，即"明水有逆顺"、"叹治有废兴"，而不是对"天道"具有神灵性的默认。因此，叶适转论自然之神迹问题，并非论题转移，而是旨在剔除笼罩在天道上的神灵性，从而置治道于理性的基础之上，不因为治道艰难而乞灵于某种神秘性。

这段注文最后指出，所谓的河出图、洛出书，"其言怪诞"；而先天后天之说，更属于不可取的"山林诡谲"。可知叶适此段注文，真正要否定的仍是周、张、程、朱一系的道学。此系道学的架构基础，就是《周易》，而河图洛书、先天后天正是其中富有神秘性的重要内容；诸儒所以津津乐道于此，则是因为这些附着在天道上的神秘性构成了他们所要建构的道德形上学具有超越性的基础。

然而，我们至此虽然清楚地认识到了叶适反对借"天道"的神秘性来建构"人道"的超越性，但叶适关于"道"的建构，是否如牟宗三所说，真的无意于"本乎超越者圆融而言之"，而"只现象地外在地平面地言之也"？

（三）儒家之道的特性与完备

尧、舜、禹三圣以下，朱熹《中庸章句序》列举了成汤、文、武诸君，以及皋陶、伊、傅、周、召诸臣，叶适"总述"亦相应而论。只是朱熹对上述君臣仅一言以蔽之："皆以此（人心—道心）而接夫道统之传。"叶适虽然没有论及每位君臣，如周武王与傅说，但对于这一历史时期的儒家之道的建构，却作了详尽阐释。这个阐释，不仅呈现了叶适关于道的言说方式，实际上也表明了他对道的性质的判定。

事与心：浙学的精神维度

儒家之道从尧开始确立,次舜、次禹,内容与方法一以贯之。在内容上,社会伦常与制度工具并举;在方法上,"敬天至矣,历而象之,使人事与天行不差"。在叶适的这个建构中,儒家之道的确没有人世—彼岸性质的空间维度的超越,但却存在前辈—后代性质的时间维度的绵延。超越性的道实际上是介于虚—实之间的建构,故必有牟宗三所讲的"圆融"要求,而叶适建构的儒家之道完全存于实相中的历时性展开,因此,其阐释的确呈现出"现象地"。然而,这个"现象地"呈现,并不必然是"外在地平面地"。

叶适指出,儒家之道的建构,从皋陶开始,进入了一个新的时代,其特征是"训人德以补天德,观天道以开人治,能教天下之多材"。这种时代特征,显然是针对着前述禹的时期的治道艰难而揭示的。叶适进一步在注文中讲:

> 按高辛,高阳之子,聚为元凯,舜虽尽用,而禹以材难得、人难知为忧。皋陶既言"亦行有九德","亦言其人有德",卿大夫诸侯皆有可任者,"翕受敷施,九德咸事"。以人代天,典礼赏罚,本诸天意,禹相与共行之,治成功立。

皋陶辅佐舜、禹两代君王,在艰难的文明创建中,使人尽其才,"卿大夫诸侯皆有可任者",从而终于"治成功立",儒家之道得于确立。叶适紧接着指出:"至夏、商、周,一遵此道。"

至此,我们可以说,叶适对儒家之道的阐释始终是"现象地"展开,但却不能说这个展开是"平面地"。因为在这个始于尧,迄于禹、皋陶的儒家之道的创建,实际上是一种层层累积性的建构,虽然这种层层累积呈现出来的,确实仍然只是"现象",但这些"现象",即社会伦常与制度工具,却是不断改变,不断完善与推进的,而决非同质性的"平面地"展开。

不仅于此,如果我们细心体会叶适阐释禹与皋陶的两段注文中所列举的武王与箕子的问答、孔子因箕子周公之言而发的感叹,以及禹之忧患和皋陶的训人德、开人治,那么足以认识到,叶适对儒家之道的阐释,虽然完全呈以"现象",但这些"现象"却承载着一代又一代人的精神活动。叶适的阐释固然全是这些"现象",但他所欲呈现与揭示的,与其说是这些"现象",毋宁说更是"现象"所承载的精神。惟此,叶适对儒家之道的阐释,并非只是"外在地",确切地说,是"内外交相成"的。这样的分析,决不是推理所得,而是叶适明确详述了的。他在摘录《孟子·告子》"心之官则思"一节后讲:

> 按《洪范》,耳目之官不思而为聪明,自外入以成其内也;思曰睿,自内出以成其外也。故聪入作哲,明入作谋,睿出作圣,貌言亦自内出而成于外。古人未有不内外交相成而至于圣贤,故尧、舜皆备诸德,而以聪明为首。孔子告颜渊"非礼勿视,非礼勿听",学者事也,然亦不言思。故曰"学而不思则罔,思而不学则殆";又曰"吾尝终日不食,终夜不寝以思,无益,不如学也";季文子三思而后行,子闻之曰"再斯可矣"。又,物之是非邪正终非可定,诗云"有物有则",子思称"不诚无物",而孟子亦自言"万物皆备于我矣"。夫古人之耳目,安得不官而蔽于物?而思有是非邪正,心有人道危微,后人安能常官而得之?舍四从一,是谓不知天之所与,而非天之与此而禁彼也。盖以心为官,出孔子之后;以性为善,自孟子始。然后学者尽废古人入德之条目,而专以心性为宗主,致虚意多,实力少,测知广,凝聚狭,而尧、舜

以来内外交相成之道废矣。①

叶适对儒家之道虽"现象地",但却非"外在地平面地"阐释,也有学者将之概括为社会历史本体观②。显然,这是一种非常中肯的论定,尤其是着眼于叶适与朱熹、陆九渊思想鼎足而三的区别。只是,这里必须申论一点,这就是"现象地"这个特征。它意味着叶适所阐释的儒家之道,不是抽象的,而是"现象"的;不能因为将这一"现象"(无论是社会历史,还是道德伦理)概括或提升为本体,就将它抽象化了,从而成为僵死的符号。叶适有一段话值得在这里引用,他讲:

> 郑铸刑书,叔向讥之。子产于扶补倾坏之中,必欲翦裁比次,自令新美,宜其做到变古处,先王之政遂不可复也。治道固不能不与时迁移,然亦有清静宁民,可以坐销四国之患,使古意自存者,而徒为是纷纷,此老聃所以有感于周之末造,且欲并废其初也。③

治道不是僵死的,而是与时迁移的,这种积极有为是"道"的常态,但是即使这一常态,同样也不是僵死的,在特定的历史场域,老子所倡导的清静宁民是正确的选择。换言之,叶适所阐释的儒家之道,与其提升为某种本体,毋宁保留为现象。

按照《尚书》"若稽古四人"的记载,叶适认为儒家之道经过尧、舜、禹、皋陶,如上所述,已基本成形。此后,汤、伊尹时代进一步执

① 《习学记言序目》卷一〇四《孟子》,第207页。孔、孟标示心性,是对所处时代的回应,而非以此"尽废古人人德之条目",此系后话,容后详述。
② 景海峰:《叶适的社会历史本体观》,收入《叶适与永嘉学派论集》,光明日报出版社,2000年,第253—262页。
③ 《习学记言序目》卷一〇一《左传》,第155页。

守,更经过文王,至周、召时代,则臻完备。对周、召时代的道的完备,叶适称誉:

> 次周公,治教并行,礼刑兼举,百官众有司,虽名物卑琐,而道德义理皆具。自尧、舜、元凯以来,圣贤继作,措于事物,其该洽演畅,皆不得如周公。不惟周公,而召公与焉,遂成一代之治,道统历然如贯联算数,不可违越。

周公、召公之重要,决不在他们个人,而在于在他们那里形成了完备的制度体系,正是这个制度体系,促成了华夏文明的灿烂。叶适在阐述儒家之道的形成时,虽然标以君臣之名,但这只是一个纪年法,在思想上其实正相反。轻个人而重制度,可以说是叶适一生思想之根本。早在淳熙五年中进士廷对时,叶适便明确断言:"以庸君行善政,天下未乱也;以圣君行弊政,天下不可治矣。"[1]后来叶适讲学之所以特别推重《周礼》,也正是因为《周礼》体现了周代的制度体系,即所谓:"周之道固莫聚于此书,他经其散者也;周之籍固莫切于此书,他经其缓者也。"[2]

在阐述这一时期的儒家之道时,叶适兼而论及关于道德性命天人之交的问题。由前引朱熹《中庸章句序》已知,人心—道心构成程朱性理之学的核心问题,而《中庸》所以能成为新经典,根本的原因是《中庸》开篇那句"天命之谓性,率性之谓道,修道之谓教",为程朱道学的人心—道心问题提供了超越性的理论架构。但是,正如前文已述,叶适对于这种超越性的理论建构不仅毫无兴趣,而且认为这种建构根本上背离了儒家之道的真精神。因此,在阐述汤、伊尹、文王

---

① 《水心别集》卷九《廷对》,《叶适集》第三册,第745页。
② 《水心文集》卷十二《黄文叔周礼序》,《叶适集》第一册,第220页。

时,叶适概要性地论及这个问题。

叶适讲汤、伊尹:

> 次汤,"惟上帝降衷于下民,若有恒性,克绥厥猷惟后",其言性盖如此。

> 次伊尹,言"德惟一",又曰"终始惟一",又曰"善无常主,协于克一"。

这里,叶适极力祛除程朱道学在道德性命上所赋加的神圣性,而强调"其言性盖如此",即"性"与"德"在汤、伊尹那里,就是现实生活中的躬身践履,固守与一贯,"恒"与"一"。因此,"性"与"德"的问题并不神秘玄妙,它们就呈现在整个社会伦常之中,为所有人所践履。叶适显然不满于程朱道学的超越性建构,故而他在述及汤、伊尹之后,慨然断曰:"呜呼! 尧、舜、禹、皋陶、汤、伊尹,于道德性命天人之交,君臣民庶均有之矣。"

叶适又进一步以文王申论之。他讲:

> 次文王,"肆戎疾不殄,烈假不瑕,不闻亦式,不谏亦入";"雍雍在宫,肃肃在庙,不显亦临,无射亦保";"无然畔援,无然歆羡,诞先登于岸";"不大声以色,不长夏以革,不识不知,顺帝之则"。夫《雅》、《颂》作于成、康之时,而言文王备道尽理如此,则岂特文王为然哉? 固所以成天下之材,而使皆有以充乎性,全于天也。

在《诗经》中,周文王被刻画成一位备道尽理极其完美的圣贤君主,而叶适指出,这些诗句并非专指文王,而实是一种社会完美形象的塑造,以作为导引天下的范式。这里,不仅在某种程度上消解了涂抹在文王身上的神圣性,而且更重要的是重申了道德性命的世俗性。据

此,叶适以他的立场阐释了《中庸》:

> 按《中庸》言"鸢飞戾天,鱼跃于渊,言其上下察也";"德輶
> 如毛,毛犹有伦,上天之载,无声无臭,至矣"。夫鸟至于高,鱼
> 趋于深,言文王作人之功也;"德輶如毛",举轻以明重也;"上天
> 之载,无声无臭",言天不可即而文王可象也。古人患夫道德之
> 难知而难求也,故曰"安安,允恭克让","浚哲文明","执中惠
> 迪","克绥厥猷","主善协一",皆尽己而无所察于物也,皆有伦
> 而非无声臭也。今也,颠倒文义,而指其至妙以示人;后世冥惑
> 于性命之理,盖自是始。噫!言者过矣,不可谓文王之道固
> 然也。

"皆尽己而无所察于物也,皆有伦而非无声臭也",道德性命之学根
本不在玄远妙论,而全在躬身践履,叶适在此明确地表达了他与程朱
道学在这个问题上的原则性分歧。

综而言之,在儒家之道的充实阶段,其"现象地",即世俗的性质
得以巩固,而其社会伦常与制度工具的内容得以完备。这里顺而指
出,全祖望曾讲:"水心之门,有为性命之学者,有为经制之学者,有
为文字之学者。"①叶适门生的这些分流,无疑都源自叶适学术之堂
奥。而落在此处,以叶适对儒家之道的阐释而观之,所谓的性命之学
与经制之学,即前述之社会伦常与制度工具的内容。只不过在"总
述"中,叶适只是述其"大旨",而具体的展开则见之于他的整个
著述。

此外,尚有一个潜藏着的问题需要点出。按照叶适的阐释,儒家

---

① 《宋元学案》卷五五《水心学案》下,《黄宗羲全集》第五册,第196页。

之道至周公、召公而臻完备。对此,牟宗三以为,叶适是把道统限定为"尧、舜以来三代开物成务之原始综和构造之过程也",这个"原始综和构造","实即政治措施之综和构造";而叶适以此"综和构造"为道之本统,则结果就是"现象主义之不见本源","停于原始之综和构造而不知孔子之开合,落于皇极一元论,而不知孔子对于道之本统之再建"。这就将问题引向了孔子。

(四)孔子工作的性质与价值

> 次孔子,周道既坏,上世所存皆放失,诸子辩士,人各为家;孔子搜补遗文坠典,《诗》、《书》、《礼》、《乐》、《春秋》有述无作,惟《易》著《彖》、《象》,然后唐、虞、三代之道赖以有传。

周室既衰,道将湮没,人各有家,世迷其路,华夏民族在艰苦卓绝中创设的文明制度,面临着消失的危险。于是便有了孔子之述道。这项工作,与儒家之道在历史时空中的建构历程相比,虽显得平淡而寂寞,但却深远而日彰,儒家之道也赖以有传。这就是叶适对孔子及其工作的基本评定。

在叶适关于儒家之道的阐释中,道并不是一个空洞的符号,或者一套玄妙论说,而是具有集众人之材以开物成务功能的治教之道。因此,叶适着意于始于尧,终于周、召二公的道的历史建构过程,以彰显儒家之道的根本不在论说,而在开物成务。亦因此,叶适对道的阐释标以历代的圣君贤臣,以为各个时代的象征。在这个意义上,作为平民的孔子,因为没有现实的政治地位而似乎缺乏重要性。牟宗三强调"叶水心之蔽正在停于原始之综合构造而不知孔子之开合,落于皇极一元论,而不知孔子对于道之本统之再建",原因就在这里。

但是,这是需要讨论的问题。首先,皇极在叶适这里指什么。

"皇极"出自《尚书》，箕子作《洪范》述九畴，其中"次五曰建用皇极"。皇极者，"皇建其有极"。孔颖达疏："皇，大也；极，中也。施政教，治下民，当使大得其中，无有邪僻。"[①]因此，就本义而言，对皇极的推崇，实在于确立并维系一种"无有邪僻"的公正的社会政教体制。当然，我们知道，南宋道学运动重振时，诸儒对"皇极"的解释与孔疏是有所区别的。南宋诸儒直接以表面字义将"皇极"解释为人君居于极至，但诸儒的着眼却并不在"皇极"，而是在"建皇极"的"建"字上，强调的是士大夫与君同治天下，叶适正是诸儒中之健将。[②] 而观叶适对道的阐释，可以清楚地看到，他虽以具体的君臣来标举道的确立的历史过程，但一则重在呈现君臣民庶之共"建"，这正是时代的精神，二则这个皇极的重心并不在作为一己之帝王，而在作为人类共同体象征的文明，即社会伦常与制度工具的双重建构，这亦合皇极之本义。总之，叶适对前孔子时代儒家之道的建构，即便标以"皇极"，亦不可简单地理解为是以君主为代表的现实权力结构。

其次，叶适是否"不知孔子之开合"。从叶适对孔子工作的概括来看，似乎只是陈述了孔子的劳绩，"搜补遗文坠典"，而且叶适还专加案语，"旧传删《诗》，定《书》，作《春秋》，余以诸书考详，始明其不然"，强调孔子基本是"有述无作"。但是，这并不意味着叶适轻视孔子的意义。诚然，强调孔子是"有述无作"在叶适的思想中是至关重要的，因为他对孔子工作性质的这一还原与确认，从根本上表明了他的立场，即儒家之道的本统是在历史的建构中，而不是在文本的传承中。在这个意义上看，孔子的确是有局限的。然而，叶适专门指出：

---

① 《尚书正义》卷一〇二。
② 参见余英时《朱熹的历史世界》第十二章之七"环绕皇极的争论"，第808—845页。

"'为政以德,譬如北辰,居其所而众星共之。'孔子不得自为政,故其言如此。然为者有尽,言者无穷,使虽有群圣之政,而无孔子之言,则终莫知所考矣。"①"北辰"即可谓"皇极"之喻,孔子虽不能自己为政,但依然取此而论。只是叶适转而强调,历史的建构固然重要,但任何具体的道的建构又都是有限的,而经过孔子的述道,不仅突破了存于具体历史时空中的建构的有限性,使历史的建构获得了无限性的价值,而且因为孔子的述道,存于历史中的建构才真正由自发上升为自觉。"使虽有群圣之政,而无孔子之言,则终莫知所考矣",叶适这句话,实已近乎"天不生仲尼,万古如长夜"了。

这里顺便指出,前文述及叶适门人分治性命之学、经制之学、文字之学,其中性命之学与经制之学在叶适的儒家之道的建构中已有呈现,而文字之学却没有落实。叶适能诗文,其门人后来有许多流为文士,这是当时及后世的共识,因此很容易将叶适的"文字之学"简单地归入后世狭义的"文学"。但实际上,叶适的"文字之学"实是孔门四科之一的"文学",孔子的述道正是文字之学的典范,叶适《习学记言序目》以吕祖谦的《皇朝文鉴》终结,这里的"文"才是叶适"文字之学"的真正内容。只是兹事与此处所论无紧要关系,故点及而已,容另文再论。

除了以"述道"概括孔子的工作性质以外,叶适对于孔子在"述道"中融入的新精神,同样有深切的认知。在概括了孔子"有述无作"的工作后,叶适颇具意味地加了一条案语:"按《论语》'子罕言利与命与仁',今考孔子言仁多于他语。岂其设教不在于是,朋至群集有不获闻,故以为罕耶?"很清楚,这里叶适以反问的方式明确指出,

---

① 《习学记言序目》卷一〇三《论语·为政》,第176页。

孔子"设教"正在于"仁","仁"是孔子赋予儒家之道的新精神。牟宗三强调叶适之蔽在于"不知孔子之开合","不知仁教之意义",从而"不知孔子对于道之本统之再建",至此可知,实是缺乏根据的。

叶适真正要否定的,不是孔子的"述道",也不是孔子所设的"仁教",而是曾子以下对孔子所述之道的解读与传承。上文所引关于"仁教"的反问句,之所以"颇具意味",在于它一语双关,既表达了叶适对孔子新精神的深切认知,又指出了曾子以下所述孔子之道的不可信。实际上,"总述"以下所言,便全部转向对曾子以下,直迄周、张、二程的批评,也就是对朱熹所确认的道统的否定。

（五）对曾子及其以下的否定

"孔子殁,或言传之曾子,曾子传子思,子思传孟子。"这里所谓的"或",正是指朱熹的《中庸章句序》。对此,叶适完全否定。叶适认为,"言孔子传曾子,曾子传子思,必有谬误"。叶适的这个否定,一是根据授受形式,二是根据思想内容。

关于授受形式。叶适以为,孔子门下弟子三千,贤者七十二,孔子授徒的基本方法是"因材施教",门下各人对孔子思想的理解存在着相当的自主性。因此,曾子所理解的孔子思想只是他个人的理解,并不代表孔子思想之本身,更谈不上对孔子思想的独传。况且,叶适在"总述"中强调:"按孔子自言德行颜渊而下十人,无曾子,曰'参也鲁'。若孔子晚岁独进曾子,或曾子于孔子后殁,德加尊,行加修,独任孔子之道,然无明据。"[1]显然,叶适这个分析在学术考证上是站得住的。牟宗三批评叶适时,对此也不能不承认:"说曾子能传圣人之道于后,只因子思是曾子弟子,而孟子又是子思弟子,孔子之道至孟

---

[1]　另参见《习学记言序目》卷一〇三《论语·泰伯》,第188页。

事与心：浙学的精神维度

子而大显，故如此云耳。至于曾子究能传多少，则是另一问题。"牟宗三的反驳实际上已淡化了学统上的承继关系，而重在思想上，亦即道统上的承继关系。尤为重要的是，按照牟宗三的看法，曾子对孔子思想的独传，以及由此所奠定的他在道统谱系中的地位，主要不是由于曾子对孔子思想的诠释本身，而是因为他门下有子思，以及子思门下有孟子。按照这个分析，实际上是必须承认一个前提，即子思与孟子的思想是符合孔子精神的。然而这恰恰又是叶适所决不认可的关键。

但是从师承的授受形式上怀疑曾子对孔子儒道的独传，这在宋儒心中实际上是并不重要的。程颢可以"得不传之学于遗经"①，便无所谓授受；叶适对此也有非常明确的认识，"夫古昔谓之传者，岂必曰授之亲而受之的哉"？因此从思想内容上来否定曾子对孔子思想的继承，才是根本性的工作。

关于曾子的思想，叶适以为，"曾子之学，以身为本，容色辞气之外不暇问，于大道多所遗略，未可谓至"。这个概括源自《论语·里仁》中的一段材料。《里仁》载孔子告知曾子，"吾道一以贯之"，曾子认同这点，但对于这个一以贯之的"道"的具体内涵，孔子并没有诠释，而曾子则对此作了"忠恕"的界定，即叶适所谓"孔子尝告曾子'吾道一以贯之'，曾子既惟之而自以为忠恕"②。根据这个界定，曾子作了具体的阐发，认为"君子所贵乎道者三：动容貌，斯远暴慢矣；正颜色，斯近信矣；出辞气，斯远鄙倍矣。笾豆之事，则有司存"（《论语·泰伯》）。由此阐发，可知曾子的思想确实是"以身为本"，叶适

---

① 《二程集·文集》卷一〇一《明道先生墓表》，上册，第 640 页。
② 《习学记言序目》卷一〇三《论语·泰伯》，第 188 页。

的概括是对的。《论语集注》所引程门师徒，以及朱熹本人的解释也是如此。

但是否即可因此认为"以身为本"，便是"容色辞气之外不暇问"，却是有疑义的。在朱熹看来："修身之要，为政之本，学者所当操存省察，而不可有造次颠沛之违者也。若夫笾豆之事，器数之末，道之全体固无不该，然其分则有司之守，而非君子之所重矣。"①换言之，"以身为本"，并不是"容色辞气之外不暇问"，而是无必要去顾及，因为现实的治理政事的基础本来就存在于从政者的修身之中，至于具体的实际操作则只是一个纯技术层面的事情，按照社会分工的要求，是属于主管的职责。显然，叶适无法认同这种看法。叶适以为，现实的治理政事的基础并不是存在于从政者的修身之中的，它们本质上是所属不同的两件事情。"修身"是主体的修养，而"为政"则是整合不同的资源来达到某一目的的管理，修养可以由主体的主观认知与践履来决定，而管理则必须使主观的情志符合客观的态势来进行。如果把"修身"定作"为政"之本，那么实际上是用主观一己的意志来干预客观现实的活动。叶适讲：

> 孔子告颜子"一日克己复礼，天下归仁焉"。盖己不必是，人不必非，克己以尽物可也。若动容貌而远暴慢，正颜色而近信，出辞气而远鄙倍，则专以己为是，以人为非，而克与未克，归与未归，皆不可知，但以己形物而已。

因此，曾子以为"君子所贵乎道者三"，"笾豆之事则有司存"，实质上是"尊其所贵，忽其所贱，又与一贯之指不合，故曰'非得孔子之道而

———————
① 《四书章句集注·论语·泰伯》，第 104 页。

传之'也"①。

　　事实上,叶适以为:"忠以尽己,恕以及人,虽曰内外合一,而自古圣人经纬天地之妙用固不止于是。"②他还曾比较过自己讲学与二程的区别:"程氏诲学者必以敬为始,……以余所闻,学有本始,……学必始于复礼,……复礼然后能敬。"③按照叶适的思想,并不是要排斥主体的道德培养,而是认为主体的道德培养必须在主体的社会实践中来得到落实,"复礼"成为这种践履的具体指示。反过来看,程、朱也承认并强调主体的社会践履,但程、朱更着意在主体精神层面上的锻造,"主敬"成为这种锻造的标志。正是在"复礼"与"主敬"何者是儒家之根本道路的问题上,叶适与程、朱有着根本的分歧。而且在叶适看来,这种分歧正是由于曾子对孔子所传之道的自以为是的错误解释所造成的。由于这种解释,加之"礼"已淹没于历史的尘埃中而使今人无所凭借,结果按照曾子的指示来做,徒使忠厚者陷于僵化,而轻薄者流于虚伪。对此,叶适在读《礼记》的札记中作了专门陈述:

　　　　《曲礼》中三百余条,人情物理,的然不违,余篇如此要切言
　　语,可并集为上下篇,使初学者由之而入。岂惟初入,固当终身
　　守而不畔;盖一言行则有一事之益,如鉴睹象,不得相离也。古
　　人治仪,因仪以知义,曾子所谓"笾豆之事",今《仪礼》所遗与
　　《周官》戴氏杂记者是也。然孔子教颜渊"非礼勿视,非礼勿听,
　　非礼勿言,非礼勿动",盖必欲此身常行于度数折旋之中。而曾

---

① 《习学记言序目》卷一〇三《论语·泰伯》,第188页。
② 《习学记言序目》卷一〇三《论语·里仁》,第178页。
③ 《水心文集》卷十《敬亭后记》,《叶适集》第一册,第163—164页。

子告孟敬子,乃以为所贵者"动容貌、出辞气、正颜色"三事而已,是则度数折旋皆可忽略而不省,有司徒具其文,而礼因以废矣,故余以为一贯之语虽惟而不悟也。今世度数折旋既已无复可考,而曾子之告孟敬子者,宜若可以遵用;然必有致于中,有格于外,使人情物理不相逾越,而后其道庶几可存。若他无所用力,而惟三者之求,则厚者以株守为固,而薄者以捷出为伪矣。①

牟宗三以为叶适没能认识到曾子彰著道德之自律的意义,其结果是落得"徒自外面看圣人之德业文章或王者之制度功业以为道耳"。然问题在于,道德自律诚为道德本质之所在,但道德的培养若失去道德他律,而只依赖道德自律,那么叶适所谓的"厚者以株守为固,而薄者以捷出为伪",决不是信口雌黄;至于叶适由道德他律的注重,进而更以外在的社会实践为儒家的精神所在,其间的是非实已涉及了叶适与朱熹思想对立的根本点,断不可以门户而判之。

曾子在道统中的地位,不仅在于他对孔子的一贯之道作了忠恕的诠释,而且在于他记录了孔子所讲的由己及人的落实过程,并加以进一步的阐发,这些便反映在《大学》里。叶适讲:

> 按经传诸书,往往因事该理,多前后断绝,或彼此不相顾。而《大学》自心意及身,发明功用至于国家天下,贯穿通彻,本末全具,故程氏指为学者趋诣简捷之地,近世讲习尤详,其间极有当论者。《尧典》"克明俊德",而此篇以为自明其德,其修身、齐家、治国、平天下之条目,略皆依仿而云也。②

---

① 《习学记言序目》卷八《礼记·曲礼》,第95页。
② 《习学记言序目》卷八《礼记·大学》,第113页。

问题与前文所分析的一样,曾子将修齐治平的基础定在"自明其德",而这个基础在叶适看来实不具有丝毫的客观性而极不可靠。除此以外,叶适以为《大学》最大的问题是将"致知、格物"与"诚意、正心"相分离,他讲:

> 若穷尽物理,矩矱不逾,天下国家之道已自无复遗蕴,安得意未诚、心未正、知未至者而先能之?《诗》曰:"民之靡盈,谁夙知而莫成!"疑程氏之言(俊按:叶适于前文引程氏言"格物者,穷理也")亦非也。若以为未能穷理而求穷理,则未正之心,未诚之意,未致之知,安能求之? 又非也。①

叶适的思想是强调,主体的思想必形成于主体的实践之中。按照《大学》的思想,"致知、格物"与"诚意、正心"之间固然存在着内在的逻辑,但在叶适看来,这种内在的逻辑是"彼此不相顾"的,如上文所引,是存在矛盾的。因为这种内在的矛盾,叶适断言:"为《大学》之书者自不能明,故疑误后学尔;以此知趋诣简捷之地未能求而徒易惑也。"②这样便彻底否定了曾子。

曾子以下,叶适对"古今百家,随其浅深,咸有遗论,无得免者"③,思想立场上一以贯之,对程朱的否定甚至更为明确;议论方法上则除了沿用评论曾子时所用的对比解释以外,还穿插使用了逻辑推论等。

关于《中庸》,叶适在"总述"中讲:"按伯鱼答陈亢无异闻,孔子尝言'中庸之德民鲜能',而子思作《中庸》;若以《中庸》为孔子遗

---

① 《习学记言序目》卷八《礼记·大学》,第113—114页。
② 同上书,第114页。
③ 《直斋书录解题》卷十《习学记言序目》。

言,是颜、闵犹无是告,而独闵其家,非是;若子思所自作,则高者极高,深者极深,宜非上世所传也。"这便从道统谱系的形式上否定了《中庸》思想正统的合法性,而只承认是子思个人的思想创造而已,尽管这个思想创造可以被认为是高远深刻的。事实上,叶适对《中庸》作为子思的作品是有怀疑的,他在札记中有一自注:"汉人虽称《中庸》子思所著,今以其书考之,疑不专出子思也。"①

认为《中庸》的思想具有高远深刻性,并不表示叶适认同于这种思想。《中庸》首章是《中庸》思想的核心所在,叶适作了细致的讨论。叶适以为《中庸》开篇所讲的"天命之谓性,率性之谓道,修道之谓教",是"近世言性命之总会",但勘比于《尚书》,便可看出《中庸》存在的问题。叶适讲:

> 按《书》称"惟皇上帝降衷于下民",即"天命之谓性"也,然可以言降衷,而不可以言天命。盖万物与人生于天地之间,同谓之命。若降衷,则人固独得之矣;降命,而人独受则遗物。与物同受命,则物何以不能率而人能率之哉? 盖人之所受者衷,而非止于命矣。《书》又称"若有恒性",即"率性之谓道"也,然可以言若有恒性,而不可以言率性。盖已受其衷矣,故能得其当然者。若其有恒,则可以为性;若止受于命,不可知其当然也,而以意之所谓当然者率之,又加道焉,则道离于性而非率也。《书》又称"克绥厥猷惟后",即"修道之谓教"也,然可以言绥,而不可以言修。盖民若其恒性而君能绥之,无加损焉耳。修则有所损益而道非其真,道非其真,则教者强民以从己矣。②

---

① 《习学记言序目》卷八《礼记·中庸》,第110页。
② 同上书,第107—108页。

这里，叶适着意要将人与物分离，从而表现出他与周、张、程、朱所努力确立的"民胞物与"思想的对立。由此分离，进而强调人性随人在物中所展开的社会实践而形成的后发性，以及政教风化应具的合乎人性的要求。

在叶适看来，《中庸》首章中唯一正确的，只有"喜怒哀乐之未发谓之中，发而皆中节谓之和。中也者，天下之大本也；和也者，天下之达道也。致中和，天地位焉，万物育焉"这段话，算是很好地阐明了《尚书》所传的"人心惟危，道心惟微，惟精惟一，允执厥中"这一心诀。但这段话之所以能被叶适认同，关键在于他与朱熹有完全不同的解读。朱熹的解释在申明慎独之紧要，朱熹讲：

> 自谨独而精之，以至于应物之处，无少差谬，而无适不然，则极其和而万物育矣。盖天地万物本吾一体，吾之心正，则天地之心亦正矣，吾心气顺，则天地之气亦顺矣。故其效验至于如此。此学问之极功、圣人之能事，初非有待于外，而修道之教亦在其中矣。①

而叶适的解释重在指出通过已发未发的厘清，认识到儒家之道的根本在于最终的对象化落实，而绝非在于已发未发的体会，叶适讲："盖于未发之际能见其未发，则道心可以常存而不微；于将发之际能使其发而皆中节，则人心可以常行而不危；不微不危，则中和之道致于我，而天地万物之理遂于彼矣。"②因此，《中庸》无论是在道统谱系的形式上，还是在道统谱系的内容上，都遭到了叶适的否定。否定《中庸》与否定曾子，是基于同一个思想，即叶适根本上认为儒家的

① 《四书章句集注》，第18页。
② 《习学记言序目》卷八《礼记·中庸》，第109页。

精神在于人在实践中的成就。这个成就是体现在对象化的存在上的，个人内在的精神修养不能必然开出实践中的成就；而开不出实践中之成就的个人内在精神修养，本质上只是一个虚的存在；不仅是一个虚的存在，而且会造成自以为是、唯我独尊的唯我论倾向。叶适强调：

> 古人教德必先立义，教成则德成矣。……教立于此，而德成于彼，非以义理为空言也。子思之疏释……以为时中则不待庸也，以为庸德庸行则不待中也。然则中庸之为德，果一乎？果二乎？后世无所据执而以意言之，虽服膺拳拳，不敢失坠，而以义理为空言之患未忘也，此亦学者之所当思也。①

关于孟子，叶适在"总述"中有一个基本的评价，即"开德广，语治骤，处己过，涉世疏"。其中"处己过，涉世疏"是对孟子作风的微词。所谓"处己过，涉世疏"，前者是指孟子自称庶人，而其实是"后车数十乘，从者数百人"，言己不实；后者是指孟子不与别人"言行事"，看似怕烦，其实是涉世疏阔。但对于孟子的人格，叶适却是高度的肯定，他称颂孟子"乐其道而忘人之势，不以壮老易其守"②。

叶适评价孟子的关键，是"开德广，语治骤"。这个评价的核心是认为孟子是一个但开风气的思想家，而不是一个开物成务的政治家。所谓"开德广"，是指"孟子言性，言命，言仁，言天，皆古人所未及"。牟宗三以为，命、仁、天都是孔子思想的重要概念，唯有"性"是由孟子彰显的问题，因此叶适对孟子的这个称许其实是"浮泛其辞，乱说一通"。牟宗三这个说法不免言不由衷，过于苛刻。孟子的思

---

① 《习学记言序目》卷八《礼记·中庸》，第112页。
② 《习学记言序目》卷一〇四《孟子·公孙丑》，第198页。

想虽有孔子学理上的渊源,即牟宗三所谓"必然应用之义理发展",但这个发展终究必须由某个人来完成,尤其是在斯道既丧、邪说并作的战国时期。如果说这只是孟子有功于圣门之事实,尚无足以在思想的层面上称他"开德广",那么牟宗三既承认孟子为孔子之仁教所包藏的内圣之学奠定了"更有系统,更有其自觉的可能之基础",又如何可说"孟子言之不为广"呢?建立有系统、有自觉的可能之基础,实际上是使内圣之学由包藏而彰显,从而示人于门径,接引众人,誉之为"开德广"实不能说是叶适"浮泛其辞,乱说一通"。叶适真正的看法是在于,孟子固然是"开德广",但这个"德"并没有立竿见影的功效,不足以开物成务,达不到孟子所谓的"治骤",在"德"与"治"之间尚有很大的距离。

孟子的思想具有理论上的自足、圆满与彻底,这是毫无疑义的。加之孟子雄辩的口才,所以叶适讲孟子"言行王道皆若建瓴",与齐、梁诸王言治国,"夫指心术之公私于一二语之近,而能判王霸之是非于千百世之远,迷复得路,焕然昭苏,宜若不待尧、舜、禹、汤而可以致唐、虞、三代之治矣"①。其实不然。叶适分析道:

> 当是时,去孔子殁虽才百余年,然齐、韩、赵、魏皆已改物,鲁、卫旧俗沦坏不反,天下尽变,不啻如夷狄,孟子亦不暇顾,但言"以齐王由反手也"。若宣王果因孟子显示,暂得警发,一隙之明,岂能破长夜之幽昏哉?盖舜、禹克艰,伊尹一德,周公无逸,圣贤常道,怵惕兢畏,不若是之易言也。②

实际上,叶适也注意到了孟子有关治道的具体言论。叶适指出,

① 《习学记言序目》卷一〇四《孟子·梁惠王》,第197页。
② 《习学记言序目》卷一〇四《孟子·梁惠王》,第197—198页。

在儒家的传承中，只有子思能"独演尧、舜之道"，而颜回、曾参等精通六艺者都不能，孟子受业于子思，故也具有治国的本领。叶适讲："尧、舜，君道也，孔子难言之。其推以与天下共而以行之疾徐先后喻之，明非不可为者，自孟子始也。"①但是，从《孟子》一书看，"与梁、齐、滕文公论治，最孟子要切处，惜无他书可以参看。大抵民不能皆有田而尽力于农，学校废缺而上无教，乃当时之大患，故谆谆言之"。叶适分析了孟子所论及的赋税、井田，以及学校等若干问题，但终究"无他书参考，不能知孟子欲施置与其时合废省之详，甚可惜也"。

然而不幸的是，在治道方面，有些问题是小事，后儒则因孟子于当时有所讨论而"争论不已"；有些问题属于因时而定的，在历史中也有所解决，后儒则因孟子有过一些说法而"讳避弗称"；有些问题古已有之于今为烈，后儒则视而不见，"徒讲经界井地"，终无益于治乱。②

更不幸的还在于，在孟子那里，他有自足的思想与理论，有治国的自信与本领，或可以由"开德广"而"语治骤"，但在后儒这里，既无孟子"从容于进退之间，始终生死，由一道弘益开阐，继尧、舜而有余"③的本领，又要袭拟孟子的自信与"开德广"，结果只能是"使道不完而有迹"。因此叶适对孟子所开风气的历史价值徒发无奈的感叹。叶适讲："自孟子一新机括，后之儒者无不益加讨论，而格心之功既终不验，反手之治亦复难兴，可为永叹矣！"④孟子以下，宋儒以

---

① 《习学记言序目》卷一〇四《孟子·滕文公》，第 200 页。
② 以上均见《习学记言序目》卷一〇四《孟子·滕文公》。
③ 《习学记言序目》卷一〇四《孟子·公孙丑》，第 198 页。
④ 《习学记言序目》卷一〇四《孟子·梁惠王》，第 197 页。

为儒家之道是失其传承了。韩愈最初提出道统时，还部分地保留了荀子与扬雄的地位，然后才是轮到自己。北宋初期的学者接过了韩愈的道统，除去了荀、扬，保留韩愈。至北宋中期以后，则干脆连韩愈也一并去除了，由宋儒自己直接上接孟子。正因为如此，叶适虽然对孟子有微词，但总体上是肯定的。宋儒虽然都接着孟子来建构自己的思想，但由于方向不同，依据的经典也不同。从王安石到叶适，重在开物成务，依据的经典是《礼》；从周、张、二程到朱熹，重在道德心性，依据的经典是《易》，尤其是《易传》。叶适要推倒周、张、二程直至朱熹的思想建设，必须对《易》作一处理。

叶适对《易传》作者的怀疑，前文已言及，此不赘言。实际上，叶适对《易经》本身也极力祛除笼罩其上的权威性，如他对"伏羲画卦，文王重之"的说法的否定。叶适在"总述"中讲：

> 《易》不知何人所作，则曰"伏羲画卦，文王重之"。周"太卜掌《三易》，经卦皆八，别皆六十四"，则画非伏羲，重非文王也；又，周有司以先君所为书为筮占，而文王自言"王用享于岐山"乎？亦非也。有《易》以来，筮之辞义不胜多矣。《周易》者，知道者所为，而周有司所用也。

当然，叶适并不完全否定《易》在思想上的价值，只是他对《易》的价值作了他自己的解释。叶适认为，卦象只是人类对自己生活所遇事物的一种符号抽象，是为人所用的，因此六十四卦是"因是象，用是德，修身应事，致治消患之正条目也"。[①] 叶适讲：

> 夫人之一身，自仁义礼智信之外无余理，形于世故，自六十

---

① 《习学记言序目》卷三《周易·上下经总论》，第35页。

四卦之外无余义,学者溯源而后循流,则庶几得之。若沿流以求源,则不胜其失。故余谆谆焉以卦象定入德之条目而略于爻,又以卦名通世故之义训而略于卦者,惧沿流不足以求源也。①

换言之,《易》只是人们行事的实实在在的指南,而不是用来构筑玄远思想体系的理论框架,而后者正是周、张、二程,以及朱熹解释《易》的思想宗旨。叶适在"总述"中讲:

> 本朝承平时,禅学尤炽,儒释共驾,异端会同。其间豪杰之士,有欲修明吾说以胜之者,而周、张、二程出焉,自谓出入于佛、老甚久,已而曰:"吾道固有之矣",故无极太极、动静男女、太和参两、形气聚散、细缊感通、有直内、无方外,不足以入尧、舜之道,皆本于《十翼》,以为此吾所有之道,非彼之道也。及其启教后学,于子思、孟子之新说奇论,皆特发明之,大抵欲抑浮屠之锋锐,而示吾秘有之道若此。然不悟《十翼》非孔子作,则道之本统尚晦。

至此,叶适算是从思想的源流、思想的考辨上彻底否定了朱熹确认的道统。

原载《中山大学学报》2009 年第 1 期

---

① 《习学记言序目》卷三《周易·上下经总论》,第36—37 页。

叶适与朱熹道统观异同论

尽管朱熹执南宋思想界之牛耳，尤其是张栻、吕祖谦去世以后，但南宋儒"道"之重建绝非是异口同声。如果说张栻学宗二程、吕祖谦调和折中，与朱熹并无原则分歧乃至冲突的话，那么"乾、淳诸老既殁，学术之会，总为朱、陆二派，而水心断断其间，遂称鼎足"①，则是针锋相对的格局。对于自己的论敌，朱熹的看法是：

> 江西之学只是禅，浙学却专是功利。禅学后来学者摸索一上，无可摸索，自会转去。若功利，则学者习之，便可见效，此意甚可尤！②

因此真正的对手是叶适。这种认识不仅为朱熹所有，即使是晚朱熹七百年，而自认是重拾儒家道统之堕绪的现代新儒家亦有此共识，牟宗三先生讲："真正轻忽孔子而与孔子传统为敌者叶水心也。"③本文想对朱熹与叶适道统观之异同作一讨论，愿达者教之。

一

自晚清以来，中国的传统便声名日下，但在今日，认为我们不需

---

① 《宋元学案》卷五四《水心学案》全祖望按语。
② 《朱子语类》卷一二三。
③ 《心体与性体》第一册，正中书局，1979 年，第 225 页。

要传统的观点大概是少起来了。人们逐渐意识到,不是我们需不需要传统,而是传统就在我们的生活之中,作为历史给我们的一个根基,传统成了我们走向未来的出发点。因此,如何使传统走向现代成了今天中国人的根本问题。如果以此例彼,那么唐宋时代的中国人同样面临着如何使他们感受到的传统走向他们的未来的问题,而"道统"正是思考和试图解决这一问题的结果。当韩愈最初提出道统时,他就是自觉地将儒家文化理解成成套的、并由一套传统观念构成其核心的行为系统。[①] 虽然在韩愈提出道统观念以前,这一系统就已经客观地存在于中国人的现实生活之中,但这在佛教昌盛的唐朝仅仅是一种未经自觉了的事实。因此只有当人有意识地去指出它时,这一事实才能获得意义,即所谓价值。原来仅是事实的行为系统才能同时成为一种价值系统。作为理解儒家文化的一种观念上的反映,韩愈所提出的道统极有效地从三个角度揭示了其所要反映的对象,即儒家文化的核心内容——道,以及儒家文化的整体性与历史性。当然,韩愈的自觉以及基于这种自觉的倡导是非常浅乏的,因此便有宋儒的进一步努力,其结果便是使肇始于韩愈的道统观念,造极于朱熹与叶适。其中,比朱熹晚生二十年的叶适的道统观是直接针对朱熹的道统观而提出的。

纵观叶适一生,其思想发展可非常清楚地以嘉定元年,其 59 岁罢官而息影家乡水心村为界分成两个部分。其前是从政,实践其"治道",思想初步形成并定型;其后则总结思想并予阐发,倡道永嘉,以斯文为己任。[②] 宗旨上是前后一贯的,区别仅在于思考重点有

---

① 关于韩愈道统观,见拙稿《论韩愈的道统观及宋儒对他的超越》,《孔孟月刊》第三十三卷第三期。

② 《青田县志》卷八《官师志·名宦》。

所不同。作为思想的反映,前者主要见之于《叶适集》,特别是其中《进卷》、《外稿》及奏札部分;后者则以《习学记言序目》为重。

叶适与朱熹的原则分歧在于,叶适认为儒"道"之本统是开物成务的"治道",而不是程朱的心性之学。这点,叶适晚年曾明确指出:

> 时诸儒以观心空寂名学,徒默视危拱,不能有论诘,猥曰"道已存矣"。君(俊案:指叶适门生宋厩父)固未信,质于余。余为言学之本统,古今伦贯,物变终始,所当究极。①

当叶适早年与朱熹交流自己的思想时,对这一根本性的分歧,朱熹作了明确的指责。朱熹在《答项平父》一书中云:

> 大抵人之一心,万理具备,若能存得,便是圣贤,更有何事。然圣贤教人,所以有许多门路节次,而未尝教人只守此心者,尽为此心此理,虽本完具,却为气质所禀,不能无偏。若不讲明体察,极精极密,往往随其所偏,堕于物欲之私,而不自知。……若如来喻,乃是合下只守此心……此固已失之矣。后来知此是病,虽欲穷理,然又不曾将圣贤细密言语,向自己分上精思熟察,而便务为涉猎书史,通晓世故之学。故于理之精致,既不能及,又并与向来所守而失之。……中间得叶正则书,亦方似此依违笼罩,而自处甚高,不自知其浅陋,殊可怜悯。②

同样的意思,朱熹在给叶适的信中也表达过。可见,叶适与朱熹决非一般问题上的有别,而是根本方向上的相异。朱熹关心的是穷理尽性,是"体";叶适留意的是经世致用,是"用"。

---

① 《叶适集·文集》卷二五《宋厩父墓志铭》。
② 《朱子文集》卷六。

虽然朱熹的批评十分尖锐,而且朱熹也诚望能进一步"讲究辨切","欲得会面相与剧谈,庶几彼此尽情吐露,寻一个是处"。① 但叶适当初没有作进一步的辨明,其后这种思想上的交流似乎也停止了。其中的原因实是多方面的:其一,身为晚辈不便深论。叶适在《祭吕太史文》中云:"昔余之于公也,年有长少之序,辈有先后之隔,每将言而辄止,意迟迟而太息。"②吕祖谦比朱熹尚年轻七岁,叶适不可能对朱熹没有这种敬畏,朱熹复信中所言"观左右之意,若欲有所言者,而竟嗫嚅不能出口"③,亦证明了这一点。其二,各是己见争徒烦聒。叶适晚年曾有人请教其对朱熹、陈亮争论的看法,叶适的答复是:"要是面前人各持论未定,不欲更注脚,他徒自取烦聒。"④虽然这是对前人争论的态度,但也在某种程度上反映了叶适处理自己与别人观点有别时的立场。其三,同时也可能是最重要的原因,本身思想尚未成熟。朱熹曾讲:"但见士子传诵所著书,及答问书尺,类多笼罩包藏之语。不唯他人所不解,意者左右自未能晓然于心而无所疑也。"⑤叶适息影家园之前,精力主要在从政,实践其治道。虽然他实践治道是基于对儒"道"的认识上的,而且他在《进卷》中也论述了《易》、《书》、《诗》、《春秋》、《周礼》,但毕竟还仅是形成自己的基本看法,还未有理论上的探究、论证和阐发,而朱熹的诘难涉及的是根本性的理论问题,即认为叶适思想偏离了儒"道",因此叶适要与朱熹"分明去取,直截剖判"恐实有困难。也正因为此,叶适难以与朱

---

① 《朱子文集》卷五六《答叶正则》。
② 《叶适集·文集》卷二八。
③ 《朱子文集》卷五六《答叶正则》。
④ 《云溪稿·水心叶先生哀辞》。
⑤ 《朱子文集》卷五六《答叶正则》。

熹作进一步的辩论。但这不等于叶适放弃自己的立场和看法，而是相反，他将通过重新解释原典来证明自己的正确，这种证明既是对朱熹以前诘难的回答，同时也是对朱熹道统观的全盘否定，而叶适的道统观也由此而确立。叶适在《习学记言序目》卷四十九《皇朝文鉴三·序》中"总述讲学大指"，便是直接针对朱熹在《中庸章句·序》中所排定的道统而加以否定的集中反映。当然，叶适这一明确而系统的思想经过了长时间的积累，此诚如叶适弟子孙之宏为《习学记言序目》所撰的序中所讲：

> 初，先生辑录经史百氏条目，名《习学记言》，未有论述。自金陵归，间研玩群书，更十六寒暑，乃成《序目》五十卷。

二

对于叶适否定朱熹的道统观并提出自己不同的道统观，后世之议论与褒贬早为人们耳熟能详，且不一而足。但细加疏爬，其角度不外两种，一是从思想上，二是从考证上。考证上探讨的结果是叶适有对有错，但对叶适来讲，他的考证对了固然是好，错了恐怕亦无妨。因为叶适对曾子以下的否定，主要的方法不是通过考证，而是思想的对比分析。之所以如此，原因就在于叶适的目的并非考证，而是原典的再解释，并通过这种解释来重建儒道。事实上，朱熹修改韩愈的道统也是在这个意义上进行的。因此，朱熹与叶适的差异并不在具体的考证方法上，而是在对儒"道"的解释上，即儒"道"确认的方向上。从思想上分析原本是正确的角度，但方法抑或立场却令人失望，以程朱道学为正统和视程朱道学如腐鼠者，囿于自己的偏见，或者说是门户,所见几成水火。叶适和朱熹在对儒"道"的确认方向上发生了分歧,但这一分歧仅在于"道"的阐释不同,身处于这种分歧中的宋儒容易彼此诘难,因为当局称迷是难免的,但后世中人则不能没有一份超脱,否则又如何称得上旁观见审呢? 如果就叶适和朱熹没有离开"道统"这一思想的立足点,同时也是旧属点来说,他们都是儒家文化的自觉者和倡导者,这是他们精神上的根本一致。不能因为叶适对儒"道"的理解不同于朱熹,因而连此亦加以否定。前文提及的牟宗三对叶适的拒斥,究其思想上的根源也就在于这里。当然,在牟宗三看来,叶适的根本问题尚不在于对儒"道"的解释相异于朱熹,而是叶适对孔子以上儒"道"的再解释与牟宗三思想中的儒"道"发生了背悖。事实上,也正是因为叶适与朱熹有同是儒家文化的自觉者和倡导者这样的共同点,所以淳熙十五年当朱熹遭林栗弹劾时,叶适能起而斥之。[1]

叶适与朱熹的道统观除了共同具有倡导和重建儒"道"这一精神实质外,在思想方法上更有极大的一致。这首先表现在他们都保持了"道统"这一观念。如上所述,叶适与朱熹之同在于他们都是儒

---

[1] 有学者据此以为叶适早年思想与朱熹相同,仅是到后来才发生分歧(周梦江:《叶适与永嘉学派》,第 145 页,及张立文序,浙江古籍出版社,1992 年)。这种看法是错误的。叶适的思想自始至终是一以贯之的,并不存在根本性的前后改变。叶适廷斥林栗完全是为了维护包括他自己在内的所有"为善"、"好学"之士的名誉和利益,而决非因为他的思想与朱熹道学一致。对此,不仅叶适自己说得很清楚,他讲:"凡栗之辞,始末参验,无一实者。至于其中'谓之道学'一语,则无实最甚。利害所系,不独朱熹,臣不可不力辩。"因为"近创为'道学'之日,郑丙倡之,陈贾和之,居要津者密相付授,见士大夫有稍慕洁修,粗能操守,辄以道学之名归之"(《叶适集·文集》卷二《辩兵部郎官朱无晦状》)。而且,朱门后学黄震的看法也反映了这一事实。他讲:"栗时为法从,水心非言官,又所学与晦翁不相下,非平昔相党友者,一旦不忍其诬,出位抗言,廷斥不少恕,此当与汉长孺面责公孙弘、张汤者同科。"(《黄氏日抄》卷六八《读文集十》)

"道"的自觉者和倡导者,所异则在于彼此对"道"的理解不同。但无论是同,还是异,都是围绕着"道统"来展开的。虽然道统从韩愈最初提出时就是一个基于固有的传统而自觉进行儒家文化重建的观念,但它的确立在形式上"乃因禅宗教外别传之说所造成"①,因此道统的观念一开始就依赖着一种外在的权威意识。当朱熹与叶适继承了"道统"这一观念时,也自然地继承了这层权威意识,并致力于证明它,从而致使它与道统观念所具有的思想内涵纠缠在一起。因此,讨论叶适与朱熹的道统观,必须将道统观所内含的思想性建设与辅助这一建设的学术问题加以区分。叶适与朱熹为了说明自己对儒道的理解是正确的,即为了强调自己的认识拥有可靠的历史性,都建立了一种历史的传递关系。这种关系是否严格成立当然是一个客观的学术问题,但道统所赖以成立的历史真实性决非依赖于这种形式化了的传递,而是依赖于真实的历史与现实本身。因此,不能因形式化了的传递是否具有科学性而怀疑道统提出和确立的价值。事实上,道统观念的真正价值来自于提出和确立它的思想家们的思想中的理性精神,以及唐宋佛教泛滥、社会的基本价值倾向有待反省和重新确立这一特定的时代需要,而不是他们乞灵于形式化的传递的权威意识。无论这种形式化的传递是否真实,作为这种权威意识的产物,它都应被抛弃。

除此之外,由于道统观从南宋开始逐渐上升为一种意识形态而失去了其自身作为理论的自主性,因此,看待朱熹与叶适对道统观念的共同保持,还应该明确地将他们确立道统观这样一种思想创造活动与后来政治上的利用加以区分。诚然,儒家一直抱有一种信念,即

---

① 陈寅恪:《论韩愈》,《金明馆丛稿初编》,上海古籍出版社,1980 年,第 286 页。

道统本当高于君统,儒道对现实政治负有指导的义务,这点叶适与朱熹是完全一致的。但是,指导现实政治并非意味着要沦为现实政治的工具。当叶适和朱熹尚在民间倡导各自的道统时,实质上是通过对传统进行再解释,而使传统与日俱新,具有新的时代意义。也正因为如此,其思想始终是充满着生气的。至于后世朱学流为官学,并因此而丧失活力,则不仅仅是后世的原因而无法委咎于前人,而且在性质上也完全属于另一个问题。

叶适与朱熹道统观在思想方法上的另一个共同点是,他们与前辈,即以彼此之消长而构成北宋最后近百年思想面貌的王安石、二程一样,都是从体、用的角度来进行思想的展开的。这并不仅仅是一个概念使用的问题,使用什么样的概念反映出使用者的思维特征与水准,而且也左右了使用者的思想本身。中国哲学的发展经过魏晋玄学的洗礼,在哲学上已形成了一个非常强烈的思维倾向,即将世界划分为本体与现象、即体与用来进行认识。虽然中国哲学并没有因此而强调本体与现象的对立,相反在意识上始终注意崇本举末、体用如一,但这种思维模式却已定型。所谓用,是非常清楚的,即典章制度、人伦日用;但体是什么却耐人寻味,它能体会,但无法言传,一落到语言上,便只能以用而言之。玄学发展到最后,体实质上落实于用。代表唐朝思维水准的佛教同样没有跳出体用这一思维模式,但对体却揭示得非常清楚,现象系因缘所生,为一幻象,因此背后之本体是空。宋儒要以儒学来抗拒佛教,而在思维方法上又无法摆脱体用二分而又如一的模式,因此必须在体上有所标明,这是其息邪距诐之本。这里有两点需要点明:其一,道统一说虽韩愈提出,但在宋儒看来,不足之处正在这里。朱熹讲:

> 盖韩公之学,见于《原道》者,虽有以识夫大用之流行,而于

本然之全体，则疑其有所未睹。且于日用之间，亦未见其有以存养省察而体之于身也。是以虽其所以自任者不为不重，而其平生用力深处，终不离乎文字言语之工。①

即使是与程朱思想对立的王安石，在看待韩愈这点上，英雄所见如一。王安石评韩愈："力去陈言夸末俗，可怜无补费精神。"②这就引来了一个问题，新学、叶适是与洛学、朱熹对立的，后者确着力于体上，其批评韩愈似在情理之中，但前者却是执著于用的，为什么也会讽刺韩愈呢？③ 这就是要点明的第二点：宋儒无论是在体上做文章，还是于用上下工夫，其体用是合一的。体上做文章，用从体开出；用上下工夫，体即在用中。这上半截确实是他们各自的努力所在，然而这下半截则源于他们各自的主观臆想。显然，基于其努力的便成为贡献，基于其臆想的便陷于荒唐。可以说，朱熹与叶适的道统观尽管在思想内容上发生分歧，但他们在思想方法上所囿于的体用范畴使他们在理论上取得自己的创建的同时，也不可避免地陷入相似的错误之中。

---

① 《韩文考》卷十八《与孟尚书》。
② 《王文公文集》卷七五《韩子》。
③ 在一定意义上，南宋朱熹、叶适的思想对立可以看成是北宋洛学、王学背忤的延续。的确，朱熹与洛学之间有师承的关系，但这并非足以为程朱一贯的依据。同样，叶适与王安石固然没有师承关系，并且叶适对王安石也有非议，但这决不必然导致他们在思想与兴奋点上发生分离。实际上，无论是北宋，还是南宋，根本的社会问题依然如故，作为同样是对社会充满责任感的思想家，叶适与王安石为其社会开出的具体药方，如何抑制土地兼并、如何解决国家财政不足等可能有别，但关注这些问题，以及试图解决这些问题的切入点乃至基本方法是一致的，因此，有宋一代在疆域上虽然有北、南之分，但思想上重建儒"道"的努力的基本格局并无不同，可谓北宋开其端而南宋造其极。

三

黄宗羲曾讲:"学问之道,以各人自用得著者为真。"①这点,无论是叶适,还是朱熹,自然都是毫无疑问的;而他们对儒"道"的理解的分歧则更是印证了黄宗羲的另一句名言:"学术之不同,正以见道体之无尽也。"②关于叶适与朱熹对儒"道"的根本理解,前已述及。这里只想沿此再简单地申述一下叶适与朱熹的差别,以凸显宋儒所重建的以道统为标志的儒家文化。

朱熹从人心—道心,即人欲—天理这一人性的内在张力上做文章,其所寻求的目标非常清楚,是要为人的生活(这一生活就其本身而言毫无意义)确立一种意义,即赋予人生以价值。因此,程朱道学的思考点自然是在人的心性上,理论上所倾心的是人作为人应该怎样生活,"应该"成为第一义的原则。有时为了强调这一点,以至于将话说到极端,徒授人以口实。尽管这种风格是显示其理论真实之处,但后人却更热衷于语言本身。最典型的例子就是程颐关于孀妇改嫁的讨论。原文是:

> 问:"孀妇于理似不可取,如何?"曰:"然。凡取,以配身也。若取失节者以配身,是己失节也。"又问:"或有孤孀贫穷无托者,可再嫁否?"曰:"只是后世怕寒饿死,故有是说。然饿死事极小,失节事极大。"③

---

① 《明儒学案·发凡》。
② 《明儒学案·序》。
③ 《二程集·遗书》卷二二下《附杂录后》。

后人当然可以说这是以理杀人，但如果客观地分析，这是在讨论"应该"的问题。任何一个原则，当它被确立以后，都必然会随即产生制约人的力量。如果将这段对话的话题"孀妇改嫁"改为"人吃人"，那么想必将无人会再有非议了，除非这人是一个彻底的反文化主义者。至于说这个原则不应该确立，则又是另外性质的问题了。因此，程朱道学的贡献是巨大的，因为它确立起人的道德律令，并且由此而提出、分析和实践了自己的学说。但是程朱道学进而认为，一旦每个人在自己的心性上唤醒了所有的原则，亦即是天理，那么立志、修身，并由此外推，更能最终达到内圣外王、治国平天下。朱熹对宋孝宗讲"正心诚意"也就是基于这种认识。显然，这几乎是一种梦呓。

在所有的人当中，哲学家应该会更清醒地意识到自己所主张达到的东西与自己所处的现实之间的距离。在这一点上，朱熹的意识决不会比叶适迟钝，但却并没有放弃其追求，确也称得上是知其不可而为之了。相比之下，叶适所思考的要现实得多，他是完全立足于用的，其结果就是他十分重视的治道，而这治道在叶适看来同时也就是儒道的本统所在。当然，叶适并不因此就排除了伦理建设，但这在他的思想中仅是治道的一部分，本身不具有独立的价值。正因为如此，所以尽管他了解朱熹道学的目的是为了重建儒家思想以拒斥佛教，但却很不以为然。他讲：

> 世之儒者，不知其（俊案：指佛教）浅深，猥欲强为攘斥，然反以中国之学佐佑异端，而曰吾能自信不惑者，其于道鲜矣。[1]

当然这一评价是基于叶适自己对佛教的认识上的，叶适在荆州时，因

---

[1] 《叶适集·文集》卷二九《题张君所注佛书》。

"无吏责，读浮屠书尽数千卷，于其义类，粗若该涉"①。对佛教，叶适的看法是：

> 夷狄之学本与中国异，按佛在西南数万里外，未尝以其学术胜于中国，并俗无君臣父子，安得以人伦义理责之，特中国好异者折而从彼，盖禁令不立而然。圣贤在上犹反手，恶在校是非、角胜负哉！②

佛教的消除可以凭君主的一道禁令，按照这一思想，对应该确立的价值观大概亦只需一位圣贤登高一呼即可大功告成。这里所反映出的叶适思想既是其与朱熹思想分歧的原因，同时也是其问题之所在。

因此，如果黄宗羲"学术之不同，正以见道体之无尽"的观点是正确的话，那么叶适与朱熹在重建儒家文化的运动中，正以其独立的见解凸现了整个儒道。如果说"内圣外王"能够概括儒家文化的基本内涵的话，那么叶适与朱熹对立的道统观，对儒家文化来说实是离当俱损、合则成璧。宋以后的中国历史在一定程度上说明了这一点。虽然要严格说明这一点很不容易，因为这等于要用宋以后的整个中国历史来做其注脚。但基本的历史事实还是清楚的。元代以降，朱熹的道统观得到广泛而恒久的应用，尽管有许多负效应，但它也确实使顽夫廉、儒者强，为中华民族的思想、情感、意志的形成作出了不可抹杀的贡献。与此相反，叶适的道统观备受冷落。不过，宋以后的中国历史虽然在数百年中不无短暂的繁荣，但总的倾向是每况愈下，如果以包括叶适在内的宋儒之华夷的立场上讲，这点似不为过。当然谁也无法说，因为叶适所致力是如何开物成务，因此，如果后人像重

---

① 《叶适集·文集》卷二九《题张君所注佛书》。
② 《习学记言序目》卷四九《皇朝文鉴三·序》。

视朱熹的思想那样重视叶适的思想,那么宋以后的中国社会必然会蒸蒸日上。但如果就基本的理论言,叶适所强调的确定治道的方法,即"上考前世兴坏之变,接乎今日利害之实"①,实是治国的不易之法。

清末以来,面对西方的强烈冲击,中国人一直在寻求出路。尽管在许多方面,今天的中国非晚清所能比,但今天的中国所要承受的压力显然也沉重许多,因为快速的变化已使得现代世界朝夕相异。因此,如何使中华民族真正跨入世界民族之林,仍然是迫切的问题。有意思的是,一个多世纪来的追求不仅在思维方法上同于宋儒,从体用二分的视角来思考问题,而且在内涵上也同于宋儒,从观念、治国两方面寻求出路。历史在其自身的发展中竟会表现出如此惊人的相似。也许正是因为有这样的相似,所以人类在不断而且匆匆地往前赶路时,会时时停下来,回头审视曾经走过的路。对于包括朱熹和叶适道统观在内的整个宋代儒家文化重建的反省和检讨,也应当基于这样的认识后,才能体会其真正的价值,尽管在今天的思考和寻求过程中,时代的更替已使问题的难度远过于宋代。

原载《鹅湖》月刊第二一卷第十一期总号第二五一,1996 年第 5 期

---

① 《叶适集·别集》卷十五《应诏务秦六事》。

第二篇　悬空想个本体不过养成个虚寂

　　阳明心学因其对人的精神主体性的高度肯定与运用,极大地鼓舞了人从外在世界的羁绊中解放出来,从而成为自在的生命。但是,以良知为核心的精神主体获得自觉以后,自在的生命要成为充实而光辉的存在,而决不是使良知本体囿于精神自身而成为一个无内容的存在。虽然王阳明在逻辑上不否认那些良知本体获得自觉以后,其自在的生命即能沛然成流的"利根之人"的存在,但他似乎更倾向于否认这种"利根之人"在事实上的存在。在天泉证道那一场极具历史意义的思想对话中,王阳明非常明白地告诫他的两位高足:

> 利根之人,世亦难遇。本体功夫,一悟尽透,此颜子、明道所不敢承当,岂可轻易望人! 人有习心,不教他在良知上实用为善去恶工夫,只去悬空想个本体,一切事为俱不着实,不过养成一个虚寂。此个病痛不是小小,不可不早说破。

不幸的是,阳明后学似乎都没有牢记这一告诫。为什么当精神在建构自身时,很容易失落其所处的整个世界? 这种情形实际上在宋代新儒学那里已经发生过,只不过程度上存在着深浅精粗的不同而已。

也许只有当我们对发生这种情形的内在机理与过程有了某种清楚的认识后，才能够理解作为宋明儒学的殿军刘宗周为什么要殚精竭虑地撰写如此细密地在每个层次上规范包括无意识在内的人的全部行为的《人谱》。

这样来观察阳明学，完全只是从一个侧面、截取一个片段，它足以凸显阳明学的某种特质，甚至是某种所谓的负面性质，如明末清初对阳明学所非议的那样，但必须指出，这样的观察与其说是在进行褒贬，而毋宁说是在进行理解。更何况，阳明学的精彩与意义，远非这个侧面、这个片段所能遮蔽的。

洛学向心学的转化

——论王苹、张九成思想走向

目前通行的思想史论著,一般都把洛学向理学的转化作为一种定式,而忽略了洛学向心学的嬗变。本文的目的在于把后面这一线索呈现出来,求教于同人。

一

王苹,字信伯,两宋间人,生卒年不详,世居福建,随父徙吴。因师事杨时并极为杨时所许,故"高宗宿闻其名,又以诸郎官力荐","起召赐对,以布衣赐进士出身,正字中秘",高宗赵构勉励王苹笃行其志,不要辜负杨时期望。曾参与编写《神宗实录》,兼史馆校勘。因胡安国等荐举,以著作佐郎通判常州,寻奉祠。后因侄儿得罪秦桧,株连夺官,坐废于家。[①] 王苹因导致了洛学向心学的转化,故"晦翁最贬之,其后阳明又最称之",而全祖望以为他的思想构成了陆九渊心学的前导。[②]

---

① 见叶绍翁:《四朝闻见录》甲集《布衣入馆》。
② 《宋元学案·震泽学案》。

洛学的思想宗旨是要确立起具有普遍权威性的价值体系,即天理,从而使之成为人类生存的依据。格物穷理则是人们把握天理的基本方法,而如何格物穷理便是洛学中人所要探究的问题。杨时将格物界定为反身而诚,进一步的落实便是诚意而体中。这个基本思想被王苹所认同继承。他在回答"致知之要"的询问时,明确地指出:"宜近思,且近究'喜怒哀乐未发谓之中'。"①但是,王苹进一步提醒:"莫被'中'字碍,只看未发时如何。"②这就将杨时诚意体中思想中的重要内容给消除了。按照杨时的思想,"中"是实在的,"尧咨舜,舜命禹,三圣相授,惟中而已③。而这个"中",正是"诚",是天之道。只是对这个天之道的把握,需要落实在人心,更具体地说,是落实在人心的喜怒哀乐未发之际。这个未发之际便是"诚"在人心的体现,这个体现也被称之为"中"。④ 因此当杨时将格物界定为反身而体会喜怒哀乐未发谓之中时,实际上含有两层意思:其一是指致知的工夫,知的对象既是指落在人心的性体,同时这性体也是通向形而上的道体;其二是将这个工夫展开的过程确定为本体确立的过程。而王苹的解答,是要人只把握体认未发这一致知工夫,而不必也不应去把握这一工夫所指向的对象,更不必谈这个对象(本体)在人身上的确立。换言之,王苹是将后面的两项内容——致知的目的在把握对象、致知工夫的落实等同于性理本体的确立——完全切掉了,而只强调了致知本身。

　　本来,将致知工夫的落实等同于性理本体的确立,已是一个值得

<hr>

① 《震泽记善录》。
② 同上。
③ 《龟山文集·语录》。
④ 参见《龟山文集·答学者》。

十分警惕的观念了,因为程门弟子无不在这一观念的支配下进行格物致知的工夫落实,而结局都滑向佛门。视工夫等同于本体,在抽象的意义上并没有错。人的意义确立,本来就是在人的生活过程中来实现的,离开人的现实生活本身来另求人的价值,实际上只是一个空洞的观念建构,即如古人所谓的骑驴觅驴。这个精神,在宋明理学的发展中,最后是由黄宗羲明确地给予了揭示,这就是他所指出的"心无本体,工夫所至,即其本体"①。然而,这个"工夫所至,即其本体"的命题,需要拥有一个不可缺少的前提,即工夫必须是一个可评定的客观性过程。如果将工夫封域于意识之中,那么由工夫的展开而确立的本体,终将只是一个幻想。因为意识作为纯主观性的活动,本质上缺乏统一的标准来进行评判取舍,因此意识活动的自由展开,必然流于相对主义,并最终导向价值确认上的虚无和社会实践中的失范。心学之流于禅学,正是这一显见的过程。② 事实上,黄宗羲"工夫所至,即其本体"的思想,也缺少将工夫限定为客观性过程的必要前提。虽然从思想史的意义上看,王阳明心学泛滥禅化后,黄宗羲的老师刘宗周通过提出改过思想将心学趋向生活,从而加以了纠偏③,为黄宗羲思想的提出作了客观上的铺垫。但由于黄宗羲在思想上未能完全摆脱心学的影响,他所指陈的工夫,在很大程度上仍囿于心的工夫,即主观的精神活动,故未能尽除弊病。在整个理学的建设中,真正自觉于这点并孜孜以求工夫的平实中庸而终成壮观者,唯有朱熹。

① 《明儒学案原序》。理学的这个思想结果,在西学中可以印证于存在主义的精神,即将存在还原为现象,从而使本质于时间中得以确立。参见萨特的《存在与虚无》、海德格尔的《存在与时间》。
② 参见拙稿《心学何以会归禅》,《中国社会科学季刊》1999 年夏季号。
③ 参见拙稿《刘宗周〈人谱〉析论》,《中国哲学史》1998 年第 1 期。

王苹轻弃以工夫为本体这一思想,尽可不必多议,因为有此思想者,尚有上述的难题,它不仅是认识上的,而且更是实践中的问题。就理学的立场而言,王苹真正无法轻视的弊病,在于他直截了当地将工夫所要把握的对象也扔掉了,即所谓的"莫被'中'字碍,只看未发时如何"。这样,在王苹这里,留下的便只有工夫本身而已。

　　王苹曾有一段话,将这个意思表达得更清楚。《震泽记善录》载:"伊川言颜子非乐道,则何所乐? 曰:'心上一毫不留。若有所乐,则有所倚。功名富贵,固无足乐;道德性命,亦无可乐。庄子所谓至乐无乐。'"在二程的思想中,的确十分主张祛除人于活动中所带入的主观意向性,即所谓胸中不横一物,这点尤为程颢强调,谢良佐与李侗津津乐道的气象,便是其形象化的表示。程颐对于颜回的不改其乐,点出其所乐者非乐道,目的是指出颜回已使自己与道为一,不再分出彼此,达到了一个特别的境界。但王苹借用这个说法,将"道"等同于一个空洞,以"功名富贵"混同于"道德性命",一并加以舍弃,这就使理学所要致力于确立的理本体在乐的感受性中被消解了。

　　朱熹指出了这个问题的严重性,他讲:"程子之言,但谓圣贤之心与道为一,故无适而不乐。若以道为一物而乐之,则心与道二,非所以为颜子耳。某子(指王苹)之云,乃老佛绪余,非程子之本意也。"①这里,朱熹尚为程颐作解释,至后来,因弟子对此多有疑虑,朱熹便干脆指出程颐的这个说法,本身就存在着问题。《朱子语类》卷三十一载:"或问:'程先生不取乐道之说,恐是以道为乐,犹与道为二物否?'曰:'不消如此说。且说不是乐道,是乐个甚底?'"

────────────

① 《朱子大全》卷七十《记疑篇》。

因为道本身的实在性已被否定，所以格物的问题在王苹思想中便很自然地被搁置了。《宋元学案·震泽学案》附录载："范伯达云：'天下归仁，只是物物皆归吾仁。'先生指窗问曰：'此还归仁否？'范默然。"作为对象而存在的万物不再是天理的载体，不再需要被纳入人的视野中，致知只需在人心上下工夫。

问题不仅于此，王苹更进一步指出，一己之心就是道本身。王苹在召对时对高宗讲："尧、舜、禹、汤、文、武之道，相传若合符节，非传圣人之道，传其心也；非传圣人之心，传己之心也。己之心无异圣人之心，万善皆备。故欲传尧、舜以来之道，扩充是心焉耳。"①后来心学的以心为理、心外无理的精神，在王苹思想中其实已非常明确。

心在儒家的哲学中，本是一个具有虚灵知觉功能的自然器官，即孟子所说"心之官则思"②。其本身并不是"理"，只有它所具有的虚灵知觉功能施行恰当，才与"理"合一，故儒家注重心的工夫。宋儒将这种心的工夫确定在对喜怒哀乐未发谓之中的体认，其中最重要的是使人心归诚，即真实无伪。而真实无伪的最大阻碍是人心为物所累，因此宋儒便特别注重应物而不累于物的气象涵养。但是，这种涵养所强调的只是自我意识的自控，而不是对引起人心萌动的对象物的客观性否定，然王苹却将心的工夫导向对物的消解。王苹讲："人心本无思虑，多是记忆既往与未来事，乃知事未尝累心，心自累于事耳。康节诗：'既往尽归闲指点，未来都是别支吾。'故君子思不出其位。"③王苹虽然没有直接否定事物的客观存在及其进入人的意识之中，但是他通过对物的存在的连续性的否定，使过去与未来成为

---

① 《宋元学案·震泽学案》王苹传。
② 《孟子·告子上》。
③ 《震泽记善录》。

无意义的空洞符号,事物的存在过程被切成毫无关系的碎片,因此,物的存在只是一种当下的存在,尽管这当下的存在也不失是一种存在,但结果则完全成了一种虚化了的存在。这种论证的方法,在中国哲学的发展中,其实早已为东晋的僧肇所使用过了。

虽然心就是理、心外无理,但即便是按照心学的立场,这个与理为一的心,也必须在与物的交感中呈现为一种现实的存在。而现在王苹通过否定物的连续性存在使物虚化,物已成为碎片,那么与理为一的心,只能成为毫无任何确定性可言的当下感发。《震泽记善录》载:"问:'如何是万物皆备于我?'先生正容曰:'万物皆备于我,某于言下有省。'"由此,当王苹在指出以心为理的同时,进而又否定物的客观性以后,他的于心上求致知的工夫已无法真正得到贯彻,只能成为随意性极强的主观臆断。从这个意义上讲,王苹不仅开启了后来的陆王心学,而且比陆王心学走得更远,完全已失其步伐,迷其路径,遁入佛门,故全祖望针对王苹的上述问答指出,"此亦近乎禅家指点之语",确为的评。①

二

即工夫而立本体,本来是儒家"极高明而道中庸"②思想的一个基本体现,宋儒更是自觉到这一点。从周敦颐起,一方面致力于"人极"的形上本体化,另一方面始终不忘将本体化了的"人极"体现于日用之中。但是由此基础则引发出不同的取向,一个是不因为工夫

① 《宋元学案·震泽学案》。
② 《中庸》第二十七章。

而舍弃本体,以本体为超越于个体之外、之上的存在,这是理学的精神;另一个是以工夫而消解本体,最终将本体归落于一己之心,这是心学的旨趣。王苹的思想已显示出这一倾向,而稍后的张九成,将这种倾向推进为自觉的思想建设。

张九成(1092—1159),字子韶,自号横浦居士,亦号无垢居士,从学杨时。绍兴二年(1132)中进士第一名,入仕金判镇东军。后入为太常博士,改著作郎,除宗正少卿、礼部侍郎,兼侍讲经筵。因论时政迕时相秦桧,谪守邵州,寻遭弹劾落职。又因与禅宗临济宗杨歧方会一派的高僧宗杲交游甚密,遭到中伤,谓其与宗杲谤讪朝廷,遂谪南安军,宗杲也被屏去衡州,后徙梅州。张九成于南安蛰居十四年,绍兴二十五年秦桧死,起知温州,四年后卒。

以工夫来消解本体,在逻辑上必须首先论定本体存于现象之中,本体与现象共在。张九成讲:"形而上者谓之道,形而下者谓之器。若形器中非道,亦不能为形器,又安可辄分之。形而上者无可名象,故以道言;形而下者散于万物,万物皆道,故不混言耳。"①按照这个思想,张九成似没有以现象来消解本体,而认为本体与现象是相倚而存的,贯彻了魏晋以来中国哲学所确定的体用不二的原则。但由此张九成便将重心偏向了现象,他强调,天理本体完全呈现于日用现象之中,而且本体的存在必须依赖于现象,离开了现象的本体,其实是一种不真实的存在。他讲:"道无形体,所用者是。苟失其用,用亦无体。"②这里,现象既是本体存在的载体,同时更是本体存在的条件。在张九成的思想体系中,本体作为一种象征虽然没有被完全搁

---

① 《横浦心传》。
② 同上。

置,但本体决不再是一种独立的存在,而完全淹没于现象之中,现象等同于本体,张九成非常明确地指出,"道非虚无也,日用而已矣"①。

因为现象就是本体,日用人情便是道,所以张九成十分强调日用人情中的实践。他讲:"凡吾日用中事岂有虚弃者哉,折旋俯仰、应对进退,皆仁义礼智之发见处也。"②"理之至处亦不离情,但人舍人情求至理,此所以相去甚远。"③张九成认为,儒家所谓的圣贤并不是离开生活的人,而只是在生活中不违背自然天理的人。他指出:"圣贤一出一处、一默一语、一见一否,皆循天理之自然。"④正因为如此,张九成不主张读书,而直求生活中的交流与体会。他讲:"士大夫不必孜孜务挟册看书,但时时与文士有识者每日语话,便自有气象。终日应接时事,尘劳万状,适意处少,逆道理处多,苟不时时洗涤,令胸次间稍有余地,则亦汩没矣。"⑤张九成更将这一思想落实在他对教育的认识上,当有人问他:"教小儿以何术为先?"他指出:"先教以恭敬,不轻忽,不躐等,读书乃余事。若不先以此,则虽有慧黠之质,往往轻狂,后亦难教。然有资质者,父兄便教以学作文、事科举,不容不躐等。皆其父兄无识见。子弟稍有所长,便恣其所为,遂反坏其资质,后来多不能成器。岂得一第便是成器邪!"⑥至此,张九成遂由现象即本体,进一步推出了工夫即本体的观点。

据实而论,张九成的上述思想,虽然已开始背离理学高标本体的精神,但终究没有产生巨大的冲突。只要工夫的落实是有矩矱可

---

① 《横浦日新》。
② 《孟子传》卷七。
③ 《横浦心传》。
④ 《孟子传》卷二八。
⑤ 《横浦心传》。
⑥ 同上。

依，则由这些思想，也决不是必然会推至心学的归宿。换言之，所谓的工夫本身既不会引来思想价值上的多元乃至虚无，也不会引发现实行为上的失范，它与理学的目标尚有兼容的可能。但是，张九成在自己的思想中，引入了一个非常重要的认定，即他认为，于日用人情中来循天理之自然，关键不在于人们在生活中缺乏循天理之自然的能力，而在于人们没有真正认识到天理存于日用人情、人情日用即是天理这一事实。换言之，在工夫的落实中，致知与躬行相比，致知是根本性的关键。《横浦心传》载："或问：'所见与所守，二者孰难？'先生曰：'所见难。'或曰：'今学者往往亦有所见，而不能守，则并与其所见而丧之。'先生曰：'不然。只是所见不到故耳。今人于水之溺、火之烈，未有无故而入水火者，以见之审也。设陷阱而蒙以锦绣，玩而陷之者多矣。彼见画虎而畏者，久而狎之，一日遇其真，则丧胆失魂，终身不敢入山林，真理可见。'"很显然，张九成的这一思想，正是后来王阳明著名的知行合一说的雏形，而这个思想的实质，在于将理学所注重的于日用人情中体认天理，由行归入知，从而为心学的建构打开通路。

因为知为关键，所以工夫自然落实在主体的意识活动中。这在张九成的思想中，便是强调一个"觉"字，"以觉为仁"。《横浦心传》记："或问：'孔子言仁，未始有定名，如言仁之本、仁之方。以刚、毅、木、讷为近；以克、伐、怨、欲不行为难。樊迟之问，则异于子贡；司马牛之问，则异于子张；颜渊之问，则异于仲弓。文子止得为清，子文止得为忠，管仲止得为如，往往皆无一定之说。而先生论仁，每断然名之以觉，不知何所见？'先生曰：'墨子不觉，遂于爱上执著，便不仁。今医家以四体不觉痛痒为不仁，则觉痛痒处为仁矣。自此推之，则孔子皆于人不觉处提撕之，逮其已觉，又自指名不得.'"孔子儒学的精神在一个仁字，虽然孔子主张为仁由己，强调仁的确立与培养中的主体自我意识与意志的贯彻，但仁的落实却不在自觉与意志，而在现实生活中的实践，故孔子言仁未有定名。张九成以觉概括仁，实际上是消除了仁的实践性，而以主体的是否自觉作为仁的达到与否，这就将儒家所注重的广泛的社会实践活动收缩为一己的意识觉悟。朱熹《张无垢〈中庸解〉》曾指出："张氏曰，诚既见，己性亦见，人性亦见，物性亦见，天地之性亦见。愚谓经言至诚故能尽性，非曰诚见而性见也。见字与尽字意义迥别。释氏以见性成佛为极，而不知圣人尽性之大，故张氏之言每如此。"按照朱熹的分析，张九成的问题，正在于他将儒家直面生活的尽性，收缩在个人的意识开悟中，并以开悟为尽性，从而使儒家的现实主义立场被佛家的遁世精神所替代。

以觉言仁，并非张九成的发明，二程高足谢良佐便有这个思想，只是张九成的弊病尤为严重。《朱子语类》卷三十五载："或问：'上蔡爱说个觉字，便是有此病了。'曰：'然，张子韶初间便是上蔡之说，只是后来又展上蔡之说，说得来放肆无收杀了。'"这个"说得来放肆无收杀"，就是张九成将"以觉为仁"这个完全主观性的工夫落实手段，干脆推到客观性的本体位置上，以心为理。张九成讲："仁即是觉，觉即是心，因心生觉，因觉有仁。"①

本来，儒家所一贯强调的道德成就过程中，主体的道德自觉与意志是一个重要的前提，但是并不因为人的道德自觉与意志的肯定与高扬，便可以抹杀道德作为非主体性的一种客观性存在。张九成以觉言仁，尚可认为是对成仁的主体意识与意志的标示，但他进而

---

① 《横浦心传》。

以为"因觉有仁"，则开始将客观性的道德归于主体的自觉意识，从而彻底将宋代理学所极力确立的具有普遍客观性的天理归结到纯主观性的一己之意识。张九成讲："尧舜禹汤文武周公之道具在人心，觉则为圣贤，惑则为愚、为不肖。"①不仅是天理可归于人心，而且万事万物皆可归于人心。张九成说："夫天下万事皆自心中来……论其大体则天地阴阳皆自此范围而燮理，论其大用则造化之功、幽眇之巧，皆自此而运动。"②因此，张九成强调："学问之道无他，求其放心而已矣，非止于务博洽、工文章也。内自琢磨，外更切磋，以求此心，心通则六经皆吾心中物也。学问之道无过于此。"③至此，道南一脉已彻底丧失了理学的立场，理学转为心学只剩下一个理论体系重构的问题而已。

所谓的理论体系重构的问题，是指王苹、张九成的思想，虽然在最终的结论上与后来的陆九渊心学已基本一致，但是就理论的形态而论，彼此间尚有着非常重要的区别。在王苹与张九成这里，理学的思想仍旧是他们思想的逻辑起点，即天理存于万物，故格物为穷理的入手。只是由此入手，因工夫的内倾化形式，直至将本体归于主体意识。而后来的象山心学，却不是由工夫推至心学，而是一开始便从本体上来立论，直接从心上建构其整个理论体系。因此，王苹、张九成的思想固然已使洛学转为心学，但终究宜作心学的开启来看待。

然而，王苹、张九成的思想虽尚非形态化了的心学，但因为他们仍旧是理学的门面，故对理学的负面影响很大，尤其是张九成。

---

① 《横浦文集·海昌童儿塔记》。
② 《孟子传》卷二七。
③ 《横浦文集·答李樗》。

张九成虽然与宗杲交谊甚深，但他并不承认在思想上认同宗杲，而认为自己只是在人品上敬重宗杲。这点从文献上也证实了两人之间在思想上确实有着分歧。宗杲因不满于禅宗的弊病，"决择五家提掣最正者，凡百余人，裒以成帙，目曰《正法眼藏》"①。对此书，宗杲自许甚高，但张九成却不以为然，这从宗杲的《答张子韶侍郎书》中可以看到，宗杲讲："观公之意，《正法眼藏》，尽去除诸家门户，只收似公见解者方是。若尔，则公自集一书，化大根器者，有何不可！"②然尽管如此，张九成最终以觉为仁、以心为理的思想，实与禅宗的以心法起灭天地之意，终究已是没有什么区别。黄震讲："上蔡言禅，每明盲禅，尚为直情径行。杲老教横浦改头改面，借儒谈禅，而不复自认为禅，是为以伪易真，鲜不惑矣。"③这个"不复自认为禅"，可谓的评。而正因为这个"不复自认为禅"，既使张九成充满自信，也使士林颇以为是。加之张九成的地位、人品与学养，致使张九成的思想流行一时。

作为杨时的弟子，张九成于南宋初期得进士第一，这已足以使他为士林所重；继而又遭秦桧迫害，更显风节，致使学士、大夫簦笈云集，执贽其门。张九成谪居南安十四年，闭门解释经义，著述颇丰。据陈振孙《直斋书录解题》讲，"无垢诸经解，大抵援引详博，文意澜翻，似乎少简严，而务欲开广后学之见闻，使不堕于浅狭，故读其书亦往往有得焉"④。可知张九成的著作在南宋初期的学术界，不仅富有学养，而且尤具新意。陈亮曾云："近世张给事学佛有

---

① 圆澄：《重刻正法眼藏序》，《续藏经》第一辑第二编第二十三套第一册第一页。
② 《正法眼藏》卷一，同上。
③ 《黄氏日抄》卷四二。
④ 《直斋书条解题》卷二"无垢尚书详说五十卷"条。

见，晚从杨龟山学，自谓能悟其非、驾其说，以鼓天下之学者靡然从之。家置其书，人习其法，几缠缚胶固，虽世之所谓高明之士，往往溺于其中而不能以自出，其为人心之害何止于战国之杨、墨也"①，正描述了张九成的著作受士林欢迎的事实。因此难怪朱熹要说："洪适在会稽尽取张子韶经解板行，此祸甚酷，不在洪水夷狄猛兽之下，令人寒心。"②实际上，朱熹自己的思想也正是在批判包括王苹、张九成在内的另类思潮的过程中逐步形成的。

原载《哲学研究》2001 年第 1 期

---

① 《龙川文集》卷十九《与应仲实》。
② 《朱子大全》卷四二《答石子重》之五。

心学何以会归禅

心学归禅，这是中国哲学史上重要而显见的事实。虽然赵宋与明季时代有所不同，象山心学与阳明心学逃佛的力度也有所区别，但心学归禅却划然如一。众所周知，心学与禅学具有着共同的理论基础，然而，共同的理论基础并不意味着心学就是禅学，以及心学必然归禅。因此，就有必要弄清楚，心学归禅的标志究竟是什么？心学由何处开始滑向禅门？心学为什么在生长过程中无法开出自己的道路？心学如何由与禅学相似的理论前提演化成事实上的心学禅学合一？本文试图思考这些问题。由于王学在归禅的问题上，呈现得较陆学更深刻而细腻，故下文的讨论将围绕阳明心学来展开。

一、心学归禅的标志与起点

心学归禅的标志是什么？这是在进入正式讨论前，首先需要弄清楚的问题。心学与禅学有非常相似的一面，它不仅表现在理论范式与著述文本上，而且还体现在思维方式与讲学过程中。其中，主体意识的自觉与标举，则是引起这些相似性的根本原因。换言之，这也是心学与禅学共同的思想基础，是心学能够归禅的理论前提。

但是，共同的理论基础以及建构于其上的理论范式的相似性，并不足以消除心学与禅学的原则区别。禅学的旨趣在于一个"空"字。这个"空",并非是否定世界的存在,而只是旨在强调这个世界的存在是一种非真实的虚幻存在,认识了悟这个"空"的目的,实质是在破除人对世界所建构起来的价值认定,从而摆脱因执著于人为的价值观而带来的贪、嗔、痴的无明状况。因此,具有确定性的观念规范,可以说正是禅学的破除对象。而心学恰是要建立起牢固的观念与规范,尽管其方法与禅学之推重人的主体觉悟一样。心学的宗旨在世道人心之整肃,这个方向清楚明白,它与禅学诚可谓南辕而北辙。

事实上,王门后学中逃禅最甚,以致被黄宗羲划出王学藩篱的泰州学派中人对于自己留情于禅宗,决不讳言,其最根本的原因,正在于他们自信理论基础及其现象层面上的禅学特征并没有也不会淹没其所服膺的儒学精神。赵贞吉曾坦言:

> 华翰并佳集书旨,皆戒仆之留意禅宗者。夫仆之为禅,自弱冠以来矣,敢欺人哉! 公试观仆之行事立身,于名教有悖谬者乎? 则禅之不足以害人明矣! 仆盖以身证之,非世儒徒以口说诤论比也。①

由此自辩,足以看到心学归禅如果有什么值得担虑的,是因为归禅意味着有悖于名教。而只要在行事立身上处得端正,那么这种担虑便是多余的。

黄宗羲后来的论断,正符合历史中人的真实想法。黄宗羲尝曰:

> 有明文章事功,皆不及前代,独于理学,前代之所不及也。牛毛茧丝,无不辨析,真能发前儒之所未发。程朱之辟释氏,其

---

① 《赵文肃公文集》卷二二《与赵浚谷中丞书》,明万历刻本。

说虽繁,总是只在迹上;其弥近理而乱真者,终是指他不出。明儒于毫厘之际,使无遁影。①

据此,上述的相似性,不仅不足以说明心学归禅,反而凸现了王学的精微。黄宗羲进一步讲道:

> 泰州、龙溪时时不满其师说,益启瞿昙之秘而归之师,盖跻阳明而为禅矣。然龙溪之后,力量无过于龙溪者,又得江右为之救正,故不至十分决裂。泰州之后,其人多能赤手以搏龙蛇,传至颜山农、何心隐一派,遂复非名教之所能羁络矣。②

这便是说心学归禅的真正代表,是王艮后学,其标志是"非名教之所能羁络"。黄氏之见,洵为的评。因为心学归禅,实非纯粹理论上的公案,儒家的精神决非在笔墨纸砚上争长短,而是在人伦日用中求落实,心学是否落入禅学,最终应当在生活中见分晓。

那么,心学究竟在哪个关节点上出了问题,从而使儒家宗旨发生迷离、失落,以至归于释门呢? 这里需论及王阳明与其子弟的"天泉证道"。由于问题的重要,故宜详录。《传习录下》载:

> 丁亥年(嘉靖六年,1527)九月,先生起复征思、田。将命行时,德洪与汝中论学。汝中举先生教言,曰:"无善无恶是心之体,有善有恶是意之动,知善知恶是良知,为善去恶是格物。"德洪曰:"此意如何?"汝中曰:"此恐未是究竟话头。若说心体是无善无恶,意亦是无善无恶的意,知亦是无善无恶的知,物亦是

① 《明儒学案·发凡》。这里的"明儒"毫无疑问是指王学中人,"无姚江,则古来之学脉绝矣"一语可证。《明儒学案》用《黄宗羲全集》本,浙江古籍出版社,1985—1994年。

② 《明儒学案·泰州学案》。

无善无恶的物矣。若说意有善恶,毕竟心体还有善恶在。"德洪曰:"心体是天命之性,原是无善无恶的。但人有习心,意念上见有善恶在。格致诚正修,此正是复那性体功夫。若原无善恶,功夫亦不消说矣。"是夕,侍坐天泉桥,各举请正。先生曰:"我今将行,正要你们来讲破此意。二君之见,正好相资为用,不可各执一边。我这里接人原有此二种。利根之人,直从本源上悟入。人心本体原是明莹无滞,原是个未发之中。利根之人,一悟本体,即是功夫,人己内外,一齐俱透了。其次不免有习心在,本体受蔽,故且教在意念上实落为善去恶。功夫熟后,渣滓去得尽时,本体亦明净了。汝中之见,是我这里接利根人的;德洪之见,是我这里为其次立法的。二君相取为用,则中人上下皆可引入于道。若各执一边,眼前便有失人,便于道体各有未尽。"既而曰:"已后与朋友讲学,切不可失了我的宗旨。无善无恶是心之体,有善有恶是意之动,知善知恶是良知,为善去恶是格物。只依我这话头随人指点,自没病痛,此原是彻上彻下功夫。利根之人,世亦难遇。本体功夫,一悟尽透,此颜子、明道所不敢承当,岂可轻易望人!人有习心,不教他在良知上实用为善去恶功夫,只去悬空想个本体,一切事为俱不着实,不过养成一个虚寂。此个病痛不是小小,不可不早说破。"①

据此而论,王畿与钱德洪对阳明思想的不同理解,在阳明自己看来,虽陈述不一,但却是相资为用的。本体与功夫本属阳明哲学之经纬,视点不同,所见相异,这是正常的,阳明的回答无疑也是明确地肯定了门下高足抓住了自己思想的核心问题,王阳明既没有认为弟子

---

① 《王阳明全集》卷三,上海古籍出版社,1992年。

理解上有错误，更谈不上他会由此而认为和承认了自己思想存在内在的矛盾。当然，作为一个哲学家，王阳明对思想的建设是具有高度的自觉的，他知道，任何一个思想，如果抽出一点加以无限引申，都必定背离原来思想的宗旨。因此，他一方面固然肯定门下彼此相左的理解，但并不放任这种理解，而是划出不可超越的边界，所谓"不可各执一边"便是阻止弟子割裂自己学说的训示。不因理论边界的划出而否认思想内在的多维度存在及其圆融，表明了王阳明不想使心学步朱学之后尘，成为僵硬的教条，要使理论的内在张力发挥它"随人指点，自无病痛"的适应功能。换言之，心学是开放的，他可以，也必须由后学去发展。

事实上，单就天泉证道看，王阳明对于心学的推进已给了明确的提示。因为"利根之人，世亦难遇"，故心学的根本是要"在良知上实用为善去恶功夫"，之所以在人的本质确认上要强调"无善无恶心之体"，窃以为正反映出王阳明求本体于功夫的思想倾向。也正是在这个意义上，明代儒学在王阳明之后的根本任务，就是要在不失儒家对人的本质（心体）自我觉悟的前提下，使成就人的本质的工夫得到新的真正落实。

这究竟又意味着什么呢？众所周知，王学本是对朱学的反动，但如果不囿于狭义的哲学史来看，与其说是对朱学的反动，不如说是对朱学末流或官学化了的朱学的反动。朱子哲学虽高标天理，精神的着力处却是在天理之分殊，即万事万物上，强调的是人于社会伦理上的持久实践，追求的是形而上的哲学与实践的伦理学的贯通。但是朱学一旦成为科举取士的标准，其"教人为学，非是使人缀缉言语造作文辞，但为科名爵禄之计，须是格物、致知、诚意、正心、修身，而推之以至于齐家、治国,可以平治天下"①的宗旨便走向了反面,故《明史·儒林传序》中所谓的"科举盛而儒术微",就其对王学勃兴的根源而说,实是不刊之论。王学的革命是要还人以精神的自觉,这对于沉溺于功名的明代初、中期的社会,无疑是一种深刻的震撼。但一声猛喝过后,便须有引人走下悬崖的台阶,确立起的道德形而上主体,需要依靠平实的中介而过渡为现实生活中的依据。只有如此,阳明哲学方能对他称之为"波颓风靡,为日已久",以至"何异于病革临绝"②的明代社会真正起到挽狂澜于既倒的作用。

然而,正是在这个工夫的落实上,心学走向了禅学。

二、封域于意识的工夫展开

从"天泉证道"中王阳明的提示出发,钱德洪选择的方向无疑是正确的。钱德洪立足于工夫来推进师说,而切入点主要是在两个问题上:一个是主张事上磨炼;一个是将良知本体的呈现通过以知性训心体来实现。

德洪与龙溪论学,尝云:

> 久庵谓吾党于学,未免落空。初若未以为然,细自磨勘,始知自惧。日来论本体处,说得十分清脱,及征之行事,疏略处甚多,此便是学问落空处。③

钱德洪进一步分析了学问之所以会落空的原因,他以为,专在良知本

---

① 《朱子文集》卷七四《玉山讲义》,四部丛刊本。
② 《王阳明全集》卷二一《答储柴墟》二。
③ 《论学书·复王龙溪》,《明儒学案》卷十一《浙中王门学案一》。

体上寻求开悟，虽然陈义甚高，但实质上是封域于一己之意，人的道德精神是与对象化的活动相分离的，其最终结果只能是道德精神流于虚化。他在《与季彭山》一信中指出了王畿思想的这个弊病：

> 龙溪之见，伶俐直截，泯功夫于生灭者，闻其言自当省发。但渠于见上觉有著处，开口论说，千转百折不出己意，便觉于人言尚有漏落耳。执事之著，多在过思，过思，则想象亦足以蔽道。①

因此，"只须于事上识取，本心乃见"②。钱德洪强调，存于人身的良知本体是从自然之化育中得来，在本质上与万物是同源的，如果使人从与物的关系中抽离出来，作为人的本质的良知本体亦失去其真正的意义。当然，物的意义在王学中并不在于它独立于人之外的客观性，而在于它是相对于人的存在，因此，"物"实质上指向的是"事"，即人的活动，用钱德洪的话讲，便是应酬。确立道德精神的目的是使之成为人的现实生活的灵魂，"若厌却应酬，必欲去觅山中，养成一个枯寂"，则无异于"以黄金反混作顽铁"③。

但是必须意识到，钱德洪主张事上磨炼，并不是将学问的关注点定于事的成就，而仍是定于人的良知本体的确定。显然，这符合儒家传统的"学者为己"的主张。然而钱德洪需要于理论上解决的问题是：人为什么，以及如何使自己于事上磨炼的过程中，使良知本体得以呈现？这便进一步促使钱德洪以知性训心体。钱德洪云：

> 心之本体，纯粹无杂，至善也。良知者，至善之著察也，良

---

① 《论学书》，《明儒学案》卷十一《浙中王门学案一》。
② 《论学书·答傅少岩》。
③ 《论学书·复王龙溪》。

知即至善也。心无体，以知为体，无知即无心也。①

换言之，心体的至善性在其良知，而良知的本质在于它具有决疑，即区别是非的能力。

王阳明所提出的良知，就大的方面而言，包含着两方面的内涵：其一是含有普遍道德性的天理；另一是含有此天理的人心。阳明哲学的精微处不在于讨论具有普遍性的天理的本体化，以及本体化了的天理的日用化，而在于本体化了的人之心体，即良知本体的分疏。王阳明对良知进行了多维规定。我们仅从大处看，

　　　　身之主宰便是心，心之所发便是意，意之本体便是知。②

"意"与"知"只是一事之两个阶段，此便是以知性训心体；

　　　　良知只是个是非之心，是非只是个好恶，只好恶就尽了
　　是非。③

这又是以情感训心体；

　　　　真有圣人之志，良知上更无不尽。④

心体尽呈现于意志的指向之中。良知本体实是一个知、情、意合一的完整的意识。

钱德洪因其努力通过事上磨炼来成就良知，而单将良知归为意识中的知性，虽然有使阳明哲学由开阔而单向的弊端，但本质上毕竟是没有背离师说，而且如果从良知作为完整的意识来看，钱德洪知性

① 《论学书·复王龙溪》，《明儒学案》卷十一《会语》。
② 《传习录上》，《王阳明全集》。
③ 同上。
④ 《传习录下》。

向度的选择无疑使阳明哲学更具有理性色彩,使之给王学思想的推进带来最大的理论空间。这后面的一点,如果与功夫派中的"主意说"与"归寂说"相对比,则可以看得更清楚。

阳明门下虽大致可分为本体与功夫两派,但实际上是派中有派。功夫派中除却钱德洪的主事说外,尚有主敬、主意与归寂三说。这里先讨论主意与归寂的思想。

主意说的代表是王阳明的再传王时槐,他属于江右王门中的人物。主意说的根本观点是要将功夫专注于意识最初的萌动上。正如钱德洪以知性训良知本体一样,王时槐是将意识的最初萌动看成是本体的呈现。因为这个呈现是以后一切问题的源头,故必须于此意识(心体)的动而未形之处终日乾乾,方可庶几近道。王时槐讲:

> 生机者,天地万物之所从出,不属有无,不分体用。此几以前,更无未发;此机以后,更无已发。若谓生机以前,更有无生之本体,便落二见。又以知属体,意属用,皆自生分别。且以知而照意,即是以一心照一心,心心相持,如鹬蚌然,大属造作,非自然也。阳明曰:"《大学》之要,诚意而已矣。"格物致知者,诚意之功也。知者意之动,非意之外有知也;物者意之用,非意之外有物也。但举意之一字,则寂感体用悉具矣。意非念虑起灭之谓也,是生机之动而未形,有无之间也。独即意之入微,非有二也。以其无对谓之独,故程子云其要只在慎独。意本生生,惟造化之机不克则不能生,故学贵从收敛入,收敛即为慎独,此凝道之枢要也。[1]

---

① 《塘南王先生友庆堂合稿》卷一《与贺汝定》,清光绪重刻本。

显然,主意说与钱德洪的区别是将钱德洪于事上运用知性的功夫向前移动,即进一步落实在人的意识萌动的体悟与分析上。由上文已知,在王阳明哲学中,心→意→知是良知呈现的主轴,意与知是意识(心体)由萌动而知性化过程的前后两个阶段,区别在于隐微与显著。王时槐的思路是用"意"来消融"知",进而直接以意为知。

阳明哲学的宗旨是追求道德精神的自觉确立,它并不属于认识论哲学的范畴,而宜置于道德哲学的领域来加以认识。因此,在"意"上体悟和于"知"上分辨,对于实践中的道德主体来说,都是可以加以贯彻的。在这个意义上,我们似不能在王时槐与钱德洪之间作出褒贬。事实上,王时槐也是自觉到这一点,而且他更从生活的感受出发,力主工夫应从"意"上落实。他讲:

> 夫学无分于动静者也。特以初学之士,纷扰日久,本心真机,尽汩没蒙蔽于尘埃中,是以先觉立教,欲人于初下手时暂省外事,稍息尘缘,于静坐中默识自心真面目,久之邪障彻而灵光露,静固如是,动亦如是。到此时,终日应事接物周旋,于人情事变中而不舍,随处尽伦,随处尽分,总与蒲团上工夫一体无二,此定静之所以先于能虑,而逢原之所以后于居安也。[①]

但不可否认的是,静中默识和事上磨炼,一个重开悟,一个讲知辨,比较而论,后者更容易被人所接受与掌握。况且,现实生活中的价值认定,任何一个人都不可能一劳永逸,需要在生活的过程中不断修正。钱德洪的思想无疑要比王时槐的思想更具有普遍的实践性,更能进行理论的探讨。

---

① 《塘南王先生友庆堂合稿》卷一《答周守甫》。

然而,真正的问题是在于,当钱德洪主张以知性诠释良知,并通过事上磨炼,使良知本体在决疑论意义上的使用来确立的时候,尽管他对王阳明哲学的推进方向是朝向现实的社会生活落实,但他并没有真正使阳明哲学走出思辨的形上形态。以知性来规定良知,良知本体的确立是通过知性于实践(事)上的应用达到的,然而这知性并不能保证避免道德认识与实践上的相对性。因此,钱德洪没有、也不可能摆脱王阳明哲学的"主观性",更谈不上使阳明哲学成为已呈价值分流、新因素的日益涌现和强劲发展已使社会结构呈现变动趋势的明代社会重新走向有序的思想基础。至于将良知功夫的关注点更向意识萌动处移近的王时槐主意说,自然更不必再置一词。

相对于主意说而论,江右王门中聂豹提出的归寂说走得更远。聂豹反对将良知本体知性化的倾向,主张良知是一个静寂体,致良知的功夫应直接落实在心体的静寂上。他讲:

> 良知本寂,感于物而后有知。知其发也,不可遂以知发为良知,而忘其发之所自也。心主乎内,应于外,而后有外。外其影也,不可以其外应者为心,而遂求心于外也。故学者求道,自其主乎内之寂然者求之,使之寂而常定。①

聂豹无疑是将感知作为心体(意识)的功能加以理解的。从人的生理看,王时槐、钱德洪把意识的萌动与决疑直接作为意识本身,确实是存在着问题的。但是,如果将意识的功能与意识本身彻底分离,这个纯然的意识(心体)则不外于一堆毫无意义的软组织。因此,我们无法完全放弃从脑及其意识活动的角度来理解聂豹的思想。

---

① 《双江论学书·答东廓》。

按照聂豹的陈述，心体的功能在于知，但这一功能的产生须有一个前提，即心体应当处于一种静寂的状态，而且这个状态是心体本然的状态。功夫之所在是使心体常处于本然的静寂，当外在的对象进入心体的视野时，心体便会有效地作出感应。聂豹曾对比儒释的立场，强调儒的立场决非是以心体的静寂为目的，而只是以此为条件来认知作为人的对象而存在的客体。聂豹云：

> 夫禅之异于儒者，以感应为尘烦，一切断除而寂灭之。今乃归寂以通天下之感，致虚以立天下之有，主静以该天下之动，又何嫌于禅哉！[①]

如果我们限于认识论的立场来处理聂豹的思想（毫无疑问，聂豹是将认识论上的分析作为他立论的基础的），那么，聂豹的思想充其量也只是使我们回忆起先秦荀子关于"虚一而静"在认识活动中的作用。

显然，这不是聂豹思想真正关心的问题，聂豹关心的仍然是王阳明哲学的"致良知"。他引入认识论的分析，目的是要通过心体及其感知的方式，说明放弃心体的静寂而欲于心体的感知上来寻求心体，其结果必然使心体湮溺于感知之中。聂豹讲：

> 自有人生以来，此心常发，如目之视也，耳之听也，鼻臭口味，心之思虑营欲也，虽禁之而使不发，不可得也。乃谓发处亦自有功，将助而使之发乎？抑惧其发之过，禁而使之不发也？且将抑其过，引其不及，使之发而中节乎？夫节者心之则也，不识不知，顺帝之则，惟养之豫者能之，岂能使之发而中乎？使之发

---

① 《双江论学书·答东廓》。

而中者，宋人助长之故智也，后世所谓随事精察，而不知其密陷于憧憧卜度之私；禁之而使不发者，是又逆其生生之机；助而使之发者，长欲恣情，蹈于水火焚溺而不顾，又其下者也。①

由此而立论，功夫只能是对感知的摈弃，由这一摈弃，王阳明哲学便不可能拓展为社会普遍的道德意识，而只能回到"绝欲去私"的内心自省老路，即聂豹所谓的"充极吾虚灵本体之知，而不以一毫意欲自蔽"②。然而，聂豹上述对于致良知通过知之生发而实现的怀疑，固然未能把他引入正确的方向，但却足以使我们意识到上文关于钱德洪思想的局限性的分析之真切。

阳明门下能在思想方向上与钱德洪相近，而于思想的具体建设上又能突破钱德洪的良知本体知性化，真正将功夫向日用之实践推进的，当推持"主敬说"的江右王门首席邹守益。江右王门自来地位甚高，所谓"姚江之学，惟江右为得其传"③，这其中的根本原因在于，王阳明之后，其故乡的学生中以王畿影响最大，而又"流弊错出，挟师说以杜学者之口，而江右独能破之，阳明之道赖以不坠"④。但实际上，江右王学尽管都注重工夫，并自觉与禅学划清界限，然真能推进师说者亦不过邹守益、欧阳德一二人，其中欧阳德论学与浙中钱德洪甚相近。至于聂豹之归寂、王时槐之主意，论学固然细微，但诚如前述，大方向已误了。

邹守益的思想，黄宗羲有一个清楚的概括，《明儒学案》云：

---

① 《双江论学书·与欧阳南野》，《明儒学案》卷十七《答东廓》。
② 《明儒学案》卷十七《答绪山》。
③ 《明儒学案》卷十六《江右王门学案》。
④ 同上。

先生(邹守益)之学,得力于敬。敬也者,良知之精明而不杂以尘俗者也。吾性体行于日用伦物之中,不分动静,不舍昼夜,无有停机。流行之合宜处谓之善,其障蔽而雍塞处谓之不善。盖一忘戒惧,则障蔽而雍塞矣。但令无往非戒惧之流行,即是性体之流行矣。离却戒慎恐惧,无从觅性;离却性,亦无从觅日用伦物也。①

这一概括描述了邹守益良知(本体)与致良知(功夫)两方面的见解。

关于良知,邹守益一改王学以知性、情感、意志来界定的旧思路,而是以敬描述良知。他强调,"敬也者,良知之精明而不杂以尘俗也"②,"敬也者,良知之精明而不杂以私欲也"③。邹守益的思想倾注点主要不是把良知看作是意识的某一阶段或某一方面的活动,而是作为完整的意识的一种存在状态。仅就他对这一状态的内涵规定看,"不杂以尘俗"的实质也就是"不杂以私欲",而"不杂以私欲"也绝对没有赋予道德精神的新因素,但是与王门工夫派中的其他弟子比较,尽管他们都是在心体的已发上立意,但邹守益显然更倾向于将良知本体完整地放在一种连续的动态上来加以成就,他讲:

果能实见"敬"字面目,则即是性分,即是礼文,又何偏内偏外之患乎?④

众所周知,"敬"是程颐哲学用来克制周敦颐主静思想的重要手段,朱熹后来给予了极大的重视与阐发,原因即在于,言敬则本体工夫俱

① 《明儒学案》卷十六《江右王门学案一·邹守益传》。
② 《东廓论学书·与胡鹿厓》,同上,《江右王门学案一》。
③ 《东廓论学书·与吕泾野》。
④ 《东廓论学书·与方时勉》。

在，"操则自存，动静始终，不越敬之一字而已"①。邹守益对王学的这一修正，固然是因为他的"致良知"的思想重心所致，但不可否认，他已自觉或不自觉地开始在思想上返归朱学。

因为邹守益不以意识之知、情、意中的任何一维来解释良知，而代之以完整意识的一种状态，故在致良知的功夫上，便既不能从知性的决疑、情感的雅正和意志的提撕中的任何一个方面作正面的要求，否则就无法使意识完整地处于所要求的状态；又不能面面俱到，从三个方面都要求，因为作为连续的状态而存在着的意识，并不是知、情、意三维的机械叠加，而是遇事起知、境移情迁、意缘知情的有机过程。邹守益选择了《中庸》中的"戒慎恐惧"，作为王学致良知功夫中的一种方法，戒慎恐惧无疑是王阳明曾经予以重视的，但是邹守益特别地将此标出来，作为致良知整个工夫中的不二法门，则不仅当另作他论，而且更还有新的意义。

按"戒慎恐惧"一语，出于《中庸》，是从"道"的"莫见乎隐，莫显乎微"的特性而提出来的人的存心养性事天的具体要求，"道也者，不可须臾离也，可离非道也。是故君子戒慎乎其所不睹，恐惧乎其所不闻"。对此，郑玄的注释是：

> 小人闲居为不善，无所不至也。君子则不然，虽视之无人、听之无声，犹戒慎恐惧自修正，是其不须臾离道。②

朱熹则没有从人品之高下来议论，而是直接依文解释：

> 君子之心常存敬畏，虽不见闻，亦不敢忽，所以存天理之本

① 《朱子文集》卷五一《答董叔重》。
② 《礼记正义》卷五二，《十三经注疏》，中华书局，1979年。

然,而不使离于须臾之道也。①

由这两家的诠释,不难看到,戒慎恐惧并不是人的道德精神的正面树立,而是从反面的角度予以推动。在儒家哲学中,《中庸》"戒慎恐惧"的要求并非什么新论,无非是《诗经》中"相在尔室,尚不愧于屋漏"②这种朴素的道德要求的精致化。因此,作为道德培养的多种方式之一,包括朱熹、王阳明在内的许多思想家都提到它,但并没有将它作为根本的方法,更不是唯一的方法。邹守益则不同,他不仅是将戒慎恐惧专门标出,给予特别的重视,而且更将戒慎恐惧作为唯一的方法加以看待。由于戒慎恐惧是一个特殊的方法(它的特殊性容后讨论),将它提高到特别的地位以消融其他方法,在思想上便完全溢出了包括王学在内的儒学传统论调。前文已述,邹守益思想重在"敬"上,有返归朱学的倾向,但我们于此更要指出,虽然他的思想袭用了程朱"敬"的观念,表现出对朱学的吸收,但同时他更把"敬"具体落实在戒慎恐惧上,与朱学又不完全一致。朱熹论敬非常细微,按照钱穆的疏理,"敬"含有多种意思:敬如畏,敬是收敛,敬是随事专一,敬是随事检点,敬是常惺惺法,敬是整齐严肃,等等③。从这些细微而论,戒慎恐惧似不出其范围,而且邹守益在分析上还没有达到朱熹这样的水平,然正是他的没有达到,恰是他的思想不同于朱熹的地方。朱熹所论,固然有如此多的细目让人去恪守,但是,这些细目乍一看,似乎非常的明白,但落于实践却仍不免是疑虑丛生,因为敬之诸义毕竟不是具体的行为规范,没有可操作性,同时,细分缕析,易顾

① 《四书章句集注·中庸章句》,中华书局,1983 年。

② 《大雅·抑》,《十三经注疏》。

③ 《朱子新学案》,巴蜀书社,1986 年,第 568—591 页。

此失彼,精神往往会滞而不化,反而失去了原来"敬"的要求。邹守益不作具体要求,而只是将"敬"定格于戒慎恐惧这一精神的状态,因这种状态不可能孤立存在,所以一旦使戒慎恐惧的精神状态能贯彻于始终,则良知本体便得以呈现在它自身现实的过程中了。故邹守益讲:

> 戒慎恐惧之功,命名虽同,而血脉各异。戒惧于事,识事而不识念;恐惧于念,识念而不识本体。本体戒惧,不睹不闻,常规常矩,常德常灵,则冲漠无朕,未应非先,万象森然,已应非后,念虑事为,一以贯之,是为全生全归,仁孝之极。①

当然,邹守益的意义并不在于他的思想所表现出来的不同于前人的地方,而在于这种思想的不同对于分化后了的王学发展的影响。

我们前面已提到,在儒家思想中,戒慎恐惧并不是作为人的道德精神的正面树立,而是从反面的角度予以推动。邹守益的思想中,这一关注并不限于某一时间段或针对某一具体行为,而是自始至终的一种心理状态。如果我们用心理学的术语来指称的话,这种戒慎恐惧的心理状态便是焦虑。焦虑虽然没有正面的要求,但我们不难看出,焦虑这一心理状态的精神指向是预先存在的。换言之,这种心理状态是以反向的方式来关注人的正确行为,焦虑是与既有的价值观念相关联的。事实上,邹守益强调戒慎恐惧,确也是以良知本体的认同为前提的。

按照心理学的理解,焦虑主要分为三种类型:现实焦虑(恐惧)、社会焦虑(羞耻感)和道德焦虑(罪感)。其中,现实焦虑是对潜在的

---

① 《东廓语录》,《江右王门学案一》。

个人危险的一种不安感觉,通常是产生于外部环境对人的身体方面的危险。社会焦虑是对于不被嘉许以及人们的否定反应的普遍性的恐惧,它偏重于别人对自己的态度。道德焦虑是随着意识到想去做某件在道德上或伦理上是错误的事情而产生的恐惧。[1] 由邹守益所强调的"本体戒惧",我们似可将之归于道德焦虑,即罪感。因为罪感是"有赖于内在化的良知以及由于违犯而产生的罪和罪恶的感觉",它着力"培养人的责任感"[2],因此,邹守益使阳明哲学的致良知工夫较工夫派中的其他人物更贴近确立道德精神的宗旨,而同时由于"责任感"不可能是悬浮于空中的游魂,故罪感的强调又与现实的行为密切相关。邹守益的主敬说在大方向上与钱德洪事上磨炼说相合,但于具体的着力上则克服了钱德洪以知性训良知的单向理解的局限性,从反面的角度来凸现出良知本体:其一是邹守益将立足点定在罪感的培养上,要比钱德洪停留于知性更贴近人的现实行为;其二当王学的良知本体欲成为人现实行为的指导时,如要使这种指导针对最广泛意义的人的行为,则不能正面树立这样或那样的道德要求,相反,要从反面确定人的行为不能逾越的禁戒线,邹守益将戒惧恐惧(罪感)作为根本的、甚至是唯一的致良知手段,恰是把王学已往的正向思路扭到反向思路上来了。

但不得不看到,邹守益对王学的推进(从正面说是主敬,从反面讲是罪感),始终没有超出意识的范围,主敬也罢、罪感也罢,无疑是趋近实践的,但毕竟仍只是一种心理状态,而不是现实的行为规范。罪感的建立,能为人们的行为划出一条非常明显的警戒线,但是这条

---

① 玛丽·乔·梅多、理查德·德·卡霍:《宗教心理学》,第十四章"罪感、羞耻感和良知",四川人民出版社,1990 年。

② 同上书,第 312 页。

警戒线尚只是划在人的心理上。从人的心理到人的行为,还必须有一个过渡,这个过渡便是人的现实的行为规范,而邹守益的思想没有能推进到这个层面。在这个意义上,邹守益与钱德洪没有本质的差别。当然,邹守益曾提到过罪感这一致良知工夫的具体的落实处,即他所讲的"迁善改过,即致良知之条目也"。只是,邹守益未能进一步细述这一"条目",他对"迁善改过"最终也只是停留在以往前辈的认识上。无论如何,王学门下工夫一派至此到头了。

三、良知的内外落实与流产

王学门下,钱德洪"把缆放船","不失儒者之矩矱"①,江右邹守益辈更得王学之精神,但"阳明先生之学,有泰州、龙溪而风行天下"②,晚明思想氛围亦主要因他们而形成。

先讨论王畿。

王畿在阳明门下的地位本来很高,而以忤时相夏贵溪遭罢官以后,"林下四十余年,无日不讲学,自两都及吴、楚、闽、越、江、浙皆有讲舍,莫不以先生为宗盟。年八十,犹周流不倦",加之他性格"和易宛转,门人日亲"③,因此于王学的传播是大有功的。

前辈与时贤论王畿,"逃禅"与"三教合一"是众口一词的评定,这确实是不刊之论。对于造成王畿思想这一倾向的原因,黄宗羲有十分精辟允当的分析:

---

① 《浙中王门学案一·钱德洪传》。

② 《明儒学案》卷三二《泰州学案》。

③ 《浙中王门学案二·王畿传》。

夫良知既为知觉之流行,不落方所,不可典要,一著功夫,则未免有碍虚无之体,是不得不近于禅。流行即是主宰,悬崖撒手,茫无把柄,以心息相依为权法,是不得不近于老。①

据此,王畿并不是将阳明哲学的本体与功夫作分开论,而是合而强调的,只是他的逃禅反映于良知本体的确知上,悦老则体现在致良知功夫的展开中。

　　王畿关于良知本体的认识起点,与儒家传统所论原无什么区别,他认为,良知是人之所以为人的根本,而且这一根本并不是人的自我设定,而是自然的赋予,即所谓:

　　　　天之所以与我,我之所以得于天而异于禽兽者,惟有此一点灵明,……所谓一点灵明者,良知也。②

从这个起点推而进之,便更有将此良知本体作天地造化之心的看法,“良知者,造化之灵机,天地之心也”③。这与乃师之说合若符节。王畿突破师说之藩篱处,是把良知心体与意判然二分,认定心体无恶至善,而意则是恶之根源,“吾人一切世情嗜欲皆从意生,心本至善,动于意,始有不善”④。但是,由前引“天泉证道”,我们知晓,王畿对阳明四句教是作一贯理解的,由心体之善,而推明意、知、物的通体贯彻。因此,当王畿将心意二分时,所强调的是迷失心体真性的意。心体真性的迷失,根源在于人的才智伎俩的应用,而此恰与良知心体的本性相背悖,

---

① 《浙中王门学案二·王畿传》。
② 《王龙溪先生全集》卷七《新安斗山书院会语》,清光绪重刻本。
③ 《王龙溪先生全集》卷二《建初山房会籍申约》。
④ 《王龙溪先生全集》卷一《三山丽泽录》。

良知在人,不学不虑,爽然由于固有,神感神应,盎然出于天成,本来真头面,固不待修证而后全。①

这样,意实际上是作为欲看待的。唯此,王畿专将工夫落实在心体上,他讲:"若能在先天心体上立根,则意所动自无不善,一切世情嗜欲自无所容,致知工夫自然易简省力。"反之,"若在后天动意上立根,未免有世情嗜欲之杂,才落牵缠便费斩截,致知功夫转觉繁难,欲复先天心体,便有许多费力处"②。

以良知之性唯不学不虑而明觉,这仍只是心学的旧调,而王畿为了将此明觉特意标出,进一步以有无虚实来说明良知本性时,禅语袭用遂使儒家以世界为真实存在的思想相当模糊了。他讲:

夫心性虚无,千圣之学脉也。譬之日月照临,万变纷纭,而实虚也;万象呈露,而实无也。不虚则无以周流而适变,不无则无以致寂而通感。不虚不无,则无可入微而成德业。③

诚然,王畿以虚实相依、有无相即来描述良知,是从良知之明觉流行的功能发挥而着眼的,但他既以虚明一片之田地赋予宇宙造化同体的良知,则其思想方法与观念的近禅便是真实的。

只是王畿终究是要将此良知随事流行的,而不是以良知虚明一片,"视世界为虚妄,等生死为电泡",去追求"佛氏之超脱"④。故他讲:

今人讲学,以神理为极精,开口便说性说命,以日用饮食声

---

① 《王龙溪先生全集》卷五《书同心册卷》。
② 《王龙溪先生全集》卷一《三山丽泽录》。
③ 《王龙溪先生全集》卷二《白鹿洞续讲义》。
④ 《王龙溪先生全集》卷十五《自讼长语示儿辈》。

色财货为极粗,人面前便不肯出口。不知讲解得性命到入微处,一种意见终日盘桓,其中只是口说,纵令宛转归己,亦只是比拟卜度,与本来生机了无相干,终成俗学。若能于日用货色上料理经纶,时时以天则应之,超脱得净,如明珠混泥沙而不汙,乃见定力。①

由此可见,王畿对于专注良知本体下工夫的危险性是高度自觉的。按照他的看法,仅在本体上讲解,最后的结果无外是比拟卜度,空谈性命。但是,王畿既以良知本性为天然明觉,则所谓于日用上料理,便谈不上道德实践者的主体意识作用的发挥,致良知没有实际内容,"料理"其实也只是一句空话。更为甚者,一旦道德实践者的主体意识退隐,良知本性的虚明在具体的实践者处并不能保证必然存在,那么于日用上料理,就可能不仅限于空话而已,而更可能"徒任作用为率性,倚情识为通微,不能随时翕聚以为之主,倏忽变化,将至于荡无所归"②。

王畿引以矫正的方法是道教的调息守中。王畿认为,

> 调息之术,亦是古人立教权法。教化衰,吾人自幼失其所养,精神外驰,所谓欲反其性情而无从入,故以调息之法,渐次导之,从静中收摄精神,心息相依,以渐而入,亦以补小学一段功夫也。息息归根,谓之丹母。③

调息守中取的是精神内敛,其真正的落实处仍在良知的体会,因此,王畿固然表面上是本体功夫双向展开,但学者终将之归为本体一派,

---

① 《王龙溪先生全集》卷一《冲元会纪》。
② 《王龙溪先生全集》卷五《书同心册卷》。
③ 《王龙溪先生全集》卷四《答楚侗耿子问》。

确真实有据的。虽然王畿强调调息守中只是"权法"，但实质上则是他施之于道德实践中的唯一根本手段。王畿不仅详述息之风、喘、气、息四相，以示来学，而且着意指出，调息法虽"吾儒谓之燕息，佛氏谓之反息，老氏谓之踵息"，然实为儒佛道三教所共同拥有之"微学"、"卫生"的"彻上彻下之道"①，三教在此了无区别。

王畿思想中的佞佛、悦老倾向，当时及后世虽均以为病，但王畿却不以为然。作为一个思想家，王畿是极具自觉与自信的，同时他的学风也是十分的活泼洒脱，致使其自觉与自信决不仅表现于一己之心境，而是贯彻在他的整个思想建设与推拓之中。

单就三教而论，王畿即认为，"人受天地之中，均有恒性，初未尝以某为儒、某为老、某为佛而分授之"②，所以在王畿看来，欲推明学术，决不能封域于一隅，唯"如此，方是享用大世界，方不落小家相子"③。出入于佛老，而归本于儒，这种风格本是宋儒以来的传统，王学更是如此。但不可不承认，王畿开放的三教观点，比之前辈，是更为自觉，更为明朗。同时，王畿"掀翻箩笼，扫空窠臼"④，诚然与他个人性情豪迈、精神定力有关，但却也透露出阳明以后晚明思想的自由风气，而王畿的思想与讲学，对于这种风气无疑更是起到了推波助澜的作用。因此，王畿思想对于晚明学者精神视野的拓展，以及精神建设的外在氛围的宽松，显然有着重要的意义。

然而，王畿似只能充当开风气的人物，而未足以以自己的思想建设本身成为阳明身后的晚明思想的典范。王畿的思想洞察力是深刻

---

① 《王龙溪先生全集》卷十五《调息法》。
② 《王龙溪先生全集》卷十七《三教堂记》。
③ 《王龙溪先生全集》卷七《龙南山居会语》。
④ 《王龙溪先生全集》卷九《答李克斋》。

而敏锐的,上文所述的王畿思想并非是无的空论,而是针对着问题所发的。这点可见之于他在分析儒与佛老异同的基础上所指出的时代问题。《王龙溪先生全集》卷一《语录》记载,曾有友人向王畿指出,佛学虽不免有偏,但形而上的心性讨论是非常精妙的;儒家思想的着力处固然是在人伦日用,但并不是可以脱离了心性这些形而上问题而直接陈述的;对于儒家而言,因为心性之学沉埋已久,故援佛入儒,乃是借路悟入,决非无益。这个开放性的意见其实正符合王畿的思想立场,但王畿并不限于此见。王畿强调,学本不可分形上形下,应是一体的。儒家未尝不对心性作虚、寂、微、密的分析,而正相反,这些分析是儒家的根基所在,由此立论,才足以真正范围三教之学。在王畿看来,世间本就有一种性喜清虚恬淡不耐事的人,佛老之学正是适应了这些人的需要而产生。由谈心性,而失于荒诞,这是佛老两家的问题所在,但这不等于不应该讨论心性。陋儒不明此理,才将分析让与佛老,故断不可说讨论形而上的问题是借路悟入。然王畿指出,晚明社会的问题不在于人心归寂,遗弃物理,遁入空门,而实在于"俗"。所谓俗,便是"牢笼世界,桎梏生死,以身徇物,悼往悲来,戚戚然若无所容"[①],易言之,就是溺身于名利生死之场而不得自拔。

众所周知,在晚明社会,尤其是在东南部地区,新的社会因素不断生长。这些新因素是否可对应于西方社会的进程而被称之为"资本主义萌芽"姑且不论,但它们确非传统的中国社会结构所能轻易简单地包容,它们对于晚明社会既有的生活方式、价值取向都产生了明显的冲击。王畿所揭示的问题,实质上便是这种冲击的反映。

作为今天的学者,因着历史的呈现,当然能够清楚,晚明社会的

---

① 《王龙溪先生全集》卷十五《自讼长语示儿辈》。

新因素是晚明社会向前推进的征兆,富有现实性的思想创造应是根于现实的前瞻性工作,但当局称迷是无法避免的,人们往往只能站在历史赋予自己的基础上、进而囿于这种赋予来看待问题。王畿也不例外。王畿的精神敏锐性足以使他抓住时代的问题,但他的历史局限性使他不可能提出真正解决问题的办法。

王畿认为,社会的秩序及其良性存在,根本上不能依赖于制度性的外在驱胁,故他同意陆九渊对王安石的批评:

> 读介甫书见其凡事归之法度,此是介甫败坏天下处。尧舜三代虽有法度,何尝专恃此! 当时辟介甫者,无一人就法度中言其失。

并进而强调,王安石"不知学所以,执己愈坚,害天下尤大"[1]。在王畿看来,良好的社会必成就于良好的政治,而良好的政治依赖于良好的学术,所谓"良知致,则好恶公而刑罚当,学也而政在其中矣"[2]。至于学,则诚如阳明哲学之宗旨,在于人心善恶之归向。王畿一生"辙环天下,随方造就引掖"[3],临老弥坚,意即在此,他讲:

> 区区八十老翁,于世界更有恁放不下? 惟师门一脉如线之传,未得一二法器出头担荷,未能忘情,切切求友于四方者,意实在此。[4]

然而,且不论晚明社会与思想已非旧体制、旧思想所可笼罩,单就前文所述之王畿于良知本体与流行功夫的思想,前者以逃禅、后者

---

① 《王龙溪先生全集》卷一《抚州拟岘台会语》。
② 《王龙溪先生全集》卷八《政学合一说》。
③ 《王龙溪先生全集》卷五《天柱山房会语》。
④ 《王龙溪先生全集》卷十二《与沈宗颜》。

以悦老而同陷于极具神秘性的道德个体自觉,"虽云真性流行,自见天则,而于儒者之矩矱,未免有出入矣"①,故欲"挽回世教,叙正人伦"②,实在是不可能的。

现在再来看泰州学派。

泰州学派是王学的一个流变,这是决无可疑的,但黄宗羲在《明儒学案》中没有像对待"浙中"、"江右"等王门弟子那样,冠以"王学"二字,而是别称为"泰州学案"。按照黄宗羲的看法,王畿思想固然逃禅,但与师说尚未"决裂",而王艮所创的泰州学派,则不仅逃禅,而且是"非名教之所能羁络",王学儒家的立场已彻底隐失于佛教之中。

平心而论,王畿强调良知天然现成明觉,不待修证而后全,实已禅意盎然。只是他终究强调"常惺常寂",而良知之随事流行中更补入了调息守中法,故他的整个思想取的是精神内敛的路向,思想的变化不容易尽显,行为更不会荡然失守。而王艮是一位特立独行足以使王阳明心动的人物,无论其思想的创造动机如何,但其实际的思想结果附于其学风,却不能不在学术形式上流为禅化,而在现实生活中冲决名教。王艮出身贫寒,自小失学,成年以后在山东一带经商,拜谒孔庙后,奋然有任道之志,日诵《孝经》、《论语》、《大学》,置其书袖中,逢人质义。如此这般,"默默参究,以经证悟,以悟释经,历有年所,人莫能窥其际也"③。因此,王艮思想的形成,与一般士林中人迥然异趣,不是由知识的滋养而产生,而主要得自于思想主体者的个人发明。他后来讲说经书,发明自得,不泥传注,恰也是反映了这一

①《浙中王门学案二·王畿传》。
②《王龙溪先生全集》卷十二《与萧来风》。
③《泰州学案一·王艮传》。

特征。应该说，王艮思想的这一特征，与王阳明主体凸现、六经注我的哲学风格是非常相近的，而这一哲学风格在形式上本就容易流于禅学。而且，由于王艮缺乏一般士子那样的学养，因此于哲学上又不可能像王阳明，以及浙中、江右等别的王学弟子那样，在学理上进行思辨式的玄学讨论，而是更自然地选择在生活中进行体认观照的思想路向，这实是极大地促成泰州学派禅学化的重要原因。

据《别传》云，王艮曾"一夕梦天坠压身，万人奔号求救，先生举臂起之，视某日月星辰失次，复手整之"。这一极其神话色彩的故事，无意隐喻了王艮对晚明社会的认识与自己的抱负，他要重整"失次"了的晚明社会。

王艮的思想是从《大学》"三纲领"上立论的。他认为，"明明德"是确立人的道德精神，亦即心体与性体，"亲民"则是将已确立了的道德精神贯彻于日用，二者可谓体用一致，在这个问题上，王阳明已论述得很完备，但对于"止于至善"，阳明的看法存有问题，因为阳明"谓至善为心之本体，却与明德无别"。王艮强调：

> 尧舜执中之传，以至孔子，无非明明德亲民之学，独未知安身一义，乃未有能止至善者。故孔子透悟此理，却于明明德亲民中立起一个极来，又说个在止于至善。止至善者，安身也；安身者，立天下之大本也。①

以"止至善"为"安身"，这是王艮的思想发明，当时人便有"亦何所据乎"的质疑。王艮的申述虽是六经注我，但亦决不可视同信口雌黄，我们不可将王艮的解释作文献上的训诂看，而宜作思想的创造论。

---

① 《泰州学案一·心斋语录》。

王艮的说法是否符合儒学史事实，不必置一语，问题的关键是在于他提出的论点。

按照王艮的陈述，《大学》"三纲领"中，"明明德"与"亲民"实际上是形上之体与形下之用的两截，而"止于至善"，恰是沟通体用一贯的桥梁。当王阳明将"至善"等同于"明德"时，无异于撤去了此一桥梁，体用终是不相干的两截。我们已经知道，王艮之志是要重整失序了的社会，因此，达用无疑是他的思想的目标。而王艮将"止于至善"界定为"安身"，正是将社会的良性存在的基础确定在构成社会的个体的良性存在之上，个体存在的"安身"，实质上是"明明德"这一确立起来的道德精神于现实中的具体贯彻，而由此贯彻，才能达到"亲民"之境。

> 是故身也者，天地万物之本也，天地万物末也。知身之为本，是以明明德而亲民也。身未安，本不立也，本乱而末治者否矣。本既不治，末愈乱也。故《易》曰："身安而天下国家可保也。"不知安身，则明明德亲民却不曾立得天下国家的本，是故不能主宰天地，斡旋造化。①

正是在天下国家，也就是社会的良性存在的意义上，王艮提出了"安身为本"的观点。

我们在前文中曾提出，阳明哲学留待发展推进的，是他的致良知思想，这是从阳明哲学自身理论的完成需要上讲的。王艮思想由现实生活促成，尽管他没有袭用"致良知"的话头，而改用儒家典籍中的"修身"立论，但立论的旨趣无疑是符合于阳明哲学的趋向，更使

----

① 《泰州学案一·心斋语录》。

道德精神贯彻于现实的社会生活。因此，相形之下，在王门后学中，王艮思想着力方向不仅是正确的，而且较工夫派中最重要的邹守益、钱德洪辈，在思想上的陈述更为明确。这种明确性最重要的反映，即在于王艮直接将他的"修身"解释为个体对道德规范的遵守，且这个遵守亦是社会良性存在的前提。他讲：

> 吾身是个矩，天下国家是个方，絜矩，则知方之不正，由矩之不正也。是以只去正矩，却不在方上求。①

值得留意的是黄宗羲在此问题上的评论。黄宗羲认为，王艮将安身定为根本，有些地方过分强调了肉身的珍惜，力保自己不至于"烹身割股，舍生杀身"②，王艮以"缙蛮为安身之法，无乃开一临难苟免之隙"，存在着背离儒家舍生取义、以身殉道传统的危险。黄宗羲强调，"所谓安身者，亦是安其心耳，非区区保此形骸之为安也"③。应该承认，王艮安身论是存在着这一理论上的危险性的。个体的实践，本质上的境界不在于行为上符合社会规范，而在于道德精神上的自觉与自足，即黄宗羲所谓的"安其心"。我们已讨论过的王门弟子，如果大而言之，精神的倾力处也可以说正在这个问题上。事实上，它也是儒家传统的追求。但不可否认的是，道德实践的评判，固然有赖于精神意志的裁定，但它最终的落实，毕竟是呈现在具体的行为上，作用于个体的实际存在。换言之，"安其心"尚不是道德实践的最基本的层面，只有"安身"，即行为不失范才是最基本的要求。王艮将思想的基本点定位在这个层面上，无论是就阳明后的晚明思想建设

---

① 《泰州学案一·心斋语录》。

② 同上。

③ 《泰州学案一·王艮传》。

的内在要求,还是晚明社会的现实困境,定位无疑是正确的。

那么,如何来"正矩"呢?答案就在于王艮的"淮南格物"说。王艮论格物,是在两个层面上展开的。第一个层面,即是上文已讨论到的他对个体与社会关系的看法。王艮说:

> 身与天下国家一物也,惟一物而有本末之谓。格,絜度也,絜度于本末之间,而知本乱而末治者否矣。此格物也。①

社会国家的存在与个体的存在是一回事,但前者是末,后者是本,个体构成社会国家的基础。如明确认识清楚两者的关系,"便见度格字之义"②。显然,在这个层面来解释格物,格物就是知本。

但是,以知本训格物,实质上只是标举出修身而安在王艮思想中的重要性,而没有正面回答个体具体修身中的正矩之法。这就需要进入到王艮论格物的第二个层面来分析。

如果说王艮论格物的第一个层面是指出个体的重要性,着意于知,那么第二个层面则是针对着格物的落实而展开,关注的是行。王艮讲,"吾身对上下前后左右是物,絜矩是格也"③,此物当以事训,格物就是指个体于自己的实际生活中诚意正心修身,即立本。这里,人的现实的活动得到了特别的强调。按照王艮的看法,人的道德精神呈现于人与周围各种关系的交往处理中,离开了这个现实的活动,便无所谓人的道德精神。即事而见心明理,本是儒学的基本看法,然王艮的格物,却并不是限于此义,他由道德精神见之于人的现实生活,进而提出的是,人的现实生活本身就符合道德精神,即所谓"百姓日

---

① 《泰州学案一·心斋语录》。

② 同上。

③ 同上。

用条理处,即是圣人之条理处"①。这样,尽管王艮思想的主观动机在于通过人的现实生活来成就人的道德精神,但思想的客观结果则明显地存在着使道德精神湮没于人的现实生活的可能性。在王艮思想中,真正重要的、第一位的是人的现实生活,而非观念性的道德精神。故王艮强调:

> 即事是学,即事是道,人有困于贫而冻馁其身者,则亦失其本而非学也。②

在儒家传统思想中,作为治国平天下的经世理论,强本节用、富民施教是其一贯的主张,但作为正心修身的道德哲学,则是将个人的生死贫富穷达视为天命所系而加以搁置的。虽然就儒家完整的思想而言,道德与经世是不可二分的,但在各部分的具体陈述中,立场却具有明确性。王阳明哲学本质上属于道德哲学,其门下,包括王艮在内,都是秉承师说,要以道德精神来整治失序了的晚明社会,而王艮以现实的生活来呈现道德精神,以及整个的儒家道德哲学,他的视野显然已超出传统的视域。如果我们考虑到朱学官方以来,本属程朱道德哲学中的具体思想的"存天理灭人欲"被泛用这一事实,那么王艮将"人有困于贫而冻馁其身"作为否定思想合理性的标准,则确实"非名教之所能羁络矣"。

但是,王艮思想的危险性尚不完全在于他思想的具体内容,更在于他的学风。王艮虽然认定,"百姓日用条理处,即是圣人之条理处",但他毕竟仍然强调"百姓"与"圣人"之间还有"知"与"不知"的区别,因此他的思想,诚与儒家"君子之道,造端乎夫妇;及其至也,

---

① 《泰州学案一·心斋语录》。

② 同上。

察乎天地"①的传统观点存在着内在的相通性。事实上,王艮的思想是逐次推进的。他首先是使道德的生活呈现于现实的生活,进而便直接以现实的生活为道德的生活,但他至此复又指出,现实的生活虽本质上即是道德的生活,但于实际上还有待于现实生活中的个体的自觉,所谓"圣人知,便不失;百姓不知,便为失"②。而正是在这个自觉上,王艮的学风表露无遗。王艮没有像王门的其他成员那样,将个体对现实生活的道德性的自觉通过个体精神上或行为上的自省、克制来完成,而是以身心的自适快乐为达道的见证。他作《乐学歌》:

> 人心本自乐,自将私欲缚。私欲一萌时,良知还自觉。一觉便消除,人心依旧乐。乐是乐此学,学是学此乐。不乐不是学,不学不是乐。乐便然后学,学便然后乐。乐是学,学是乐。呜呼! 天下之乐,何如之学? 天下之学,何如此乐?③

尽管王艮依然主张克除私欲,尽管王艮本人也许真的达到了"乐是学,学是乐"的境界,但他既以感性化的精神愉悦(由前述知这一精神愉悦并非建立在现实的贫困与冻馁之上)作为拥有道德精神与道德生活的见证,便无疑使一切的条文、说教、践履成为多余的形式化的东西。由此而得的必然结果,只能是视现实生活为人生的唯一教科书。这实在是一种充满活力的学风。而凭借着这种学风推拓的,又是如此具有主观意向性、现实感受性的身心愉悦,故王艮所创的泰州学派,不能不具有成为旧时代的叛逆的可能了。

当然,我们已经提到,无论王艮的思想与学风怎样地具有解放

---

① 《中庸》,《四书章句集注》本。
② 《泰州学案一·心斋语录》。
③ 《泰州学案一》。

性,但他的精神确实仍是要维护传统的生活方式,否则精明的张居正大概是不会因王艮讲孝悌而认为他"迂阔"的①。而且我们认为,即便是王艮的后继者,也决没有真正成为名教的敌人。黄宗羲《明儒学案》中列《泰州学案》为五卷,几近三十人,细读所述,他们的目的终究是要为个人与社会确立起儒家的道德精神,以及相应的道德规范。试观颜钧之《急救心火榜文》,便可知他对晚明社会的道德失范深恶痛绝,以为"世降风移,王者迹熄,圣学蓁芜,人心汩没,致流覆辙,莫逾今日"。因此他要张榜文,强烈呼吁:

> 为急救心火事,掀揭人心,先从申道宗藩、二院三司达尊,广扩忘分薄势之度,宏开好善兴贤之仁,容农假馆,救人心火,以除糜烂,翊赞王化,倡明圣学,会集四方远迩仕士耆庶,及赴秋闱群彦与仙禅、贤智、愚不肖等,凡愿闻孔孟率修格致养气之功,息邪去诐放淫之说,咸望齐赴行坛,一体应接,辅翼农讲,成美良会。②

至于"救人心火,以除糜烂,翊赞王化,倡明圣学"的切实入手处,则赖于个体的道德实践。

对此,颜山农的高足罗汝芳有非常清楚的陈述。曾有人向近溪提出疑问:

> 古今学术种种不同,而先生主张独以孝弟慈为化民成俗之要,虽是浑厚和平,但人情世习,叔季已多顽劣,即今刑日严,犹风俗日偷,更为此说,将不益近迂乎?③

---

① 见《心斋语录》。
② 《颜钧集》卷一。
③ 《泰州学案三·罗近溪语录》。

近溪说古道今,更深切自己生平之生活,指出:

> 由一身之孝弟慈而观之一家,一家之中,未尝有一人而不孝
> 弟慈者。由一家之孝弟慈而观之一国,一国之中,未尝有一人而
> 不孝弟慈者。由一国之孝弟慈而观之天下,天下之大,亦未尝有
> 一人而不孝弟慈者。①

可见,泰州学派的社会理想仍只是儒家传统的道德意义上的社会理
想,并没有赋予社会理想以任何新的思想内容,而且这一道德性的社
会理想的实现,不是依靠任何别的制度因素,而完全取决于每个个体
生活的道德化。

值得注意的是,这种观念的形成在泰州学派那里,决不是思想因
循守旧的结果,而是经过了对现实生活的真切感受后的认识。罗汝
芳回顾自己入仕五十年来,虽然"议律例者则日密一日,制刑具者则
日严一日,任稽察、施拷讯者则日猛一日",但犯禁违律者仍多多有
之。目睹这些现象,无疑使他们"鼻酸额蹙"②。也许历史的局限性
使他们不可能将这种痛苦引向对这个社会赖以存在的基础作深刻的
认识与批判,而只能徘徊于精神中去寻找解决问题的答案,这个答案
就是过合乎道德的生活。实际上,我们从对近溪的责疑中,便能看
到,责疑者尽管对近溪"独以孝弟慈为化民成俗之要"有"迂"的怀
疑,但对"刑日严"而"风俗日偷"的现实社会实也是持悲观的认识
的。只是,颜钧、罗汝芳他们却是充满了信心,因为他们坚信,只要人
能信其性之善,社会的改造便易如反掌,犹如"隆冬冰雪,一线阳回,

---

① 《泰州学案三·罗近溪语录》。
② 同上。

消即俄顷"①。

泰州学派在思想上没有完全超越儒学,对明代社会也不存在本质上的批判,但却因为特殊的学术活动,构成了对传统社会的猛烈冲击。

这种特殊性主要表现在两个方面:

一是社会化的讲学。结社讲学本是明季士林的风尚,但大多是朋友同志间的讲习,即便是明末之东林,最初也只是如此,后来的涌上潮头,实是政治上的朝野纷争所致,性质已变了。但泰州学派从王艮起,便一反士林之规范,以许多惊人之举震动社会。当王阳明在世时,王艮即屡次索隐行怪,尝"按《礼经》制五常冠、深衣、大带、笏板服之"②,又仿孔子辙环车制,"自创蒲轮,招摇道路",以致遭到阳明训斥。阳明逝后,王艮开门授徒,于江、浙间往来讲学,直以社会为讲席。而与此社会性的讲学相配合的是,王艮并不重理论的辨析,主张"百姓日用即道,虽童仆往来动作处,指其不假安排者以示之,闻者爽然"③。在这点上,他与王畿很不同,似乎对儒释道合一也无讨论的兴趣,而是干脆直接将祖师禅运用于讲学中。对王艮的这种讲学活动,他的弟子们心仪非常,王栋曾讲:

> 自古士农工商,业虽不同,然人人皆可共学。孔门弟子三千,而身通六艺者才七十二,其余则皆无知鄙夫耳。至秦灭学,汉兴,惟记诵古人遗经者起为经师,更相授受,于是指此学独为经生文士之业,而千古圣人与人人共明共成之学,遂泯没而不传

---

① 《泰州学案三·罗近溪语录》。
② 《泰州学案一·王艮传》。
③ 同上。

矣。天生我师，崛起海滨，慨然独悟，直超孔孟，直指人心，然后愚夫俗子，不识一字之人，皆知自性自灵，自完自足。不暇闻见，不烦口耳，而二千年不传之消息，一朝复明。先师之功，可谓天高而地厚矣。①

评价可谓甚高，故泰州学派后来诸公，几乎无一不"赤身担当"，"掀翻天地"。他们的意气猖狂，迹近标榜，上文所言颜钧之《急救心火榜文》，特择大比开科之际张挂，营造声势，即其显例；他们的方式离奇，形同荒诞，以至泰州同学派中人也不免微词，耿定向讲：

　　昔颜山农于讲学会中忽起就地打滚，曰："试看我良知！"士友至今传为笑柄。②

诚然，泰州学派这种面向社会大众的讲学活动，因为亲切，以及讲学者的个人魅力，"一洗理学肤浅套括之气，当下便有受用"，黄宗羲形容道：

　　近溪舌胜笔，顾盼呿欠，微谈剧论，所触若春行雷动，虽素不识学之人，俄顷之间，能令其心地开明，道在眼前。③

故产生轰动效应是可想而知的。但是，唯因其效应的轰动，对传统的社会构成了某种强烈的冲击，而招来种种的批评。④

　　再一就是儒释合流与僧俗往来。宋儒以来，儒学与佛学互通消息是中国思想的明显现象，心学尤甚，但儒学与佛学之思想交流并不足以掩盖儒学的根本精神仍在于辟佛。前文所论之王畿，虽然讲三

----

① 《泰州学案一·语录》。
② 引自李贽：《焚书·答周柳塘》。
③ 《泰州学案三·罗汝芳传》。
④ 参见《明儒学案》卷三四《泰州学案三·罗汝芳传》中所引杨止奄《上士习疏》。

教合一,但立意仍是要归本于儒。泰州学派的后学则不然,他们愿按照儒家的道德去生活,而又公开自认为是禅者,换言之,他们要成为恪守儒家道德的佛教居士①。前文所引赵贞吉之书信即为明证。

然问题在于,赵贞吉个人也许能真的恪守儒家的道德规范,但并不足以使其他人、整个社会也做到这点。他的弟子邓豁渠,干脆先"入青城山参禅十年",后入鸡足山,又抵天池、登庐山,请教于月泉、性空诸禅师,终使学问"日渐幽深玄远,如今也没有我,也没有道,终日在人情事变中,若不自与,泛泛然如虚舟飘瓦而无著落,脱胎换骨"②。阳明心学至此已彻底流变成神秘而又浪漫、自由而又实用的思想,欲使确立起了的道德精神成为指导社会生活的道德规范,在泰州学派的后学那里,不仅不可能,而是背道而驰了。更具讽刺性的是,在阳明的家乡,会稽陶望龄引禅师湛然、澄密、云悟入浙东,"张皇其教,遂使宗风盛于东浙"③,王学因此而近于失传。

原载于《中国社会科学季刊》1999 年夏季号

---

① 清代彭际清《居士传》所载人物,凡与儒学有渊源者,几乎尽出自王阳明心学,而尤以泰州学派的后学为重。《居士传》收入《续藏经》,上海涵芬楼影印本。
② 《泰州学案》。
③ 《泰州学案五·陶望龄传》。

刘宗周的改过思想

一、引言

王阳明之后，明代思想界的根本弊病是流于禅学，因果、僻经与妄说的杂入使阳明致良知思想扫地。当此时，认识到心学的流弊实肇始于王阳明思想本身，并起而纠正的"大儒"，是高攀龙与刘宗周。高攀龙据以批评心学、分辨儒佛异同的立场是朱熹的理学。但是，高攀龙的批评心学，"不过欲为朱子之调人耳"①，因为"忠宪与文成之学，不隔丝毫，姚江致知之说，即忠宪格物之说"②。结果，高攀龙不仅不能克服心学的流弊，而且他自己的思想"固非佛学，然不能不出入其间，所谓大醇而小疵者"③，用刘宗周的话讲，"古之有慈湖，今之有忠宪先生，皆半杂禅门"④。

阳明后学流于禅学，在认识上的一个重要原因是以为"识得本

① 《与顾梁汾书》，《黄宗羲全集》第十册，第 205 页，浙江古籍出版社，1993 年。
② 《复秦灯岩书》，同上书，第 202 页。
③ 《明儒学案·蕺山学案》，《黄宗羲全集》第八册，第 884 页。
④ 《答韩参夫》，《刘子全书》卷十九，清道光本。

体,不用工夫"①,将识认视作工夫。这种认识产生的前提在于,无论是朱熹还是王阳明,都主张意是心之所发,明心见性的着力处是要体认意之未发前的气象,故即使是高攀龙这样在意识上完全自觉地持朱熹格物穷理的学者,其"所谓理者,求之人生而静以上"②,终不免言语道断、心行路绝。刘宗周则不然,他以为,

> 识认终属想象边事,即偶有所得,亦一时恍惚之见,不可据以为了彻也。其本体只在日用常行之中,若舍日用常行,以为别有一物可以两相凑泊,无乃索吾道于虚无影响之间乎?③

因此强调日用工夫成为刘宗周力克心学流弊的关键,"慎独"成为其学说的标志。但是诚如黄宗羲所言,"从来以慎独为宗旨者多矣,或认识本体而堕于恍惚,或依傍独知而力于动念"④,刘宗周欲超越前贤,必须另辟蹊径,使日用工夫落于实处,这一蹊径刘宗周选在了改过上。

当然,尽管"工夫愈精密,则本体愈昭荧"⑤,但工夫毕竟只是手段,如果"非性体分明,慎是慎个何物?"⑥刘宗周自然不是盲修,他首先是明确性体,进而确认从性体到改过的环节,而后才落于格过思想的展开。这在刘宗周的思想中是一个整体,而集中反映这一思想整体的著作首推他的《人谱》及其扩编《人谱杂记》,本文的讨论即据此而展开。

---

① 陶石梁语,《子刘子行状卷下》,《黄宗羲全集》第一册,第 253 页。
② 《与顾梁汾书》,《黄宗羲全集》第十册,第 204 页。
③ 《子刘子行状卷下》,《黄宗羲全集》第一册,第 253 页。
④ 《先师蕺山先生文集序》,《黄宗羲全集》第一册,第 51 页。
⑤ 《子刘子行状卷下》,《黄宗羲全集》第一册,第 253 页。
⑥ 《明儒学案·蕺山学案》,《黄宗羲全集》第八册,第 884 页。

二、回应"邪说"与推进儒学

《人谱》三易其稿,直至刘宗周临终那年(顺治二年,1645)始改定。当刘宗周临绝之时,

> 刘汋进请示训,先生曰:"常将此心放在宽荡荡地,则天理自存,人欲自去矣。"汋再请,先生曰:"做人之方尽于《人谱》,汝作家训守之可也。"①

可见刘宗周对《人谱》的看重。至于《人谱杂记》,则属刘宗周于《人谱》意犹未尽,"又取古人言行从纪过格诸款类次以备警"的"垂绝之笔"②,只是未及毕草,命刘汋辑补完之。

对于《人谱》撰写的缘起,刘宗周在《人谱·自序》中有清楚的陈述,形式上是因袁了凡《功过格》而引起,实质上则是不满于《功过格》所反映出来的思想,以为是有害于儒道的。袁了凡系进士出身,并入仕为知县,刘宗周客气地称他为"学儒者",但他的《功过格》却因云谷禅师的接引而写成,与佛禅甚有因缘,同时还富于道教色彩③,实际上是明季流行的儒佛道三教合一式的人物。刘宗周所以认为《功过格》有害于儒道,是因为《功过格》的思想基础是因果报应,行善与改过并非因为善过本身的原因,而只是一种获得酬报的手段。基于这种功利主义立场上的行善改过,"猥云功行,实恣邪

---

① 《年谱》,《刘子全书》卷四十。
② 《人谱杂记二》,《刘子全书遗编》卷十五。
③ 参见《袁了凡传》,《居士传》卷四五,《续藏经》第145册。

刘宗周的改过思想

妄"①。对于这点,刘宗周思想上可谓非常清楚,他讲:

> 有过,非过也,过而不改,是谓过矣;有善,非善也,有意为
> 善,亦过也。此处路头不清,未有不入于邪者。②

从《人谱》、《人谱杂记》与《功过格》的关系看,前者无疑是对后者的回应,但是决不可将这种回应视作是单纯的拒斥,而应理解为扬弃。"《人谱》一书,专为改过而作"③,它是刘宗周为纠正王阳明"择焉而不精、语焉而不详"④的缺陷而提出的下手工夫。虽然注重后天修养、强调克己复礼是儒家的传统,但是儒家历来的着眼点是在张扬人先天具有的"善端",即便是主张"性恶"的荀子,化性起伪的重心也是从正面标举礼的程式,使人努力依此修习而内化之。刘宗周有感于阳明心学的流弊,一改儒家已往的修身路数,细密地梳理人类的缺点,确立起未曾有过的藉改过以成人的方式,无疑是受到了《功过格》形式上的启发。只不过类似《功过格》的东西在晚明非常盛行,黄宗羲便提到过仿《功过格》的《迁改格》。唯独袁了凡的《功过格》成为《人谱》撰写的契机,实是一偶然的际遇罢了。

值得注意的是,按照刘宗周对《功过格》思想基础的评判,晚明传入的天主教实亦有类似于《功过格》的思想而可归入"邪妄"。晚明天主教传播过程中享有与利玛窦并称殊荣的庞迪我的名著《七克》,就是一显例。在《七克》中,庞迪我同样是善过对举,七罪宗对应于七美德,报应观念构成他整个理论的思想基础。可惜的是,如果

① 《人谱·自序》,《刘子全书》卷一,下文引《人谱》,不另专注。
② 《子刘子行状卷下》,《黄宗羲全集》第一册,第255页。
③ 《答恽仲升论子刘子节要书》,《黄宗羲全集》第十册,第216页。
④ 《子刘子行状卷下》,《黄宗羲全集》第一册,第253页。

《功过格》能收入《续藏经》而传下来,便可以将它与天主教庞迪我的《七克》、儒家刘宗周的《人谱》和《人谱杂记》进行对比分析,以认识晚明思想界不同的思想体系对人类缺点的疏理,以及隐含于其中的思想观念。

然而,《人谱》与《七克》之间是否也存在着相似于《人谱》与《功过格》那样的关系呢?刘宗周直接读过《七克》的史料虽未曾见到,但是前文已述,晚明类似于《功过格》的东西很多,它们实质上是以整个的一股思潮,形成了对身陷于王学流弊之中的儒学的挑战。虽然直接影响到《人谱》撰写的只有袁了凡的《功过格》,但是对于刘宗周吸受改过这种形式,从疏理人类的缺点入手来下工夫,而同时拒斥因果报应,却不可只理解成仅是针对着袁了凡的这一本书,而应该看成是针对着流行于晚明的这一整个思想的一种批判。同时,从本文一开始就讨论到的王学的流弊着眼,刘宗周的《人谱》与《人谱杂记》也是对自身存在着危机而又面对着挑战的儒学的一个推进。因此就这个意义而言,刘宗周是否直接读过《七克》显然并不重要,重要的是刘宗周是否对当时传播的天主教有所了解,如果有所了解,他又作了怎样的评判。

关于刘宗周对天主教的了解,可以从间接与直接两方面加以考虑。

间接的方面是根据活动的时空和交往的人物加以推测。由《年谱》可知,刘宗周首次进京赴考是在万历二十八年,从此开始了他"通籍四十五年,在仕版六年有半,实立朝者四年,革职为民者三"(崇祯十七年条)的仕宦与讲学生涯。就在同一年,利玛窦、庞迪我也结伴晋京,后便留居京城,与士绅广为晋结,相机传教。利玛窦的《天主实义》刊印于万历三十二年,十年后,庞迪我的《七克》也刊刻。

崇祯二年李之藻编《天学初涵》,《天主实义》与《七克》皆收入,而正是这年,刘宗周在阉党垮台后奉旨经杭州进京。虽然这里没有提供直接的史料,但利、庞传教的顶峰时期正是刘宗周活动于朝野之际,刘宗周数次革职回籍,来回经过的地区也都是天主教传教的核心地区,这不能不让人相信他对利、庞及其活动与著述都存在着有所了解的极大可能性,而在刘宗周交往的人物中,与天主教发生关系并或表示接受或表示拒斥的都有。刘宗周学术上非常密切的朋友中有魏大中①,他与传教士曾有密切的交往。清初利安当《天儒印》刊刻,魏大中侄子学渠撰有一序,序中回忆道:

> 余发未燥时,窃见先庶(即魏大中)尝从诸西先生游,谈理测数,殚精极微,盖其学与孔孟之旨相表里,非高域外之论,以惊世骇俗云尔也。②

与魏大中相反的是,刘宗周的恩师许敬庵的儿子许大受撰写了明末辟天主教的重要著作《圣朝佐辟》。此外,刘宗周与徐光启、李之藻、杨廷筠一样,都是同情东林党的,而反对天主教的沈㴶则属于阉党,崇祯元年阉党被除,刘宗周即过钱塘江往浙苏皖凭吊党祸中遇难的诸君子。所有这些关系都提供了刘宗周接触天主教人物与思想的可能性。

直接的方面当然是刘宗周本人对天主教的看法。这样的材料虽然很少,但却足以反映出刘宗周对天主教的否定。譬如他以天道八风之有序来表达他对天主教风行于晚明朝野的不满。他讲:

---

① 见《年谱》万历四十年条。
② 转引自方豪:《中国天主教史人物传》中册,中华书局,1988 年,第 111 页。

天道八风之气，一一通之人心。如风自东，则云瀹而雨，万物资生；自南，则雨润之后，继以日暄，万物长养；自西，则云敛而霁，天道清肃，万物自长而成；自北，则重阴凝结，气乃冱寒，万物自成而实。四时各循其序，八风适得其调，分明喜怒哀乐中节之象。若动不以时，或互相陵越，或纷然飚举，则八风皆能杀物，而金气为甚。金气盛，则雨泽不降，万物受刑。故西方之教行于中国，道之贼也。①

另一条见之于廷对。崇祯十五年廷对时论及汤若望制火器一事，刘宗周反对此举，并进而指出"汤若望向倡邪说，以乱大道，已不容于尧舜之世"②，结果被革职。刘宗周对天主教的"邪说"的看法虽然没有进一步展开，但从他这样肯定的语气，再联系上文提到的情况一并加以考虑，我以为刘宗周对天主教的思想是有所接触并有相当程度的了解的。

　　正是基于这样的认识，所以尽管直接引起刘宗周撰写《人谱》与《人谱杂记》的不是反映天主教思想的《七克》，而是与之相类似的反映佛老思想的《功过格》，但实质上《人谱》与《人谱杂记》却是对同属于"邪妄"之说的天主教与佛道两教泛滥的回应。至于这种回应的性质，一方面显然是对"邪说"的扬弃，另一方面则诚如引言中所述，恰是对儒学的推进。

---

① 《学言中》，《刘子全书》卷十一。"西方之教"通常指佛教，但在晚明，尤其在刘宗周，已将耶教列入其中。《刘子全书》卷十七《辟左道以正人心以扶治运疏》载："何谓异端之教？则佛老而外，今所称西学者是。始万历中，西夷利玛窦来中国，自言航海九万里而至，持天主教之说以诳惑士人，一时无识之徒稍稍从而尊尚之。"拙稿下引廷对，亦能说明此。此注系得自审查先生之意见，特此致谢。
② 《年谱》崇祯十五年。

三、《人谱》的结构与心性本体的展示

《人谱》共分三篇:正篇、续篇二、续篇三。其中,正篇是《人极图说》,是对心体,亦即人性之本质的总述,故亦即是性体,它是整本《人谱》的总纲;续篇二是承正篇对性体的认识而详述性体流行各阶段的持养六事功课,亦即刘宗周"一生辛苦体验而得"的慎独工夫之所在,他名之为《证人要旨》;续篇三为《纪过格》,梳理出体现于六事功课中的微、隐、显、大、丛、成六类人生缺点,进而附以《讼过法》和《改过说》三篇,指示出途辙可循的下手工夫。

《人谱杂记》总体上是取古人言行从《纪过格》诸款,即主要是依傍《人谱续篇三》对各类缺点的梳理而类次编成,实际上就是续篇三的一个补充。但是其中存有粗细的区别,微、隐、显、大、成五类皆统而述之,没有针对各类中的具体缺点,只有丛过一类,刘宗周细列了其百种过错。

毫无疑问,《人极图说》是仿宋儒周敦颐的《太极图说》而作,但主题作了更改。周敦颐是从宇宙的生成、创化而转至人性的确认与存养,宗旨是要将儒家的道德伦理本体化,使其具有高度的神圣性,同时又致力于将本体化了的道德伦理落实在个体的修养上,使之避免陷入超自然主义的泥沼。而刘宗周讨论的核心则只是如何存养人性。但是这种主题的改变并非是刘宗周否定了周敦颐开始的整个宋明理学的理论框架,而是因着时代赋予的问题所作的一种深入,所以对于自己不讲"无极而太极"、改讲"无善而至善"的"人极"的做法,刘宗周作有一个解释,他讲:"统三才而言,谓之极,分人极而言,谓之善,其义一也。"

整个《人极图说》虽层次分明,但文字非常简约,隐喻性甚强,不宜作直接分析。事实上《人谱续篇二》,即《证人要旨》是对《人极图说》的具体陈述,故两篇更宜合而解读。首句"无善而至善,心之体也",这是第一层意思,是对性体的确认,指示着"人极图"的最上一圈(见右图)。所谓"心之体",就是天地气化所生万物时赋予人的天命之性,它"不待安排品节,自能不过其则,即中和也"[①]。因为心体的流转,是一"不待安排品节"的过程,因此无所谓善恶可言,故可谓"无善";然而心体的流转又具有无过、无不及的中和之德,故就此而言,又是"至善"。

图　　即
左　　太
畔　　极

图　　即
右　　太
畔　　极

然则无善而至善的心体究为何物? 刘宗周以为,心体的本质性内涵是意,"意者,心之所以为心也",为什么要赋予心体以"意"这一内涵呢? 因为刘宗周认为,"止言心,则心只是径寸虚体耳。著个意字,方见下了定盘针,有子午可指"[②]。换言之,在刘宗周看来,性体不应是一个空洞的虚体,而应存有定向性的潜意识。这样,性体既然本质上是这么一个"定盘针"似的意向,那么根本的工夫就必须从体认意向开始,刘宗周认为心体是"独",所以对心体之根本的意向的体认,便是根本性的工夫"慎独"。

但是刘宗周指出,"然独体至微,安所容慎,惟有一独处之时可为下手法"。这也是他为什么在已废弃静坐法之后,又重新启用的原因,因为于独处时作慎独工夫,终难与静坐相区分。但是刘宗周意

---

① 《明儒学案·蕺山学案》,第 890 页。

② 《答董生心意十问》,《刘子全书》卷九《问答》。

识到静坐法可能引起逃禅的可能，所以他专门作了详解，并更名曰
"讼过法"。然而于独处时下工夫，终究是一难事，毕竟对大多数人
来讲，性体未显的独处之时更像是闲居，因此刘宗周更以动静来显示
性体的存在。

在这一层上，刘宗周对周敦颐的太极图作了细节上的更改。他
把象征阳动阴静的太极图（即取坎填离图）拆成动、静分离的二图
（见图中第二、第三图），另作别解。按照刘宗周的看法，"盈天地间
皆气也，其在人心，一气之流行"①，故性体也可从阳动与阴静来进行
体认，这便将工夫从至微的独体转落到比较显露的情与形上。性体
的流转，即意向由潜在转成实在时，便产生出念，七情随之而著。如
果此时"念如其初"，即符合作为性体的意向，那么由此念而引发的
情便"返乎性"，由意而念而情的动是没有不善的，这动"亦静也"。
这个过程是由气之阳在起作用，对这个过程的体认便是"知几"。意
向在精神中既然引发了念与情，自然便要于外在的容貌辞气之间有
所体现。如果形于外的容貌辞气与诚于中的念情合若符节，形于外
的过程便与人之性命相合。此时作为心性之体的意虽呈以静，但
"妙合于动矣"。这个过程系气之阴在起作用，对这个过程的体认便
是"定命"。由于阳动阴合，见之于人，是先诚于中后形于外，故此有
太极图的分离，并阳动在前，阴静于后。

凭此，人便行于整个人世之中，一切与身命心性相关的问题"一
齐俱到"，但它们并非乱无头绪，而是"分寄五行，天然定位"，反映于
父子有亲、君臣有义、夫妇有别、长幼有序和朋友有信这五伦之中的。
本来，"学者工夫自慎独以来，根心生色畅于四肢，自当发于事业"，

---

① 《明儒学案·蕺山学案》，第890页。

弘道于天下。而五伦正是其大者,故"于此尤加致力"。此处的工夫便是"凝道",人极图中的第四图即其象征。

因为"盈天地间皆吾父子、兄弟、夫妇、君臣、朋友也",故"其间知之明,处之当",自然"无不一一责备于君子之身"。但是,"细行不矜,终累大德",肢体受伤,即腹心之痛,

> 故君子言仁,则无所不爱;言义,则无所不宜;言别,则无所不辨;言序,则无所不让;言信,则无所不实。至此,乃见尽性之学,尽伦尽物,一以贯之。

此处的工夫为"考旋",见之于第五图。

最后刘宗周强调,善无尽头,君子当"始于有善,终于无不善",如此才是"尽人之学",反归性体,故最后一图同于最初一图。当然这样的境界已是"作圣"了。

必须特别指出的是,尽管以《证人要旨》帮助解读《人极图说》是十分有益的,但两者间所存在的根本区别断不可忽视。《人极图说》宗旨是从正面强调性体本善,人可以亦应当且必须存此性体,循此性体而起念、而生情、而形于容貌辞气、而发于事业,并存而存之;而《证人要旨》则着力指出在性体流转的每个环节中都存在着向善与向过两方面发展的可能,因而它注重于如何抑制和消除向过的方面发展的可能,甚至直接藉改过而迁善。在刘宗周思想中,此两者是儒学不可或缺的两面,他在《人极图说》最后讲:

> 君子存之,即存此何思何虑之心,周子所谓"主静立人极"是也。然其要归之善补过,所由殆与不思善恶之旨异矣,此圣学也。

儒学经过宋明诸儒的推进,在整个理论上已基本形成了本体——

工夫的稳定构架，但是理学在自己的思想阐发中，将意作为心性本体的已发，只在意的已发未发上讨分晓，其结果不仅是支离了本体与工夫，而且更重要的是使儒学的路径变得狭窄。对此，刘宗周看得非常清楚，他讲：

> 学者终身造诣只了得念起念灭工夫，便谓是儒门极则。此个工夫以前，则委之佛氏而不敢言，此个工夫以外，则归之霸图而不屑言。遂使儒门淡泊，为二家所笑。而吾儒亦遂不能舍二家以立脚，以故往往阳辟佛而阴逃禅，名圣真而杂霸术。虚无功利之说，纵横以乱天下，圣学不传。悲夫！①

因此，作为刘宗周自己思想集中反映的《人谱》，虽然中心是在工夫上做文章，但于理论上是兼顾二者，并作了双向的发展。他的思想的基调是，言本体是有善无过，言工夫是有过无善。然而本体尽管是有善无过，但刘宗周没有将它定义为一个虚体，而是赋予它一种潜在的意向，这便要求工夫从本体上做起，杜绝了逃禅的漏洞。至于论工夫，由于他把视点聚焦在过错上，并且作层层揭示，因而彻底摆脱了心学固有的那份玄虚与粗疏。

当然，相对而言，由于《人谱》的宗旨如前文所述，更主要的是针对着心学的流弊和邪说的挑战，核心是强调工夫，因此《人谱》的整个重心是放在对人的过失的透视与克服上的。这点，《人谱》整本书在结构上就反映了出来，续篇二的《证人要旨》详于正篇的《人极图说》，续篇三的《纪过格》更详于《证人要旨》，即便如此，刘宗周于临终前仍意犹未尽而要进行增补。

---

① 《人谱杂记一》"知几篇"后记。

四、罪过的产生及其类别

刘宗周论本体是有善无过,讲工夫则是有过无善,个中的原因是因为在他看来,"自古无现成的圣人,即尧舜不废兢业,其次只一味迁善改过,便做成圣人"。毫无疑问,强调工夫应当从改过做起,相对于以往儒者的手段,确实是更落于实处。但是刘宗周似乎并不是将此仅看作是入手的一种方便,而是更多的含有理论上的意蕴。在细述了上文所及的"证人"的六事功课,即"凛闲居以体独"、"卜动念以知几"、"谨威仪以定命"、"敦大伦以凝道"、"备百行以考旋"和"迁善改过以作圣"之后,他专门强调指出:"学者未历过上五条公案(即前五事功课),通身都是罪过,即已历过上五条公案,通身仍是罪过。"这便非常明确地表明,论工夫强调有过无善,决不仅仅是出于实践上便于切实可循的考虑,而实是对人的本质的一种观念性确定。这样"论本体是有善无过,论工夫是有过无善"便超出了具体的实践的领域,而产生出一个关涉儒家一贯的根本立场的严重的理论问题,即人性究竟是一元的,还是二元的?显然,根据刘宗周对心性本体的确认,性体是善的一元的。对此,刘宗周同样是时时强调的。譬如在续篇三《纪过格》分列了各种罪过之后,他特意申述道:

> 人虽犯极恶大罪,其良心仍是不泯,依然与圣人一样,只为习染所引坏了事。若才提起此心,耿耿小明,火然泉达,满盘已是圣人。

既然如此,刘宗周势必要于理论上来解释本体之善何以会引来"通身都是罪过"的问题,这一问题的解释也就是对过的产生的回答。

刘宗周自己问道："天命流行，物与无妄，人得之以为心，是谓本心，何过之有？"①要理清这个问题，必须是要反观刘宗周理气论上的立场。刘宗周早年思想上服膺于朱熹的思想。朱熹的理气论认为，宇宙只是一气充塞运行而形成，但是这气之充塞运行中又必然有理，气与理相倚相存，并无先后，他主张的是理气混合一元论。但是朱熹哲学的精神关注处在于格物，重在分殊，而又不可因此散了头脑，故要将"理一"的观念着意标出，强为之说，以为理在气先。其实这就像刘宗周的工夫全要从改过做起，强调人通身全是罪过，但却不可忘了性体的本善，必得从无善而至善的心体讲起，是一样的道理。然而后世却因此误读了朱熹的理气论，明代罗钦顺推崇的是朱学，在理气的问题上却定要花费许多的口舌来说明气是第一性的，理是第二性的。只不过如此一来，对刘宗周似乎是消除了一种理气论上的误区，即便是中晚年转至阳明心学，在宇宙论上仍是主张气在理先的观点。当然，刘宗周中晚年思想立场转至心学，便表明他的思想关注点不在宇宙论，因此，理气的观念根本上服务于他对心性本体的阐发。

由于气在理先，理依傍于气行，理于心体上的落实则当然便是贯注于气质之中，从这个意义上讲，人只有气质之性，别无所谓义理之性。刘宗周讲：

> 凡言性者，皆指气质而言也。或曰有气质之性，有义理之性，亦非也。盈天地间，止有气质之性，更无义理之性。如曰"气质之理"即是，岂可曰"义理之理"乎？②

实际上，气质之中本含有义理，故人的心性只可作一元看。依照刘宗

---

① 《续篇三·改过说一》。
② 《学言中》，《刘子全书》卷十。

周的心性本体的术语,心之体在于意,意乃是恒具善的定向,这意向便是义理,故此义理即是心之体,也就是性体。然而这个善的定向,即义理,必得依傍着气的流化,人的罪过便在这气的流化中产生。刘宗周讲:

> 惟是气机乘除之际,有不能无过、不及之差者。有过,而后有不及,虽不及,亦过也。过也,而妄乘之,为厥心病矣。乃其造端甚微,去无过之地,所争不能毫厘,而其究甚大。①

在这里,刘宗周引入了一个非常重要的概念:"妄"。由这个"妄",刘宗周似乎意欲表证他的一个观念:引起罪过的不是理,这是不必再说的,而且也不是气。气处于乘除之际,呈以动态,无过与不及实是流化中的一个片段,任何动态过程中的片段被抽出作静态分析,必不可能完美,因此其无过与不及本身不足以被认为是一种罪过,而只能构成为一种机会,真正的祸首是"妄"。而妄显然不属于原初的本体——理与气,这便无疑是从本体论上彻底根除了罪过的源头,确立起无可动摇的善的心性本体。

然而,新的问题是,妄究竟是什么呢? 刘宗周认为,

> 妄字最难解,直是无病痛可指,如人元气偶虚耳。然百邪从此易入,人犯此者,便一生受亏,无药可疗,最可畏也。

显然,这完全是一个隐喻性的解释,由这个解释,我们唯一可确定的只是,因为妄是无病可指,故而与其说妄是一种显性的过错,不如说是一种隐性的精神状态。这点可以见之于刘宗周所引的程子言,即"无妄之谓诚"。由于妄不可训,便以相反的一面来解,这就是诚。

---

① 《续篇三·改过说一》。

诚当然是一种精神状态,"所谓诚其意者,毋自欺也"①。但是刘宗周进而强调,"诚尚在无妄之后。诚与伪对,妄乃生伪也。妄无面目,只一点浮气所中"。换言之,妄作为人的一种不良的精神状态,在发生上是先于"诚—伪"的,联系到上述妄的产生,我们可以确定,妄是与善的心性本体相对应的精神状态,至于这种状态的性质,刘宗周描述为"独而离其天者是"。这里的"天",作状态解,可训作"天然";作实体解,它所指称的就是善的心性本体。因此,妄这种精神状态,性质上便是与善的心性本体相对立的人欲的萌发。如果印证于作为《人谱》中"妄"的补充的《人谱杂记·体独篇》,则更可清楚地见到,慎独的目标就在于根除妄,即要无欲。

需要进而说明的是,在刘宗周思想中,妄就其本质而言,虽然是人欲的萌发,但妄更重要的是它尚处在"未起念以前"。易言之,妄不等于欲望,妄只是欲望还未萌发但却在趋近与诱发之中。这样,妄本身固然不是过,只是"原从无过中看出过来者",但刘宗周仍将"妄"定名为"微过",而且视之为"实函后来种种诸过"的"妄根"。在此,我们似可体会到,刘宗周是在着意培养或确认一种心理上的定视,即罪感。反观前文可知,这种罪感显然不是建立在外在的个人与社会的反应上的,而是有赖于内在先天性的善的心性本体(以明代王学的观念,就是良知)的自觉,以及由于对善的本体的偏离而产生的感觉。毫无疑问,如此自觉地确立与培养罪感,是传统儒学中所没有的,而这正是刘宗周克除心学流弊的重要举措。刘宗周的哲学,核心在慎独;而慎独的落实,是在改过。改过如限于其本身,就会流于外在的就事论事,最终陷于形式化。《功过格》在一定意义上就是这

————————————

① 《大学·诚意章》。

种结果的反映。而确立与培养起人的罪感，便能于意识中起正心诚意的作用。这样，改过就不只是一种单纯的反向克制工夫，而且也是心性本体正向的趋近过程。因此，罪感的确立与培养，恰是为改过在理论上，同时也在实践上奠定了一块基石。

由妄根的生发，遂有层层展现的种种过错。刘宗周对过错的分类，就其外在的特征言，是以隐显的区别为坐标的，就其内在的特性讲，则是对应着心性本体的各阶段的展开。后者前文已有所涉及。在儒家思想史上，改过的要求应该说是自来已有的，像朱熹与吕祖谦合编的《近思录》中还专门列有"改过及人心疵病"一专题。但如刘宗周这样，对身心的过错作严细的分类，并有一个贯彻到底的理论者，是前无古人的。职是之故，同时也为了清楚起见，我先将刘宗周在《人谱·续篇三》中所划分的过错列成下表，然后再作分析。

微过	妄		性体
隐过	溢喜、迁怒、伤哀、多惧、溺爱、作恶、纵欲		七情
显过	箕踞、交股、趋、蹶	足容	九容
	擎拳、攘臂、高卑任意	手容	
	偷视、邪视、视非礼	目容	
	貌言、易言、烦言	口容	
	高声、谑、笑、詈骂	声容	
	岸冠、脱帻、摇首、侧耳	头容	
	好刚使气、怠懈	气容	
	跛倚、当门、履阈	立容	
	令色、遽色、作色	色容	

大过	非道事亲、亲过不谏、责善、轻违教令、先意失欢、定省失节、唯诺不谨、奔走不恪、私财、私出入、私交游、浪游、不守成业、不谨疾、侍疾不致谨、读礼不慎、停丧、祭祀不敬、继述无闻、忌日不哀、事伯叔父母不视父母以降	父子类。以子为例，为父而过可以类推	五伦
	非道事君、长君、逢君、始进欺君、迁转欺君、宦成欺君、不谨、罢软、贪、酷、傲上官、陵下位、居乡把持官府、嘱托公事、迟完国课、脱漏差徭、擅议诏令、私议公祖父母官政事美恶、纵子弟出入衙门、诬告	君臣类。	
	交警不时、听妇言、反目、帷薄不谨、私宠婢妾、无故娶妾、妇言逾阃	夫妇类。以夫为例，为妇而过可以类推	
	非道事兄、疾行先长、衣饮凌竞、语次先举、出入不禀命、忧患不恤、侍疾不谨、私蓄、早年分爨、侵公产、异母相嫌、阋墙、外诉、听妻子离间、贫富相形、久疏动定、疏视犹子、遇族兄弟于途不让行、遇族尊长于途不起居	长幼类。以幼为例，为长而过可以类推	
	势交、利交、滥交、狎比匪人、延誉、耻下问、嫉视诤友、善不相长、过不相规、群居游谈、流连酒食、缓急不相视、初终渝盟、匿怨、强聒、好为人师	朋友类。	

丛过	游梦、戏动、漫语、嫌疑、造次、乘危、缫径、好闲、博弈、流连花石、好古玩、好书画、床第私言、早眠宴起、昼处内室、狎使婢女、狎妓、俊仆、畜优人、观戏场、行为不避妇女、暑月袒、科跣、衣冠异制、怀居、舆马、饕餮、憎食、纵饮、深夜饮、市饮、轻赴人席、宴会侈靡、轻诺、轻假、轻施、与人期爽约、多取、滥受、居间为利、献媚当途、躁进、交易不公、拾遗不还、持筹、田宅方圆、嫁娶侈靡、诛求亲故、穷追远年债负、违例取息、谋风水、有恩不报、拒人乞贷、遇事不行方便、横逆相报、宿怨、武断乡曲、设誓、骂詈、习市语、称绰号、造歌谣、传流言、称人恶、暴人阴事、面讦、讥议前辈、讼、终讼、主讼、失盗穷治、捐弃故旧、疏九族、薄三党、欺乡里、侮邻佑、慢流寓、虐使仆僮、欺陵寒贱、挤无告、遇死丧不恤、见髊不掩、特杀、食耕牛野禽、杀起蛰、无故拔一草折一木、暴殄天物、亵渎神社、呵风怨雨、弃毁文字、雌黄经传、读书无序、作字潦草、轻刻诗文、近方士、祷赛、主创庵院、拜僧尼、假道学	百行

成过	崇门	微过成过曰微恶	克念改过
	妖门	隐过成过曰隐恶	
	戾门	显过成过曰显恶	
	兽门	大过成过曰大恶	
	贼门	丛过成过曰丛恶	

圣　　域

　　由表中所列而引起的最初、也是最强烈的感受是,刘宗周对人的内心活动与外在行为中的过失作有细微的观察与体会,而且更为重要的是,它们不是杂乱无章的罗列,而是井然有序的呈现。这种有序

性反映于两点：

其一是有清晰的层次。确定这种层次的依据当然是刘宗周所认定的心性本体外展的阶段，而其本质也仍只是儒家传统的由内而外、由个体而群体习惯性逻辑的反映。但是刘宗周于此重要的理论贡献是在于，他改变了以《大学》为代表的那种从正面来强调"物格而后知至，知至而后意诚，意诚而后心正，心正而后身修，身修而后家齐，家齐而后国治，国治而后平天下"的儒家传统方式，而是以反向的方式，即从人的过错的认定的角度来展现这一过程。这种反向式的展现在实践上所产生的关键作用，是能够使人在自己最基本的行为中以明确的方式——针对性十分清楚的改过——来落实工夫。

其二是对各层次间的过渡作有自觉而明确的解释。刘宗周以为，微、隐、显、大、丛、成六过，前后间存在着因果之链，其中的推进正如前文已讨论到的性体的展开是一样的，不同的只是一个取正向、一个取反向。因为整个六过之间存在层层相因的关系，因此，对于道德实践的个体而言，从任何一个环节上切入，都可以上下贯通。

在这一因果之链中，有几个环节对于理解刘宗周的整个思想是非常重要的。首先是见于七情的隐过。如果细玩刘宗周对七项隐过的定名，可以发现他在七情上都用了限定字，即溢、迁、伤、多、溺、作、纵。它们的意思非常明确，是失中的表示。这意味着在刘宗周看来，人情本身与心性在性质上是同属善的，只是功能上性内情外，严格而言存在着时间上的先后。其次是见于五伦的大过。关于六过的定名，刘宗周都作有解释：微过是因其"藏在未起念以前，仿佛不可名状"；隐过是因其"过在心藏而未露"；显过是因其"授于身"；大过是因其"过在家国天下"；丛过因其繁多；成过则因其已成众恶之门。从这六过的定名中不难看出，大过的定名依据是比较特殊的，它不是根据过的状态,而是根据它的危害程度。而进一步观察刘宗周关于大过的排列,则可注意到,他所谓的家国天下,国与天下被虚搁,而家则是他真正的关注点。这其中的原因当然是因为儒家传统的家国同体的观念,但如果我们把观察集中在刘宗周藉改过来追求人的完善,那么不难看到,在刘宗周的改过实践中,家庭的地位是非常关键的,因为他认为,"畔道者,大抵皆从五伦不叙生来"。于此更反观家国天下的一体,则家庭的关键性便能明白。确切地说,它是作为个体社会化过程中的中介。最后便是已成"众恶门"的成过。在这里,刘宗周引入了一个表达"过"的新概念——恶。对于过与恶的本质性的差别,从刘宗周对诸恶的定名,如上表所反映出的诸如"微过成过曰微恶"上看,表达现实化过程的"成"字被强调。这表明,在刘宗周思想中,过只是用于人们落实工夫的虚设的靶的,而非现实性的存在,一旦当它由潜在的转成现实的,则过便不复是过,而是恶了。过与恶不是程度上的差别,而是存在方式上的差别。然而问题的重要处在于,刘宗周并非因为过不是现实的,便轻视它的存在,而是正相反,他将工夫恰恰落实于这种潜在性的过的改正上。由此可见,刘宗周提出改过思想,根本性的目的不是针对着现实性的过失,而在于精神中培养起克念改过的意识,这一点复与前文所述的罪感意识的培养的趋向相印证、相吻合。

相对于过而言,刘宗周对恶表示出明显的痛恨,这可以见之于他对诸恶的隐喻性表达,即祟、妖、戾、兽、贼这样的称呼。有意思的是,从这些隐喻性的表达上,似乎反映出,在刘宗周思想中,现实性的恶是存在程度上的差别的,像丛恶,他以贼喻之,而大恶,他便以兽喻之,贼与兽当然是有区别的,祟、妖、戾亦复如此。然而这种差别,刘宗周在讨论过的时候,却没有明显体现出来。

必须指出的是，刘宗周固然对恶表示出明显的痛恨，但这种痛恨的强烈性尚没有使刘宗周失去对人的本质是善的确认。因而他在讲明诸恶后，随即强调："人虽犯极恶大罪，其良心仍是不泯，依然与圣人一样，只为习染所引坏了事。若才提起此心，耿耿小明，火然泉达，满盘已是圣人。"这便非常明确、也非常重要地表明，刘宗周固然强调改过，但依旧确信人的良心的存在，人的拯救仰赖于自我的觉醒，他的立场仍是儒家的立场。

除上述以外，刘宗周关于过错分类的另一个特点是全方位地为个体行为制定了伦理规范。由于"丛过"是"坐前微、隐、显、大四过来"，是全部失范的个体行为的集中反映，故在此我们便着重以"丛过"为对象来加以讨论。丛过所列共百项，按照刘宗周的说法，这仍只是"各以其类相从，略以百为则"而已，远非个体具体行为中的全部过错。刘宗周列举整个丛过的方式，是"先之以慎独一关，而纲纪之以色、食、财、气，终之以学而叛道者"。如果以今天习惯的用语来大而分之，则可以划为无意识行为与有意识行为两类。像列于丛过前面的"游梦、戏动、漫语、嫌疑"可以看作是无意识行为的典型例子；而有些行为则可看作是无意识行为的变种，像"无故拔一草折一木、呵风怨雨"等。在有意识行为中，刘宗周基本上是从两个方面来归类的，一个是个体性的行为，另一个是发生于交往过程中的行为。在个体性的行为中，刘宗周主要按照人的生理需要与精神需要来举例，前者如"好闲、早眠宴起、暑月袒"等，后者如"轻刻诗文、假道学"等。比较起来，对于发生于交往过程中的过失，刘宗周列举得比较多，几乎涵盖了整个日常生活。毫无疑问，刘宗周的分类是不严格的，事实上，人的身心行为的分类法是可以千差万别的，而任何一种分类都不可能做到巨细无遗。因此应该承认，刘宗周对丛过的分类列举,在人的行为认识上是很有意义的。

在行为研究中的许多问题中,分析行为是属于自发的还是习得的,是非常重要的。据前文所引述的"人虽犯极恶大罪,其良心仍是不泯,依然与圣人一样,只为习染所引坏了事"的说法,刘宗周是主张习得的,但他并没有就此作任何论证,这显然是因为在他的观念体系中,心性本善是一条公理。

刘宗周通过对身心行为过失的归类来确定伦理规范,从形式上看,是近似于感性化,或者是教义化的。换言之,刘宗周提供的似乎只是一种常识性的道德准则,不足于构成一种独立的道德哲学。但是,这样理解是不对的,因为刘宗周的工作是在接受儒家道德哲学传统的基础上展开的。按照这个传统,人的身心行为的正当性决不诉诸于任何外在的目的,而是基于心性本体的德性,以及由这种德性所决定了的义务,这是儒家义务论的道德哲学的标志,而且这种正当性或德性被认为是可以直觉地认识的。如果我们能够认同西季威克(H. Sidgwick)关于伦理学上的哲学义务论直觉主义的分析①,那么便应当承认儒家传统的道德哲学对于道德实践中的行为正当性确定是欠明确的,明代阳明心学后来的分化其根本的原因也就在此。虽然刘宗周的改过思想单独抽出来看,确实存在着感性化与教义化的特征,但当我们将它纳入儒家,尤其是晚明价值系统解体的背景中加以认识,那么便应该高度肯定刘宗周改过思想的大贡献。

---

① 参见亨利·西季威克:《伦理学方法》,第一编第八章和第三编第一章第1节,中国社会科学出版社,1993年。

五、改过的方法

其实,刘宗周在细述人的过错的层层显现的过程中,改过的方法已相应地表现了出来。像微过,因"妄"无可名状,所以改过的方法只能是培养与确立起一种罪感意识,时时警惕,慎独而保其天真。至于隐过,虽显现于七情之动,或溢,或纵,但它仍是"坐前微过来","微过之真面目于此斯见",故改过的方法就"须将微过先行消煞一下,然后可议及此耳"。对这一基本方法,刘宗周附在《人谱》后的《改过说一》中作有很明确的阐述,他讲微过:

> 其造端甚微,去无过之地所争不能毫厘,而其究甚大。譬之木自本而根、而干、而标;水自源而后及于流,盈科放海。故曰:涓涓不息,将成江河;绵绵不绝,将寻斧柯。是以君子慎防其微也。防微,则时时知过,时时改过。俄而授之隐过矣,当念过,便从当念改。又授之显过矣,当身过,便从当身改。又授之大过矣,当境过,当境改。又授之丛过矣,随事过,随事改。改之则复以无过,可喜也。过而不改,是谓过矣。

然而我们不难注意到,刘宗周的这一基本方法的核心并不是提出改过的具体方法,而是弄清楚过错产生和扩大的过程。换言之,在刘宗周思想中,过错的层层梳理与指认,实际上便是过错的改正,知过即是改过。

显然,刘宗周在此一方面无疑是肯定了王阳明的知行合一说的。在附在《人谱》后面的《改过说三》中,刘宗周着力论述的便是这一思想。针对"知过非难,改过为难"的观点,刘宗周强调:

> 知行只是一事。知者行之始，行者知之终。知者行之审，行者知之实。故言知则不必言行，言行亦不必言知。

不过，知与行虽只是改过这一工夫践履的始终之分，但刘宗周以为，"知为要"。刘宗周改过思想的核心不在正面陈述改过的理论，而是在对过错作细分缕析，认识上的根源就在于此。

刘宗周申述了他对知的看法。他指出，"知有真知，有尝知"。所谓真知，乃本心之知。刘宗周举了颜回的例子，"颜子有不善，未尝不知，知之未尝复行也。有未尝复行之行，而后成未尝不知之知"，因此，本心之知，就是贯彻于行之中的知，知与行不相分离；"即知即行"。所谓尝知，乃是"习心之知，先知后行"，知与行是分离的，常人的知便属于此类。在功能上，真知与尝知也是不同的，"真知如明镜当悬，一彻永彻；尝知如电光石火，转眼即除"。但是刘宗周并不否定尝知的价值，他认为，"学者由尝知而进于真知，所以有致知之法"。在此，改过之法实际上被转换成了致知之法。而对于致知之法，刘宗周以为，"《大学》言致知在格物，正言非徒知之，实允蹈之也"。也就是说，致知之法就在于践履，就在于行。本来真知（改过）就是贯彻了行的知，而结果致知之法（改过之法）也就是要落实行，刘宗周似乎于理论上陷入了同语反复。

但实际上我们不可作如是理解。对于践履的工夫，虽然刘宗周贯彻于诚意、正心、修身、齐家、治国与平天下这诸多的方面，但这诸多的方面都是由诚意正心而生发。这样，致知之法固然不徒在知，而实在行，但此行主要不是指在实际的行为层面上展开，而首先是在心性的层面上进行。因此在真知的内涵中包含着的行，实质上仅是心性的自明过程，刘宗周在《人谱》所附《改过说二》中所论述的便是这一点。他讲：

人心自真而之妄，非有妄也，但自明而之暗耳。暗则成妄，如魑魅不能昼见。然人无有过而不自知者，其为本体之明固未常息也。……故就明中用个提醒法，立地与之扩充去，得力仍在明中也。乃夫子则曰"内自讼"一似十分用力，然正谓两造当庭，抵死仇对，止求个十分明白。才明白，便无事也。

由此可见，刘宗周改过的着力处仍是在心性上下工夫。故此他要重新启用他的"讼过法"，即"静坐法"。对于静坐法，刘宗周曾加以废弃，原因是有人批评"此说近禅者"。然而他认为改过的关键是自明心性，那么静坐法便不失为可行且有效的方法，当然将静坐区别于禅坐是理论上的一个前提。在这个区别上，刘宗周认同于高攀龙的见解。刘宗周称："近高忠宪有《静坐说》二通。其一是撒手悬崖伎俩，其一是小心著地伎俩，而公终以后说为正。"显然，前者是禅坐，后者是儒者之省察。刘宗周强调，静坐决非一无事事，而是藉改过而祛妄还真的小心著地的工夫。以冥想的方法来省察己过、涵养心性，这是宋儒以来即被强化了的修身方式，明代加以沿袭，但静坐法始终没能很好地与禅坐相区别，故而王阳明后来也提出以致良知、事上磨炼来取代原来提倡的静坐。刘宗周弃而复用，并且将静坐限定为一种改过自省方式，无疑是将阳明学在工夫上推进得更为笃实。

但是刘宗周关于静坐过程的描述，所反映出来的思想意义尚不仅于此。此不妨先全文引述他的静坐法。他讲：

一炷香，一盂水，置之净几，布一蒲团座子于下。方会平旦以后，一躬就坐，交跌齐手，屏息正容，正俨威间，鉴临有赫，呈我宿疚，炳如也。乃进而敕之曰："尔固俨然人耳，一朝跌足，乃兽乃禽，种种堕落，嗟何及矣！"应曰："唯唯。"复出十目十手，共指共视,皆作如是言。应曰:"唯唯。"于是,方寸兀兀,痛汗微星,赤光发颊,若身亲三木者。已乃跃然而奋曰:"是予之罪也夫!"则又敕之曰:"莫得姑且供认。"又应曰:"否否。"顷之,一线清明之气徐徐来,若向太虚然,此心便与太虚同体。乃知从前都是妄缘,妄则非真。一真自若,湛湛澄澄,迎之无来,随之无去,却是本来真面目也。此时正好与之葆任。忽有一尘起,辄吹落。又葆任一回。忽有一尘起,辄吹落。如此数番,勿忘、勿助、勿问效验如何。一霍间,整身而起,闭合终日。

显然,刘宗周不只是抽象地介绍静坐法,而是融入了他自己的体会。在这个形象的体会过程中,有两点值得注意。其一是自省过程中,似乎存在着一个超越于自省者之上的启示者,即那个"鉴临有赫,呈我宿疢",与自省者进行对话的存在者。对此可以作两种解释:一是表明刘宗周的改过思想在最后的方式上趋近晚明传入中国的天主教,冥想自省虽然是入手处,但最终的觉醒有赖于外在的启示。二是根据刘宗周所讲的"乃知从前都是妄缘,妄则非真",以及宋儒以来着力强调的"天地之性"与"气质之性"的理论,认为妄与真不是两相存在的实体,而只是同一实体不同的存在状态。那个在人自省时呈现出来并相规劝的存在者并不是超越于我之外的存在,而只是与陷入"妄缘"中的我相区别的真正的我。果是,刘宗周显然当是坚持着儒家的立场,以为人始终是拯救自己的主人。笔者取后一种理解。

其二是自省过程具有着完整的神秘主义发展阶段[①]。所谓神秘

---

① 关于神秘主义及其发展阶段,参见玛丽·乔·梅多、理查德·德卡霍:《宗教心理学》,四川人民出版社,1990年,第214—220页。

主义不是诸如预感、直觉、洞察、先知以及超感官感觉等模糊的、不可思议的或"异常"的感受，也不是以显著情绪或入迷为主要特征的宗教感受，诸如皈依的兴奋、灵语的激情以及虔诚的热忱，而只是一种统一的感受，用儒家的语言，便是"天地与我同心，万物与我同体"，也就是刘宗周所讲的"此心便与太虚同体"。在儒家思想史上，这种统一感的获得是笼统地以知性知心来表达的。或许在特定的哲学家那里，如孟子，这个过程是非常真实的，但由于它的不可言说性，阻碍了这一过程为一般人所接受。而刘宗周改过思想的贡献恰在于在他的静坐法中，将这一过程明确地划分出净化（"一躬就坐，交跌齐手，屏息正容"，"一尘起，辄吹落"即是其写照，其特征是痛苦的，故有"方寸兀兀，痛汗微星，赤光发颊"之感，但同时又是具有成就感的，所谓"跃然而奋"即是）、启发（如"鉴临有赫，呈我宿疚，炳如也"的感受，以及妄我与真我的对话）和最后的统一（"一线清明之气徐徐来，若向太虚然，此心便与太虚同体"）三个阶段，使得儒家传统的明心见性过程似一条非常真实可寻的途径展现在世人面前，让人循此而行。对此，刘宗周是非常自觉到的，他讲："陆子曰：'涵养是主人翁，省察是奴婢。'今为钝根设法，请先为其奴者，得讼过法。"不仅于此，刘宗周更进而强调，"此外亦别无所谓涵养一门矣"，彻底堵死了心学逃禅的可能。

六、结　语

至此，本文对刘宗周的改过思想作了全面的讨论。由这种讨论，我们看到刘宗周虽然在根本的立场上始终坚持着儒家的传统，但思想的关注点是与前贤大相异趣的。作为宋明儒学的殿军，对人的过错的分析、通过改过来重建道德生活成为刘宗周哲学的精神所在。现实中的人的过错的普遍存在,这是儒家从不回避的事实。儒家道德哲学中非常重要的核心理论"克己复礼",完整地从外在的规范(复礼)到内在的要求(克己)建立起了明确的价值系统与操作方式,但是,由于儒家哲学偏重于性体本善的立场,强调人于现实中完善性体,同时由于"礼"因时代的变迁而容易失去其作为行为规范的有效性,儒家自身的发展便不免导引出实践中的相对主义。因此,刘宗周依据人的心性行为的自然展开,来全面反省人于这一展开过程中所普遍存在的产生过错的可能性,实是为现实的道德生活预设了一整套警戒线。

毫无疑问,如果只是着眼于这套警戒线本身而论,刘宗周关于人的过错的层层展示在性质上与普通族谱中的训条无异,尽管《人谱》中的呈现更具系统化。《人谱》的改过思想,真正的精神尚不在于人的过错的单纯排列,而是在于过错排列的形式后面隐含着一个行为归因理论。我们在《人谱》中所看到的人的过错排列,是从一点不可言状的"微过"发展到众多清晰明白的"丛过",但人在现实生活中所感受到的,首先是细碎的"丛过",而刘宗周的陈述,恰在于指出这如此多而碎的过错可以层层上推,直至最初的源头。因此,行为归因理论致使刘宗周的改过思想并不等同于普通训条而停留在只是指导人的行为操作,而是力主于精神上培养起罪感意识。与此相应,刘宗周提出的改过方法,实质上也是分别针对着两个层次的。

当然,刘宗周将自己思想的着力点选在人的过错的分析与改正上,并不是一个随意性的选择,而是面对晚明时期作为中国社会思想主流的儒家思想所出现的内在裂变,以及与这种裂变交相辉映着的化外思潮——佛、道、耶教——的冲击而作出的回应。只是在儒家思想史的演变中能成为真正有意义的回应,并非简单重弹老调之所能,而务须续谱新曲。因此,儒学的正本清源,以及邪学的拒斥固然是刘宗周提出改过思想的直接目的,但改过思想则因其对儒学的推进而成为儒学的新内容。

原载《刘蕺山学术思想论集》,台北"中研院"中国文哲研究所筹备处,1998 年

第三篇　言性命者必究于史

　　从知识的分类上讲，关于性命的思考与讨论属于形而上的范畴，而历史则属于有迹可寻的认知领域。但在章学诚看来，这两个不同的知识领域，却存在着前者对后者的依存关系，因此"善言天人性命，未有不切于人事者"；而浙东之学的特征，以及所以卓荦，正在于"言性命者必究于史"。

　　不过，细玩章氏《浙东学术》最后一节所设之问难，他所强调的"究于史"似乎并非知识生产的那种"著述"，而是呈现为"事功气节"的"经世"。换言之，章氏所谓"史学"，与永嘉学者追求的"合乎内外之道"，以及王阳明强调的不可悬空想个本体，实有内在的一致性。在这篇可谓章氏思想晚年定论的文章中，章学诚在最后的断语"学者不知斯义，不足言史学也"的后面，更添自注："整辑排比，谓之史纂；参互搜讨，谓之史考；皆非史学。"足见他的"言性命者必究于史"，决非寻常的知识门类关系的讨论，而是浙学的精神所念兹在兹的事与心的合一。

　　当然，章学诚并不否定"著述"，他不仅肯定孔子的《春秋》，而且肯定司马迁的《史记》。但是，他肯定的原因不是因为它们是"著述",而在于它们是"切合当时人事"的"经世之书"。以此而观晚宋浙学诸儒的著述,以及明清之际黄宗羲的《明夷待访录》、《明儒学案》,黄宗羲与全祖望的《宋元学案》,他们的问题意识正来自于他们对时代的透视,他们的方法正是祛除空言。

晚宋儒学的转型与解经方法的变化

一、前言

从宋明理学转出清代考据学,有其内在的必然性,儒家思想的阐释及其分歧是这种必然性的根本原因。这种必然性在晚宋儒学的发展中已得以表现,并体现为具体的论著。以朱学为代表的晚宋儒学在传播中呈现出不同的区域特征,其中朱学在浙江的传播使朱学由义理阐释过渡为经史考辨,构成了晚宋儒学由思想向学术的转型。在具体的转型过程中,北山一系的王柏(会之,1197—1274)与金履祥(吉甫,1232—1303)的工作尚处于过渡之中,而王应麟(伯厚,1223—1296)与黄震(东发,1213—1281)的论著则已具备思想转为学术范式的性质,与直接开启清代学术的顾炎武(亭林、宁人,1613—1682)、黄宗羲(梨洲、太冲,1610—1695)的论著有着极大的相似性。晚宋儒学由思想转型为学术的梳理,一方面呈现出晚宋儒学发展的一个具体面相,另一方面则表明,注重思想阐释的宋学并不截然与注重学术考辨的汉学相对立,宋学的发展本身足以导引出汉学,而汉学实亦属宋学之不可或缺。

清代考证学是以批判宋学、回归汉学为特征的,其源起自顾炎武所提出的"经学即理学"的理论，以及他的方法与著作，这已成为理解清代考据学崛起的常识。而且，按照余英时的分析，清代考据学的兴起具有哲学的背景，它是宋明理学发展的必然结果。[①] 此外，据四库馆臣的论定，宋末王应麟的著作实开清代考据学的先河。[②] 那么，这是否意味着，宋学在朱熹（元晦，1130—1200）思想成为正统以后，便有着转型的内在需要与实际展开？如果有，则这种转型对于宋学而言，又具有怎样的性质？本文试就晚宋朱熹思想成为正统以后的儒学发展来加以讨论。[③]

二、晚宋儒学的区域性特征以及思想向学术的转型

如果说从庆元党禁至淳祐元年，是朱学摆脱"伪学"而确立地位的四十余年，那么自淳祐元年的获钦定直至宋亡的晚宋近四十年间，朱学无论是在官方还是在民间，无疑都已成为"正学"或"圣学"。在这样的现实中，以朱学为仰禄工具的士子且不必论。即便是那些还能真正进行思考，以担道义为己任的儒家学者，也很难突破朱学，整个晚宋思想界呈现出的，基本上是"大树底下不长草"的状态。

另一方面，朱熹一生讲学，门徒分布甚广，"在闽中者二百余，在

① 参见余英时：《经学与理学》，载韦政通主编：《中国哲学辞典大全》，世界图书出版公司重印本，1989 年，第 703—710 页。余英时指出，顾炎武最初所针对的仅是王阳明后学，但在清代则被扩大到对整个宋学的批判。
② 见周予同注，皮锡瑞：《经学历史》，中华书局，1959 年，第 33—34 页。
③ 庆元党禁以后，晚宋儒学经历了学派整合，其结果是朱学涵盖了陆学与永嘉学，对此笔者另有拙稿《庆元党禁的性质与晚宋儒学派别的整合》（《中国史研究》2004 年第 1 期，第 109—117 页）作了讨论。

吴越、江右、楚黔者亦二百余"①。其中著名者,分布也很广,"如闽中则潘谦之、杨志仁、林正卿、林子武、李守约、李公晦,江西则甘吉父、黄去私、张元德,江东则李敬子、胡伯量、蔡元思,浙中则叶味道、潘子善、黄子洪,皆号高弟"②。至晚宋朱学再传、三传时,朱学实已遍及南宋各地。政治上获得钦定以后,朱学无疑更是得到强化。在这种传播过程中,晚宋朱学实已分成各区域,并形成了各区域的特色。

关于晚宋儒学的情况。全祖望(谢山,1705—1755)尝云:

> 晦翁生平不喜浙学,而端平以后,闽中、江右诸弟子,支离舛戾固陋无不有之,其能中振之者,北山师弟为一支,东发为一支,皆浙产也,其亦足以报先正惓惓浙学之意也夫!③

全祖望这个说法对后来讨论晚宋儒学有很大的影响,其中特别重要的是,把全祖望的这个评价性意见,自觉不自觉地当成了一个事实性的意见,从而或多或少地确立起晚宋朱学在浙江的观点。实际上,全祖望并不否认朱学在各地区都得到传承的事实,即就上文所引,也可说明他承认朱学在晚宋时期的闽中与江右都有很大的影响。全祖望的评价,真正有意味的是在于他指出了,端平以后的朱学在各地的传承呈现出了各自的特点,其中唯有浙江的朱学表现出了有价值的内容。

显然,无论是否认同全祖望的评价,讨论晚宋朱学,则不能不首

---

① 李清馥:《闽中理学渊源考》卷二六《文肃黄勉斋先生干学派》。收入《景印四库全书》,台北商务印书馆,1983年,史部218·传记类,第460册第333页。
② 黄震:《黄氏日抄》卷四〇《读勉斋先生文集》。收入《景印四库全书》子部14·儒家类,第708册第180页。
③ 黄宗羲:《宋元学案》册六,台北中华书局,1983年,据清道光道州何氏刻本校刊本,卷八六《东发学案》,第1页。

先对全祖望的这个评价作出说明。

全祖望对闽中与江右朱学(实际上以闽中朱学为代表)"支离舛戾固陋无不有之"的评价,完全是负面性的。为什么有此评判,全祖望没有细述。但从《宋元学案》相关的许多案语中,大致能推出,所谓"支离",当是指分章析句的训诂之学;所谓"舛戾",或是指巍冠博带的仪式象征;所谓"固陋",则是指谨守师说的家法传承。平实而论,这些特征只是流弊而已,并不能因此而全盘否定闽中朱学。由这些流弊真正所能反映出的,是闽中朱学注重传承以及思想的形态化的特征。这种特征在黄干(勉斋、直卿,1152—1221)、陈淳(安卿、北溪,1153—1217)那里,事实上已显端倪,朱学获钦定以后,只不过浮现成显象而已。① 只是,全祖望继承的是黄宗羲的思想史价值观,强调思想应以"自用得著者为真"②,所以论思想的演进时,重视创新,轻视因袭,更不必说由此而滋生的"支离舛戾固陋"。

毫无疑问,就历史本身而言,不能因为"支离舛戾固陋",就将其抹去③。即便是就儒学本身发展的评判而言,创新与继承同样重要,并不能因为那一方面的偏重便得到肯定或否定。儒学并不是托于空

① 李清馥在《闽中理学渊源考》对他自己所处的闽中理学传统的思想特点,即"衍翼宗派、崇守家法"(同上引)的概括总结,实际上印证了《宋元学案》的评判。小岛毅也指出"笃师承谨"是李光地、李清馥祖孙的思想史价值观,与黄宗羲"自用得著"的价值观正好相反。(见《中國近世における禮の言說》,东京大学出版会,1996年,第181—182页)

② 黄宗羲:《明儒学案》册一,台北中华书局,1984年据郑氏补刻本校刊本,《发凡》,第2页。

③ 客观上看,《宋元学案》固然在叙述晚宋时,集中在浙江朱学上,对闽中朱学等其他区域没有列出专门学案来叙述,但由于体例上各学案都首列学案表,因此仅从朱熹弟子的学案中已能反映出基本的史实。而细读之,则更可以看到,《宋元学案》的撰论者也没有全部否定其他地区的朱学,譬如黄百家撰"双峰(饶鲁)之后,有吴中行、朱公迁,亦铮铮一时",就说明至少到宋末,江西朱学仍然有很不错的传承。

言的理论,经世致用的功能要求正有赖于儒学在后朱熹时代的形态化与政治化推进。因此,思想转型为文化是必需的环节。《易·贲》象传讲的"观乎人文以化成天下",揭示的便是这个道理。由此出发,要使儒学真正有效并持续地进入生活,实现由"文"而"化",必须着意于思想的传承,并使之呈现出有序的程式,以垂范世人。因此,就朱学对后来中国社会所产生的深刻影响而言,闽中朱学无疑是作出了巨大贡献,同时也由此构成了其鲜明的特点①。

当然,重视传承,重视思想的形式化表达,支离舛戾固陋的毛病也会相应而生。甚至思想发生异化,死的形式反噬活的精神,都是有可能发生的。实际上,黄干生前也深刻地意识到这一点②。由此,足可相应地彰显出,在注重传承,促使思想形式化的同时,如何保持思想的源头活水,是一个极其重要的问题。创新与传承,真正构成了不可或缺的车之两轮、鸟之双翼。

只是,思想的源头活水在哪里?从根源上讲,思想的源头活水无疑是在生活本身,因此,当思想转型为文化后,人们于现实中依旧能够缘其感受而不断产生思考。在此意义上,注重思想传承,无论是正向良性的还是反向恶性的,它所培植的文化仍然是促使新思想产生的土壤。后来明代王阳明心学的崛起,也正是有感于朱学的日渐僵

---

① 四库馆臣云:"宋儒讲学,盛于二程,其门人游、杨、吕、谢,号为高足,而杨时一派由李侗而及朱子,转辗授受,多在闽中。故清馥所述,断自杨时,而分别去流,下迄明末,凡其派传几人,某人又分为某派,四五百年之中,寻端竟委,若昭穆谱牒,秩然有序。"参见《四库全书总目》史部·传记类二《闽中理学渊源考》提要,中华书局,1981年,第529页。这固然是对李清馥书的评价,但实也是对闽中理学贡献与特点的评价。实际上,清初大儒李光地出在福建,决非偶然。
② 李清馥确信黄干是"朱门的传"的依据,即是因为黄干在崇守师传并使之向生活落实的同时,又能看到其流弊。见《闽中理学渊源考》卷二六《文肃黄勉斋先生干学派》,收入《景印文渊阁四库全书》史部218·传记类,第460册第333—335页。

化而作出的思想反弹。当然，源于生活的动力，并不能迅即造成思想的更新，生活有它的惰性，必到极端处才足以使或蛰伏、或萌动的思想显山露水，且还要天时地利人和。

然而另一方面，不能不意识到，生活促成思考，但思考并不等于思想。思想不同于思考的是，思想要通过符号将思考加以分析综合，使之成为可表达的。符号可以是新的，但无论是引入的还是新创的，都不能不和已有的旧符号进行有效合并，通过指意互释、内涵扩容而形成新的符号体系。这意味着，思想的源头活水除了生活本身以外，必须还有另一个源头活水，即既有的思想（理）及其叙述方式（言或路）。必须使思想自身的理路保持畅通，亦即使思想理路的触须伸入现实的生活并产生感应，才足以使源于生活的思考与思想理路相碰撞而激发起思想的浪花，并进而演成一个新时代的新的思想潮流。对于后朱熹时代的儒学来说，这个思想理路的最前端，当然是在朱熹，但这个最前端是由《四书》而来的，而《四书》更是承接着《五经》。因此，不断地疏通这一思想理路，是维系晚宋儒学活力的根本。虽然在这个疏通过程中，朱熹的思想构成了其理论前提，但疏通在技术上必须面对经典的要求又必然迫使疏通本身符合经学的要求，这就隐含了晚宋儒学发生转型的内在机制，而这个转型的性质是思想的学术化。

思想向学术的转型，其彼此边界的划分是不那么清晰的。思想与学术有密切的关联。任何思想的阐释，都必须经过论证，不管论证取怎样的方法。因此，思想是以学术为支撑的。反之，任何学术的展开，都自觉不自觉地会有思想上的预设。因此，学术是由思想来引导的。这意味着，当思想向学术转型时，思想本身会因为学术的展开而发生变化，作为思想支撑的学术一旦被修改，思想也等于被解构。因此,当我以思想的学术化来指称晚宋朱学时,仍然是在晚宋儒学认同朱学的前提下来看待的,即其主观诉求不在思想求变,客观效果也没有产生思想变化的特征,这是与清初考证学绝不相同的地方,必须特别提出来强调的。

只有在明确了上述的历史与理论的背景后,全祖望对浙江朱学的评判性意见,始可作为事实性意见来加以看待。因为就朱熹思想的学术转型而言,确实更多或更好地呈现在浙江的朱学中。下文的具体考察能够佐证和呈现这种转型。

在所谓嫡传朱学于浙江的北山四先生一支中,是从王柏开始才呈现出端倪的。作为黄干的弟子,何基(子恭,1188—1269)基本上是一位谨守师说的儒学践履者。尽管按照黄宗羲的分析,在党禁既开、朱学进而获得钦定,剽掠见闻以欺世盗名者四处应聘讲学的晚宋,何基执守朱熹《四书集注》,实是“介然独立于同门宿学”的行为,值得肯定,但是“北山之宗旨,熟读《四书》而已”①,且何基以为,“治经当谨守精玩,不必多起疑论”②,终究是有悖于宋代儒学所崇尚的独立思考之精神的,也根本无法望朱熹之项背。至何基的弟子王柏,始在认同朱学的基础上,进行学术性的研究。王柏的学生金履祥,亦沿此而进,因此才真正呈现出朱学在晚宋由思想转为学术的重要面相③。

---

① 黄宗羲:《宋元学案》卷八十二《北山四先生学案》黄宗羲案语,第 2 页。
② 《宋史》卷四三八·《何基传》,收入《景印文渊阁四库全书》,史部 46·正史类,第 172 册第 288 页。
③ 至于北山四先生中的最后一位许谦,虽然与其师金履祥保持着一贯性,但入元时尚不到十岁,其思想正如元初的许多学者一样,都已有新的问题需要处理(参见 Hok-Lam Chan & Wm. Theodore de Bary[ed.],*Yuan Thought: Chinese Thought and Religion Under the Mongols*, Columbia University Press, 1982;罗立刚:《宋元之际的哲学与文学》,复旦大学出版社,1999 年,第 49—54 页),不宜与南宋儒学混在一起讨论。

在王柏与金履祥之间，浙江还有黄震与王应麟二人，他们同样在认同朱学的基础上，以学术的样式来呈现朱学。需要说明的是，从学统的谱系上讲，黄震、王应麟与王柏、金履祥有所不同，王柏与金履祥是由后朱熹时代的朱学"掌门"黄干直传而来的，无论是本人还是别人，都是以朱熹之嫡传看待的。而黄震、王应麟的师承便没有这么纯正，但他们思想与学术上主要承续朱熹，则也决无疑义。

三、从义理阐释向经史考辨过渡

王柏，婺州金华人。与其师何基一样，一生没有入仕途。王柏少慕诸葛亮，自号长啸，而立以后，始接触朱学，以为"长啸非圣门持敬之道"，更号鲁斋。后从朱熹门人游，知何基从黄干得朱熹之传，故往而师事之，由此而在思想上接受朱学。①

王柏认为，朱熹所强调的"学者但当从事于博文约礼，以至于欲罢而不能，而既竭吾才，则庶乎有以得之"，是"千古不可易之教，而传之无弊者也"②。所谓博文，是指对儒家思想的理解，将通过精读朱熹及其弟子所努力完成的文本来达到。至于约礼，即是指践履。

关于约礼，与本节主题无关，且不必论。关于博文，便引出一些有意味的东西。就儒家的本意，乃至朱熹思想的确立本身看，博文固然强调对儒家的经典文本进行精密细读，以获旨趣，但是博文的过程

---

① 参见《宋史》卷四三八《王柏传》，第 88 册第 173—175 页，黄宗羲：《宋元学案》卷八十二《北山四先生学案》，第 3—4 页，以及《四库全书总目》集部·别集类十八《鲁斋集》提要，第 1409 页。

② 王柏：《鲁斋集》卷八《复吴太清书》，收入《景印文渊阁四库全书》集部 125·别集类，第 1186 册第 1122 页。

并不是一个盲目接受、不求质疑的过程。后人之注疏需要质疑，即便经典本身也需要考论。然而，在后朱熹时代，实际上流于两种情况：一是以朱熹之是非为是非。按照全祖望《泽山书院记》中所言"朱徽公之学统，累传至双峰、北溪诸子，流入训诂派"①，可知这种风气主要是在闽中与江右。二是以标新立异为自得。王柏有"举世误认自得之意，纷纷新奇之论，为害不少"②的批评。这后一种情况，在浙江因为陆学的影响，似乎显得特别严重，黄百家讲"当宋季之时，吾东浙狂慧充斥，慈湖之流弊极矣"，并指出黄震撰写《日抄》就是在克制这种流弊。③ 显然，面对着这样两种流弊，要使朱学真正得以传播与落实，王柏必须用正确的方法来呈现出博文的过程。④

这个正确的方法，就是用学术的方法来呈现儒家的思想。史载"柏高明绝识，序正诸经，弘论英辩，质问难疑，或一事至十往返"⑤，其中"序正诸经"即是对他的以学术呈现思想的很好概括。按照儒家的传统，"经"是儒家思想的表达与传达，因此经学是理解与阐述儒学的根本性学术。汉唐诸儒注"经"，重在训诂，在宋儒看来，充满着问题，误人于歧路，故疑传自不待言。即便是儒家的《经》，成书于上古，经秦火而错乱，理解极不容易，因此也要质疑地看待。落在具

---

① 黄宗羲：《宋元学案》卷八十六《东发学案》所附，第 2 页。
② 王柏：《鲁斋集》卷九《金吉甫管见》，第 1143 册第 1186 页。
③ 黄宗羲：《宋元学案》卷八十六《东发学案》案语，第 2 页。黄百家讲的"慈湖之流弊"，不宜理解为陆学在晚宋浙东还是很成型的学派。在朱学已成官学的晚宋，朱熹集注的经典已是士林无法跳过的文本，但陆学的影响仍可以在解读朱学文本时产生出来。
④ 由上引王柏所言，以及黄百家对黄震撰写《日抄》的分析，不难看出，虽然王柏对朱学的学术化呈现，客观上对晚宋儒学的两种流弊都有着针对性，但直接的对象更多的是针对着晚宋浙江朱学所承受的陆学强调"自得"的压力。这说明，陆学的影响是逼迫浙江朱学呈现出学术化形态的重要原因。
⑤ 《宋史》卷四三八《何基传》，第 288 册第 173 页。

体上,首先就是序正经文,然后是诠释经义。朱熹一生虽然以《四书》学来体系化地阐述其哲学,但经的序正与诠释仍是最主要的工作之一,并取得最大的成就。当晚宋朱学成为正学时,由他及其门生所整理诠释的经典,已成为理解儒家思想的基本文本。但是王柏在高度肯定朱熹的同时,进而指出这项工作仍需要进行。他讲:

> 紫阳朱夫子出而推伊洛之精蕴,取圣经于晦蚀残毁之中,专以《四书》为义理之渊薮,于《易》则分还三圣之旧,于《诗》则掇去《小序》之失,此皆千有余年之惑,一旦汛扫平荡,其功过孟氏远矣。然道之明晦也皆有其渐,盖非一日之积。集其成者不能无赖于其始,则前贤之功有不可废;正其大者不能无遗于其小,则后学之责有不可辞。大抵有探讨之实者不能无所疑,有是非之见者不容无所辩。苟轻于改而不知存古以缺疑,固学者之可罪;狃于旧而不知按理以复古,岂先儒所望于后之学者。虽后世皆破裂不完之经,而人心有明白不磨之理;纵未能推人心之理以正破裂不完之经,又何忍徇破裂不完之经以坏明白不磨之理乎![1]

这段话不仅表达了他对朱熹工作的认识,以及后人应取的态度,而且也表达了他对"不完之经"(文本)与"不磨之理"(思想)两者之间关系的认识。按照这两个认识,经典的学术性研究是需要不断进行下去的,而正是这种不断进行下去的研究使思想得到呈现。

王柏在经学上的考辨,最重要的是关于《诗经》、《尚书》,以及《大学》、《中庸》。这些考辨,在形式上看,重在序正经文,而不是诠

---

[1] 王柏:《鲁斋集》卷十六《辨·诗十辨》,第229页。

释经义。譬如主张删去《诗经》中的淫奔之诗，删改与重编《尚书》①。但实质上，这种序正是他的思想的表达，在某种意义上讲，是比诠释更强烈的表达。这个强烈性表现在他将思想直接呈以学术化的文本考辨，从而以刚性的方式（文本重建）来呈现思想。实际上，这也是朱熹确立自己思想的基本方法。

当然，王柏的学术考辨工作似乎无法望朱熹之项背。朱熹编定文本，虽然贯彻着他的思想，但学术上仍力求妥当；朱学虽然由经典的诠释而得以呈现，但朱熹决不轻易用自己的思想反过去对经典作随便删改，《大学》补传，实也是非常慎重的。王柏在思想上一本于朱学，进而希望用朱学为标准去重编经典，或者径凭自己的怀疑而窜改经文，甚至否定朱熹的论断，学术上表现出较大的主观性，如四库馆臣所讲，"柏好妄逞私臆，窜乱古经，《诗》三百篇重为删定，《书》之《周诰》、《殷盘》，皆昌言排击，无所忌惮，殊不可以为训"②。但是，朱学被推向学术化的经学考辨，则因王柏而成为晚宋朱学发展中的一个重要趋向。

如果说王柏对朱学学术化的推进主要只是落实在经学上，那么他的学生金履祥则进一步落实在史学上。金履祥，浙江兰溪人。晚宋应举不中，未入仕。宋亡时四十多岁，即屏居金华，以著述、讲学终其身。

金履祥在思想上一本朱学，与其师王柏是一样的。对朱学的推进也同样落实在学术性的考辨上。但金履祥的知识背景似乎要比王柏更坚实与广博，史称"凡天文、地形、礼乐、田乘、兵谋、阴阳、律历

---

① 参见侯外庐等编：《宋明理学史》上卷，人民出版社，1984 年，第 23 章第 2 节之 3；以及《宋元学案》卷八二《北山四学生学案》黄百家案语，第 3 页。

② 《四库全书总目》集部·别集类十八《鲁斋集》提要，第 1409 页。

之书,靡不毕究"①。这种知识背景决定了金履祥在将朱学推向学术化的过程中,要比王柏做得更厚实一些,譬如他在《尚书》研究中所得到的一些结论,即得到了后出之卜辞的证实②。

从金履祥推进朱学的最重要著作《大学章句疏义》与《论语孟子集注考证》来看,目的非常明确,就是要用学术性的工作来纠正晚宋元初的朱学理解上的混乱。《大学疏义》提要称:

> 初朱子既定《大学章句》,复作《或问》,以推明其义,而改易次序,补缀传文,皆出先儒旧说之外。学者犹不能无疑,履祥因随其章第作疏义,以畅其文。③

金履祥的学生许谦在为《论语集注考证》作的序中,对此有更明白的说明,他讲:

> 其立言(指朱熹《论语集注》)浑然,辞约意广,往往读之者或得其粗,而不能悉究其义;或一得之致,自以为意出物表,曾不知初未离其范围。凡世之诋訾混乱务新奇以求名者,其弊正坐此。此《考证》所以不可无也。

在方法上,金履祥的《论孟集注考证》除了对朱熹的注释作进一步的思想阐发以外,最重要的是引入了历史事实的考证,从而在朱学治经重在哲学的基础上,引入了史学。四库馆臣认为:

> 其书(指《考证》)于朱子未定之说,但折衷归一。于事迹典故,辨订尤多。盖《集注》以发明理道为主,于此类率沿袭旧

---

① 黄宗羲:《宋元学案》卷八二《北山四先生学案》,第7—8页。
② 参见侯外庐等编:《宋明理学史》上卷,第672页。
③ 《四库全书总目》经部·四书类一《大学疏义》,第298页。

文,未遑详核。故履祥拾遗补阙,以弥缝其隙,于朱子深为有功。①

这种引史学于哲学之中的做法,固然非金履祥所新创。在湖湘学及至在朱学中,原都有此一方法②。而且引入哲学中的史学也不纯粹是历史的实证研究,主要仍是以历史事实来释证思想,金履祥所撰《资治通鉴前编》的性质与方法,与朱熹《资治通鉴纲目》大致也基本相通,即融史学与哲学于一体。但是,对于晚宋乃至元初的朱学来说,显然还是起着一种使思想阐发受到知识约束的作用,从而有助于改变空谈性命的现象,使朱学向学术化转型。

就学术的类型来看,朱学由思想向学术的转型,在北山一系中已基本上得到了呈现,对儒家经典的义理阐释在得到保持的前提下,经学更在文献与历史考证上得到推进,其中金履祥的历史研究更是溢出了经学的范围,而进入了史学的领域。但是,北山一系的学术化努力有明显的不足。在文献学上,他们的学术视野虽然集中在经典上,但只是限于一种或两种经典,譬如《诗经》与《尚书》,没有能推进到整个经典的研究;对于宋代的思想文献,则关注得更少。在史学上,金履祥的研究在范围与形式上则都只能说是处在起始阶段。相比之下,晚于王柏、早于金履祥的黄震与王应麟,他们的工作对于朱学的学术化转型起到了更显著的作用,并且以其转型,一方面影响到朱学思想的发展,另一方面影响到后世学术的形成。

---

① 《四库全书总目》经部·四书类一《论孟集注考证》,第 298 页。
② 参见拙稿《胡安国理学与史学相融及其影响》,《哲学研究》2002 年第 4 期,第 68—72 页。

四、学思相融、经史并重的学术范式的确立

黄震,浙江慈溪人。宝祐四年登进士第,在其后晚宋的最后二十年中,黄震做过地方官,中间曾任史馆检阅。"宋亡,饿于宝幢而卒"①。

在思想上,黄震强调"本朝理学阐幽于周子,集成于晦翁"②,明确表达了他以朱学为宗的立场。而且,这种认同是建立在他对朱学思想核心的把握上的,"理学"概念的标示,即是一个最显著的证明。但是,思想上以朱学为宗,并不等于放弃自己的思考,满足于照搬前贤往圣的话语。黄震认为,"古人发言,义各有主,学者宜审所躬行焉"③,即后世学者应当细审前人立言的现实依据及其针对性,从而真正把握儒家的精神。

在黄震看来,这其实也正是朱熹阐释思想的根本方法。黄震在比较汉学与宋学解经的基础上,对朱熹的经学解释方法作有一个很好的说明。黄震讲:

> 圣人言语简易,而义理涵蓄无穷。凡人自通文义以上,读之无不犁然有当于心者,读之愈久,则其味愈深。程子所谓"有不知手舞足蹈。但以言语解者,意便不足"。此说尽之矣。故汉、唐诸儒,不过诂训以释文义,而未尝敢赞一辞。自本朝讲明理学,脱去诂训,其说虽远过汉、唐,而不善学者求之过高,从而增

① 参见黄宗羲:《宋元学案》卷八十六《东发学案》,第 10 页,以及《宋史》卷四三八《黄震传》,第 288 册第 180—181 页。
② 黄震:《黄氏日抄》卷三三《读周子太极通书》,第 708 册第 3 页。
③ 黄震:《黄氏日抄》卷一《读孝经》,第 707 册第 3 页。

衍新说，不特意味反浅，而失之远者或有矣。至晦庵为《集注》，复祖诂训，先明字义，使本文坦然易知，而后择先儒议论之精者一二语附之，以发其指要。诸说不同，恐疑误后学者，又为《或问》以辨之。①

按照这个说明，朱熹解经，并不是只沿袭宋学的路子，而是将汉学与宋学的方法统一起来使用的。整个经典的思想诠释经过三个步骤：一是字义训诂，以此作为理解本文的基础；二是引述前人议论，以呈现经典所涵思想的复杂性；三是发表自己的辨析，以使经典的诠释得到推进。

但是在晚宋，朱学的这种方法没有很好地得到贯彻。黄震讲："近世辟晦庵字义者，固不屑事此；其尊而慕之者，又争欲以注解名家。浩浩长篇，多自为之辞，于经渐相远，甚者或凿为新奇，反欲求胜。"②因此，要真正维护朱学，克制这两种弊端，尤其是后者，只有将朱熹的方法贯彻到儒家经典的解释中去。这点在前论王柏时，曾已指出，只是在黄震这里，通过他对朱熹经学解释理论的正面分析，以及对后朱熹时代的批评，使得朱学由思想转向学术的原因呈现得更清楚。

黄震使用朱熹的方法对经典作出了全面的研究。《黄氏日抄》共九十七卷，第六十九卷以下，是黄震自己的创作，前六十八卷，是他读经史子集的札记。在这些札记中，前三十二卷是关于经的，包括《左传》一卷与《阙里谱系》一卷；第三十三卷至第四十一卷是关于本朝诸儒理学的；第四十二卷至第四十五卷是关于本朝诸儒的。实际

---

① 黄震：《黄氏日抄》卷二《读论语》，第 707 册第 4 页。
② 黄震：《黄氏日抄》卷二《读论语》，第 707 册第 4—5 页。

上前四十五卷是围绕着朱熹理学而构架的。第四十六卷至第五十四卷关于史书,第五十五卷至第五十八卷关于子书,第五十九卷至第六十八卷关于文集。从这个结构中不难看出,思想的诠释仍然是黄震关心的重点。

依照上文所讲的关于朱学诠释经典的理论,黄震对经典的诠释显然需要遵守学术的严谨,即对思想的诠释必须建立在字义训诂、文本考订的基础上。譬如关于《孔子家语》的文本问题,黄震讲:

> 莫考纂述何人,相传为孔子遗书,观《相鲁》、《儒行》及论礼乐等篇,揆诸圣经,若出一辙,乃千篇中似尚有可疑处。盖传闻异辞,述所传闻又异辞,其间记载之不同,亦无足怪。或有竟疑是书为汉人所伪托,此又不然。然尽信为圣人之言,则亦泥古太甚。①

面对疑窦丛生的文本,黄震并不轻易地由具体的问题而对整个文本作出结论,他强调文本的考订,不应该秉执疑古与泥古的主观臆断,而要"体任微言,阐扬奥旨,与《庄》、《荀》及诸子百家所传述,节而汇录之,别为一书"②,以为定本。显然这是非常严谨的态度,也是非常现实的方法。虽然黄震自己并没有做这样的工作,但他的这个思想无疑是正确的,后来王应麟集佚《周易郑康成注》等,采用的方法也正是黄震之所示。至于字义训诂方面,黄震在整个经典的札记中,随处可见他对前人,包括朱熹诠解的修正,黄百家(主一,1643—1709)讲,"《日抄》之作折衷诸儒,即于考亭亦不肯苟同,其所自得者深

---

① 黄震:《黄氏日抄·读家语》,收入《宋元学案》卷八六,第9—10页。
② 同上。

也"①,诚非虚语。

可以想见,当思想阐释建立在严谨的学术考辨上以后,思想阐释便不能不受制于学术考辨,甚至因学术考辨而修正既有的思想本身。这实际上构成了黄震非常鲜明的思想特点,一方面他崇信朱学,对朱熹的训诂与诠释高度肯定,认为集汉宋学术之大成,发儒家思想之指要,后人应该"敬受熟诵,体之躬行"②,另一方面他又本于学术之审慎与切己之自得,对朱熹及其诠释作出修正③。虽然黄震的这种修正是局部的,但在宋末元初,通过学术,既呈现了朱学的精神与方法,使朱学呈以新的形态,又反过来以此学术形态纠正着朱学成为正学或圣学以后所暴露出来的流弊。

实际上,黄震能够在将朱学由思想转化成学术的过程中,最终还能对朱学本身作出修正,除了依靠上述经学上的工作以外,在极大程度上还得力于他将学术视野由经学扩大到史部、子部与集部,其中尤其重要的是包括了宋代的学术思想④。联系到本文的主题,此处仅引黄震对陆学与永嘉学的议论以见之。

作为朱学的认同者,黄震没有将有关陆九渊(象山、子静,1139—1192)的札记归入《读本朝诸儒理学书》类中,而是归入《读本朝诸儒书》类中,至于叶适(正则,1150—1223),则更在此外,仅归入《读文集》类中。这种归类表明了黄震的思想立场,以及对陆学与永

---

① 黄宗羲:《宋元学案》卷八六《东发学案》案语,第11页。
② 黄震:《黄氏日抄》卷二《读论语》,第707册第4页。
③ 因此将黄震视为朱学的修正者,是适宜的。参见侯外庐等编:《宋明理学史》上卷,第22章,第622—639页。
④ 关于黄震学术的整个介绍,参见钱穆:《黄东发学术》(台湾"国立"编译馆《宋史研究集》第八辑),第1—28页。张伟:《黄震史学探微》,《史学史研究》1997年第1期,第36—44页。

晚宋儒学的转型与解经方法的变化

嘉学持否定的基本看法，但是黄震并不因此简单地否定陆学与永嘉学。

在读陆九渊的札记中，黄震先摘录了陆九渊攻击朱学的言论，概括了陆九渊以讲学穷理为异端邪说的观点。毫无疑问，黄震是不同意陆九渊的看法的，他认为"讲学本孔子之事，而穷理又《大易》之言也"，但他并不简单地予以否定，而是"谨录如右，以俟明者请焉"。然后，又摘录"象山心平气定时所言"，指出陆九渊的思想"未尝不与诸儒同也"。在经过反复的文献摘录后黄震最终说明，"象山之学，虽谓此心自灵，此理自明，不必他求，空为言议，然亦未尝不读书，未尝不讲授，未尝不援经析理。凡其所业，未尝不与诸儒同"。而陆九渊之所以对援经析理的前辈与同道予以严斥，根本的原因是"恃才之高，信己之笃，疾人之已甚，必欲以明道自任"①。虽然黄震的这个议论有弱化思想性的倾向，但是由其整体而言，他的议论是以分析的方式来展开的，对材料的处理也是正反面皆予考虑，不是仅根据自己的思想立场来摘录，因此论断比较公允，既指出了他所见的陆学之问题，又彰显了陆学的思想本身，还陆学以应有的地位。应该说，黄震在执守朱学的同时，也很好地以学术史的方法来处理与朱学相关的思想，从而使思想以学术的方式得到比较客观的表达。②

关于永嘉学，黄震主要是指叶适。南宋对陈傅良（君举，1137—1203）与叶适都有永嘉先生之称，但黄震以为陈傅良与叶适有所不同。陈傅良"精史学，欲专修汉唐制度，吏治之功"，与朱熹、陆九渊、

① 黄震：《黄氏日抄》卷四二《读陆象山文集》，第 708 册第 216 页。
② 黄震的《读本朝诸儒理学书》、《读本朝诸儒书》以及《读文集》，在方法上对后世学案体的学术史是有启发意义的。参见吴怀祺：《宋代学术史著作和黄震对理学的总结》，《史学史研究》1991 年第 2 期，第 43—49 页。

陈亮（同甫，1143—1194）共同构成乾淳之际的思想学术，四家宗旨有别，但"皆能自白其说，皆足以使人易知，独水心混然于四者之间，总言统绪，病学者之言"。"水心岂欲集诸儒之大成者乎？然未尝明言。"黄震进而分析，叶适的思想宗旨"似以礼为主"，但是这个"礼"又不是建立在道德主体自觉自愿的"敬"之上，而只是依靠国家的权威，以外在的文物制度来对人进行约束。对此，黄震质疑道：

> 礼不先于克己，礼将何自而复？学不先于敬，己私又何自而克？己且未知所以复礼，又何以使民俗之复礼？而公（叶适）之言统绪，又将何所从始耶？[1]

不仅于此，对于叶适所主张的经济制度，黄震在总体上也是否定的。但是，黄震在具体的问题上，譬如叶适对老、庄的排斥，对宋朝兵财靡弊天下而使国家削弱进行批评，以及叶适所主张的一些经济制度设想，则或予以肯定，以之为"正"，或予以称赞，认为是"皆熟于治体之言"、"精于财用本末之言"等等[2]。概言之，黄震这方面的工作基本上是学术史式的，与后世黄宗羲的学案体诚有学术范式上的相通性。

总体而言，黄震对朱学的推进，是尽力在一个学术的层面上来展开的，虽然他有自己的思想立场，但学术唯真的客观性使他在极大的程度上克制住了主观性的过分渗入。

在晚宋朱学由思想向学术化转型的过程中，北山一系与黄震的工作，思想上的诉求还是占着较大的分量，在王应麟那里，思想诉求的分量似乎要淡化许多，而学术的色调则变得非常浓，甚至于在学术范式上也渐成形，垂范后世。

---

① 黄震：《黄氏日抄》卷六八《读叶水心文集》，第 708 册第 639 页。
② 黄震：《黄氏日抄》卷六八《读叶水心文集》、《读水心外集》，第 708 册第 660 页。

王应麟，浙江鄞县人。淳祐元年举进士，以为这只是"沽名誉"而已，必须进一步在"制度典故"上有真才实学，才是国家所望的"通儒"，故闭门发愤，于宝祐四年中博学宏辞科①，被清儒目为宋代最为博洽者②。据《宋史》与《宋元学案》本传，王应麟历官多次被贬，最后官至礼部尚书兼给事中，但始终被权臣封杀，一无所用，最后东归故里。入元不出，后二十年而逝。

从师承上讲，王应麟是真德秀（景元，1178—1235）的再传，但实际上与晚宋的大多数学者一样，其思想是在朱熹时代的众家思想的共同影响下形成的。只是对于王应麟这样博学的人而言，前辈学人中能在学术方法上让他效法者，朱熹无疑是第一人③。王应麟著述达六百余卷，所涉甚广，为窥其思想立场，以及他的学术化倾向及其成就，此处且不嫌烦地摘录四库馆臣为所收王氏著述所作提要：

> （郑注）亡于南北宋之间，故晁说之、朱震尚能见其遗文，而淳熙以后诸儒即罕所称引也。应麟始旁摭诸书，裒为此帙，经文异字亦皆并存，其无经文可缀者，则总录末简。又以玄注多言互体，并取《左传》、《礼记》、《周礼正义》中论互体者八条，以类附焉。考玄……实为传《易》之正脉……应麟能于散佚之余，搜罗放失，以存汉《易》之一线，可谓笃志遗经，研心古义者矣。④

---

① 参见《宋史》卷四三八《王应麟传》，第 288 册第 177 页。

② 参见《四库全书总目》子部·类书类二《玉海》（附《辞学指南》）提要，第 1024 页。

③ 黄百家引贝琼言："自厚斋尚书倡学者以考亭朱子之说，一时从之而变，故今粹然皆出于正，无陆氏偏驳之弊。"（《宋元学案》卷八五《深宁学案》案语，第 2 页）四库馆臣则断言："应麟博洽多闻而理轨于正，其学问渊源出于朱子。"（《四库全书总目》子部·类书类二《困学纪闻》提要，第 1024 页）全祖望的看法有所不同，他认为王应麟是"私淑东莱，而兼综建安、江右、永嘉之传"（《宋元学案》卷八五《深宁学案》附录，第 7 页）。

④ 《四库全书总目》经部·易类一《周易郑康成注》提要，第 2 页。

《隋书·经籍志》云:"……三家诗惟《韩诗外传》仅存,所谓《韩故》、《韩内传》、《韩说》者,亦并佚矣。"应麟检诸书所引,集以成帙,以存三家逸文。又旁搜广讨,曰诗异字异义,曰逸诗,以附缀其后,每条各著其所出……卷末别为补遗,以掇拾所缺,其搜辑颇为勤挚……古书散佚,搜采为难。后人踵事增修,较创始易于为力,筚路蓝缕,终当以应麟为首庸也。①

其书全录郑氏《诗谱》,又旁采《尔雅》、《说文》、《地志》、《水经》,以及先儒之说,凡涉于诗中地名者,荟萃成编。然皆采录遗文,案而不断,故得失往往并存。②

皆采之《困学纪闻》中,盖书肆作伪之本也。③

以《通鉴》所载地名,异同沿革,最为纠纷,而险要阨塞所在,其措置得失,亦足为有国者成败之鉴,因各为条列,厘订成编……征引浩博,考核明确,而叙列朝分据战攻,尤一一得其要领,于史学最为有功。④

是编因《汉书》、《续汉书》诸志,于当日制度,多详于大端,略于细目,因摭采诸家经注,及《说文》诸书所载,钩稽排纂,以

① 《四库全书总目》经部·诗类一《诗考》提要,第125—126页。
② 《四库全书总目》经部·诗类一《诗地理考》提要,第126页。
③ 《四库全书总目》经部·四书类存目《论语孟子考异》提要,第308页。
④ 《四库全书总目》史部·编年类《通鉴地理通释》提要,第421页。

补其遗,颇足以资考证。又以唐时贾、孔诸疏,去古已远,方言土俗,时异名殊。所谓某物如今某物,某事如今某事者,往往循文笺释,于旧文不必悉符,亦一一详为订辨……要其大致精核,具有依据。较南宋末年诸人,侈空谈而鲜实证者,其分量相去远矣。①

应麟始捃摭旧文,各为补注……未免间失之嗜奇,然论其该洽,究非他家所及也。②

以《通鉴答问》为名,而多涉于朱子《纲目》。盖《纲目》本因《通鉴》而作,故应麟所论,出入于二书之间……与应麟所著他书殊不相类,其真赝盖不可知。或南宋末年洛闽道盛,势足以倾动一世,莫不依草附木,假借末光。王厚孙刻《玉海》时遂伪作此编,以附其祖于道学欤?然别无显证,无由确验其非。③

此编虽以天文为名,而不专主于星象。凡阴阳、五行、风雨以及卦义,悉汇集之,采录先儒经说为多。义有未备,则旁涉史志以明之。亦推步家所当考证也。④

是编乃其札记考证之文……应麟博洽多闻而理轨于正,其学问渊源出于朱子,然书中辨正朱子语误数条……皆考证是非,

---

① 《四库全书总目》史部·政书类一《汉制考》提要,第696页。
② 《四库全书总目》史部·目录类一《汉艺文志考证》提要,第731页。
③ 《四库全书总目》史部·史评类《通鉴答问》提要,第754页。
④ 《四库全书总目》子部·天文演算法类一《六经天文编》提要,第892页。

无所迁就……盖学问既深，意气自平，故绝无党同伐异之私，其所考核，率切实可据。①

是书分……二十一门，每门各分子目，凡二百四十余类……所引自经史子集、百家传记，无不赅具。而宋一代之掌故率本诸实录国史日历，尤多后来史志所未详。其贯串奥博，唐宋诸大类书未有能过之者。②

（后世学者）虽采掇编辑，较为明备，而实皆以是书为蓝本。③

虽以记录姓氏之主，而胪列名物，组织典故，意义融贯，亦可为小学之资。④

所著《深宁集》，本一百卷，然《宋志》已不著录……盖捃拾残剩，已非其旧矣。⑤

上引王应麟著述，共达十五部，除去他的文集《深宁集》，以及附于《玉海》的《辞学指南》，从《困学纪闻》中分出的《论语孟子考异》外，其余十三部都是有所建树的学术著述。

就本文的主题而言，四库馆臣对王应麟著述所作的评论，有两点

---

① 《四库全书总目》子部·杂家类二《困学纪闻》提要，第 1024 页。
② 《四库全书总目》子部·类书类一《玉海》（附《辞学指南》）提要，第 1151 页。
③ 《四库全书总目》子部·类书类一《小学绀珠》提要，第 1152 页。
④ 《四库全书总目》子部·类书类一《姓名急就章》提要，第 1152 页。
⑤ 《四库全书总目》集部·别集类十八《四明文献集》提要，第 1411 页。

是有意义的。一是王应麟思想上对朱学的认同，以及学问渊源出于朱子的论断。从王应麟最重要的考证札记性质的著作《困学纪闻》看，这部在"经传子史各有考据评证"①的著作，其根本的方法正是前文黄震所概括的朱熹集汉宋学于一体的方法，因此清儒断其学问渊源于朱熹，是非常公允的。只是王应麟思想上对朱学的认同，从王应麟考据为主的著作中，似乎难以完全看出。但是，从四库馆臣对王应麟《通鉴答问》的质疑，还是透露出了他在思想上的依归。清儒因《通鉴答问》的史评富有道学气，与其他的考据类著作有所不同，因此而有"真赝盖不可知"的说法。然而，馆臣们一方面表示所疑终"无显证"，另一方面也指出了王应麟此书所呈现的融义理于史事之中的方法，"多涉于朱子《纲目》"，实际上说明了王应麟思想上对朱学的认同与继承。

二是王应麟在继承朱熹学问的基础上所形成的学术范式。在王应麟的思想上，经说部分，即经典的义理阐释，实际上是占有相当重要的地位的，此由《困学纪闻》仍可得到印证。此书是王应麟晚年最重要的著作，在总共二十卷的篇幅中，前八卷都是经说。只是就王应麟整个著述，以及《困学纪闻》的方法来看，考据性质彰显得更为显著。因此，与朱熹相比，王应麟构成了非常不同的学术范式。在朱熹，尽管包括字义训诂在内的考据，是朱熹思想建构的基本方法乃至支撑，但是朱熹整个工作所显现出的是他的哲学思想，而主要不是考据方法；在王应麟，尽管思想的诠释仍然在他的思想上有不轻的比重，但是他的整个工作所显现出的不是他对朱学在思想上作阐释，而主要是他的考证方法。因为这种考证方法的凸显，促使儒学在理解

---

① 陆晋之：《困学纪闻叙》，收入王应麟《困学纪闻》卷二十（台北中华书局，1966年）。

与阐释思想时,由对思想本身的关注转向对思想表述方式的关注,博古通今、经史并重的学术范式,特别是其中的考证学成为摆脱空疏无本的思想论说的重要而有效的途径。换言之,王应麟以他涉猎广泛的工作,一方面维护与推进着朱学,并构成了晚宋朱学由思想向学术转型的重要的组成部分,另一方面则因其推进而终结了朱学作为思想的存在,并以学术的客观展开解构了朱学,同时为后世以学术来呈现思想提供了良好的范本,即清儒所说的筚路蓝缕之功①。

五、结 论

从宋明理学转向清代考据学,有其内在的必然性,儒家思想的阐释及其分歧是这种必然性的根本原因。这种必然性在晚宋儒学的发展中已得以表现,并体现为具体的论著。以朱学为代表的晚宋儒学在传播中呈现出不同的区域特征,其中朱学在浙江的传播使朱学由义理阐释过渡为经史考辨,构成了晚宋儒学由思想向学术的转型。在具体的转型过程中,北山一系的王柏与金履祥的工作尚处于过渡之中,而王应麟与黄震的论著则已具备思想转为学术的范式的性质,与直接开启清代学术的顾炎武、黄宗羲的论著有着极大的相似性。

晚宋儒学由思想转型为学术的梳理,一方面呈现出晚宋儒学发展的一个具体面相,另一方面则表明,注重思想阐释的宋学并不截然与注重学术考辨的汉学相对立,宋学的发展本身足以导引出汉学,而汉学实亦属宋学之不可或缺。如果执定宋学空疏而必以汉学取代

---

① 正是在此意义上,王应麟对于明末清初顾炎武有着很大的影响,并进而由此而开清代乾嘉考证学之先河。王文华由《困学纪闻》的史学研究对此作有分析,详见王文华:《王应麟及其〈困学纪闻〉》,《史学史研究》1986 年第 4 期,第 40—48 页。

之，则就晚宋儒学的思想学术化，虽然就其历史中的现实针对性（由晚宋朱学的流弊可知），以及思想建设本身的需要（由晚宋朱学从思想向学术转型中的非朱学思想的融入可知），都有它无可否认的意义，但是学术（考证学更不必说）所具有的形态化要求，也不免易使思想迷失在维护形态化的论据搜寻，以及作业方式的计较之中，从而搁置了思想本身所针对的问题，乃至忘却或漠视产生问题的生活本身。这种负效应在晚宋思想的学术化转型中不甚明显，但在考证学成为清代学术主流后恐颇趋严重。

此外，清代考证学对宋明理学的反动，极大地扭转了儒学的方向，使 17、18 世纪的儒学趋向知识的寻求。相比之下，晚宋儒学的思想学术化转型，似乎并没有造成类似的结果。这个问题虽不关本文主题，但却也是一个与汉宋学彼此转承相关的重要问题，需要点出来。

原载郑吉雄、张宝三编《东亚传世汉籍文献译解方法初探》，台湾大学出版中心，2005 年

论《明夷待访录》的政治思想

一

儒家自孔子起就抱有社会的一切进步与退化都直接系于君主的好坏这样的政治信念,黄宗羲也不例外。因此,黄宗羲最关心的也就是确立起关于君主的观念,它构成了《明夷待访录》政治思想的核心。黄宗羲认为人类最初并无所谓君主,人各自私,人各自利,社会生活中缺乏谋求公利去除公害的人。为了补救这种弊病,于是产生了君主。因此,君主本质上是为了替大众谋福利而产生的,而不是为了追求个人的利益。君主"不以一己之利为利,而使天下受其利,不以一己之害为害,而使天下释其害"①;"知天下之不可无养也,为之授田以耕之;知天下之不可无衣也,为之授地以桑麻之;知天下之不可无教也,为之学校以兴之,为之婚姻之礼以防其淫,为之卒乘之赋以防其乱"②。但是,"后之为人君者不然。以为天下利害之权皆出于我,我以天下之利尽归于己,以天下之害尽归于人,亦无不可。使

---

① 《明夷待访录·原君》,《黄宗羲全集》第一册,浙江古籍出版社,1985 年,第 2 页。
② 《明夷待访录·原法》,同上书,第 6 页。

天下之人不敢自私，不敢自利，以我之大私为天下之大公"①。君权被看作是一份莫大的产业，而不是一种沉重的责任。

《明夷待访录》的这些阐述很容易被视为其具有民主思想的启蒙主义的强有力的论据。但不可否认的是，尽管黄宗羲反对君臣之义不可废的观念，肯定"今也天下之人怨恶其君，视之为寇仇，名之为独夫，固其所也"②，鄙视那些"规规焉以君臣之义无所逃于天地之间，至桀、纣之暴，犹为汤、武不当诛之，而妄传伯夷、叔齐无稽之事，使兆人万姓崩溃之血肉，曾不异夫腐鼠"③的小儒，但是这一切仅能表明黄宗羲事实上是说暴君可以推翻，而不是说君主制度必须推翻，更不是说君主必须由人民自由选举产生。黄宗羲把人民与君主比作主人客人的思想也决没有超过儒家"君者舟也，庶人者水也。水则载舟，水则覆舟"④的传统思想。无论君主是否需要，黄宗羲丝毫没有人民自由选举的思想。这固然可以归因于时代的限制，但根本的原因在于黄宗羲没有跳出儒家的窠臼，儒家的"仁政"思想从来是依赖于君主来实现的。我们不仅可以从《明夷待访录》的书名看出黄宗羲对仁君的寄托，而且在《题辞》中他也明白地表明了这样的心愿：

> 昔王冕仿《周礼》，著书一卷，自谓"吾未即死，持此以遇明主，伊、吕事业不难致也"，终不得少试以死……吾虽老矣，如箕子之见访，或庶几焉。⑤

---

① 《原君》，《黄宗羲全集》第一册，第2页。
② 同上书，第3页。
③ 同上。
④ 《荀子·王制》。
⑤ 《黄宗羲全集》第一册，第1页。

因此,与以往的儒家同样,黄宗羲对于秦汉以降的君主专制的批判仍然只是一种道德的谴责。这种道德上的批判,目的并不在于否定君主制度本身。黄宗羲晚年认为清王朝比已亡的明朝要好,所以他对清王朝持一种有保留的支持,其保留的原因是为了保持作为一个亡朝遗民的名节,而支持却是来自他思想上对康熙清明政治的承认和肯定。这种立场恰恰证明了黄宗羲的政治思想没有超越传统中国的政治制度模式。事实上,黄宗羲对君主专制的批判,目的仅在于希望君主的权威应该建立在道德的基础上。现实中的君主必须像理想中的二帝、三王那样,一切出于公心,一切出于道义,非此便不应得到肯定。这不能不说是儒家关于君主的一贯观念。朱熹曾答陈亮:

> 老兄视汉高帝、唐太宗之所为,而察其心果出于义耶,出于利耶? 出于邪耶,正耶? 若高帝,则私意分数犹未甚炽,然已不可谓之无。太宗之心,则吾恐其无一念之不出于人欲也,直以其能假仁借义以行其私,而当时与之争者才能知术既出其下,又不知有仁义之可借,是以彼善于此而得以成其功耳。若以其能建立国家,传世久远,便谓其得天理之正,此正是以成败论是非,但取其获禽之多而不羞其诡遇之不出于正也。千五百年之间,正坐如此,所以只是架漏牵补,过了时日。其间虽或不无小康,而尧、舜、三王、周公、孔子所传之道,未尝一日得行于天地之间也。①

朱熹这番议论,形式、角度上虽异于《明夷待访录》中的《原君》,但两者的理论依据、思想价值并无差别。

---

① 《朱文公文集》卷三六《答陈同甫》。

作为《明夷待访录》的基本政治原理的核心思想,《原君》并没有超出儒家传统政治思想中的道德观念。但是,如果因此就认为《明夷待访录》仅仅是对前人思想的因袭,把儒家建立仁政的理想完全寄托在具有高尚道德的君主的话,那么又无疑是低估了《明夷待访录》在儒家政治思想史上的杰出地位。黄宗羲的政治思想渊源于孟子,这为学界所共认;在根本的观念上诚为前述也没有超出传统儒家的道德主义立场,但他与以往一切儒家学者在政治思想上的根本区别是黄宗羲把儒家附于古代文化上的政治思想的抽象观念切实应用在现实的政治制度上,这就是《明夷待访录》的杰出性的根本所在。这里接上文对《原君》的理解,继续分析一下《明夷待访录》的政治思想所包含的与君权直接相关的两方面内容。

二

在中国的政治制度史上,由儒家帮助策划、创建的国家官僚制度是制约君权最基本的现实的组织化的力量。国家官僚制度原本当然是为了辅助君主管理国家而建立起来的,但它一旦建立以后,作为一套客观存在的组织机构,必然有它自己的运作规则而不能完全满足君主的主观愿望。由于中国幅员广大,整个国家官僚组织显得格外复杂庞大,这一大规模的机器其操作上的自主性必然有抗拒随意干扰的能力。因此,在中国的政治制度史上,君权与国家官僚制度始终处于不断的摩擦、冲突和调整之中。当国家官僚制度发展到足以削弱君权时,必然引来一次大的调整。明朝被公认为是中国历史上发展得最彻底的君主专制,这种彻底性的集中表现在黄宗羲看来就是明太祖对"百官之长、群僚之首"的丞相位置的废除,"有明之无善治,自高皇帝罢丞相始也"①。

黄宗羲认为丞相是非常重要的。这首先是因为"原夫作君之意,所以治天下也。天下不能一人而治,则设官以治之;是官者,分身之君也"②。相位固然可以被明太祖废除,但丞相所担负的工作必须有人接过来做。"或谓后之入阁办事,无宰相之名,有宰相之实也。"③但黄宗羲否定了这种说法,因为,"入阁办事者,职在批答,犹开府之书记也。其事既轻,而批答之意,又必自内授之而后拟之"④,内阁并无决策的实权。结果,"有宰相之实者,今之宫奴也"⑤。宫奴并非服务于国家机器中的行政官员,而仅仅是君主之私臣,专制君权的羽翼。因此,宦官的干政一方面从最上面使国家官僚制度陷于瘫痪,破坏了国家官僚制度的自主性,另一方面便是助纣为虐。

其次是因为古之天子"不传子而传贤,其视天子之位,去留犹夫宰相也。其后天子传子,宰相不传子。天子之子不皆贤,尚赖宰相传贤足相补救,则天子亦不失传贤之意"⑥。秦汉以后君主实行世袭制,为了保证良好的政治统治,儒家设计的理想格局便是通过贤相来补救。由于贤相处在一人之下、万人之上的位置,成为实际的领袖,所以世袭的皇帝并不妨碍丞相可以永远由最贤能的人来担任。因此,在《明夷待访录》中,相位的设置实是黄宗羲力求从制度上保证儒家政治理想的实施。

国家官僚制度虽然因其有它自己的运作规则而表现出自主性,

---

① 《明夷待访录·置相》,《黄宗羲全集》第一册,第8页。
② 同上。
③ 同上,第9页。
④ 同上。
⑤ 同上。
⑥ 同上,第8页。

但制度本身毕竟是死的,而同时中国传统的政治制度在执行时尤其富有弹性,因此,国家官僚制度的自主性更重要的还得有赖于服务于这个制度的人来体现出来。事实上,对官僚"公仆"意识的强调黄宗羲在《明夷待访录》中是把它放在一个非常重要的位置上来加以确认的。黄宗羲讨论的核心是弄清楚,国家官员究竟是君主的"私臣",还是万民的"公仆"?他认为,"缘夫天下之大,非一人之所能治,而分治之以群工。故我之出而仕也,为天下,非为君也;为万民,非为一姓也"①。一个官员,如果"不以天下为事,则君之仆妾也;以天下为事,则君之师友也"②。中国政治传统中的一个重要原则是"君为臣纲",其影响力之大是不必怀疑的,但是儒家以道自重和抗礼帝王的意识也是发展得十分强烈而又普遍的,这在儒家对待个人出处问题上体现得尤为明显,黄宗羲本人就是一个例子。然君主毕竟具有巨大的政治权势,天下枉道从势者满目皆是。为了抵制这种曲学阿世的心态,儒家传统的努力在客观上是确立"道"高于"势"的价值观,主观上主要是通过个人修养的提高。黄宗羲的贡献在于他超越了儒家已有的这些努力,直接从制度基于分工合作的角度规定了官员责任的性质,并且通过对臣、子并称的否定剥去了原来附于官僚身上的血缘道德外衣。但应当承认,在君主权势的诱惑过于强大时,官员要支持其"公仆"意识并不容易,因此在一定意义上讲,黄宗羲关于置相的阐述要比对"公仆"意识的强调更为重要,因为置相所代表的是整个国家官僚制度的完善,它是政治正常化、规范化的基本保证。对此,《明夷待访录》还通过对法的讨论作了阐述。

---

① 《明夷待访录·原臣》,《黄宗羲全集》第一册,第4页。
② 同上,第5页。

黄宗羲认为："三代以上有法,三代以下无法。何以言之?"因为,"三代之上之法也,因未尝为一己而立也",而后世"所谓法者,一家之法,而非天下之法也"①,其法未曾有一毫为天下之心。因此在黄宗羲看来,秦汉以后的众多法实质上只是防范人以及惩治人的律令和刑杀。身处于这张法网中,"即有能治之人,终不胜其牵挽嫌疑之顾盼,有所设施,亦就其分之所得,安于苟简,而不能有度外之功名"②。历史上记载的"吏道以法令为师"③,"太守汉吏,奉三尺律令以从事耳"④。正可谓是黄宗羲这一思想的注脚。在黄宗羲看来,真正的法是出自为民谋利的目的而制定的一套体现这一目的的国家基本法,相当于今天的宪法。由于宪法往往是从正面高度概括性地陈述国家的制度、公民的基本权利和义务等,因此"莫不有法外之意存乎其间"⑤。这样,"其人是也,则可以无不行之意,其人非也,亦不至深刻罗网,反害天下"⑥。但在这里,黄宗羲的观点显然不同于西方近代立宪制度的精神,因为黄宗羲所主张的是给予贤能的官员以充分的自由来完成他们肩负的社会责任,制度运转既定的程序遭到了漠视。显然,在陈述法的问题上黄宗羲依旧服从于儒家传统的政治思想,以"人治"的政治确立为其追求的目标,有道德的君臣终究是根本。当然,这样理解并不是说在儒家的政治原理中,广义上的"法治",即依靠合理化的制度来管理国家的思想不存在。将"人治"与"法治"截然分开、对立的观点是形而上学的。事实上,儒家同样重

---

① 《明夷待访录·原法》,《黄宗羲全集》第一册,第6页。
② 同上,第7页。
③ 《汉书》卷八三《薛宣传》。
④ 同上,《朱博传》。
⑤ 《明夷待访录·原法》,《黄宗羲全集》第一册,第7页。
⑥ 同上。

视合理化制度的建立,《明夷待访录》讨论法、相、取士,尤其是田制、兵制和财税制便是明证。但是比较而言,儒家更重视人的因素,更高地看重道德的实用价值。黄宗羲也没有超越这一点。但黄宗羲大大高于前人的地方在于他不再抽象地谈论这些,而是将一切摆在以置相为标志的合理化制度确立的前提下加以申述。

三

在《原君》中黄宗羲提出了真正的君主观念,但这只是儒家政治思想的一种寄托,儒家向来就是如此使人把一切与现实丑恶背悖的美好愿望放在"三代"的光环下用以规范、批判现实。作为中国政治的传统,君主制是现实的格局。在这种体制里,君权是绝对的、最后的。但是君权的应用在儒家看来并不可以随心所欲。作为这种要求的结果,在客观上儒家始终努力用一种更高的力量来约束君权,这在汉儒那里便是"天",在宋儒处便是"理";在主观上儒家从最初登上历史舞台起,孔子就致力于将超出个人利益的一种思想上的信念,即"道"赋予儒家,使儒家恃此精神凭藉批判现实,抗礼王侯。孟子讲:

> 古之贤王好善而忘势,古之贤士何独不然? 乐其道而忘人之势,故王公不致敬尽礼,则不得亟见之。见且由不得亟,而况得而臣之乎?[①]

明确提出了儒家肩负的"道义"高于君主的权"势"。9 世纪以后,这种思想更被发展成开放的"道统"观念而出现在儒家哲学中,前引朱

---

① 《孟子·尽心上》。

熹对陈亮的答复也正是儒家否认君主具有必然的道德威望的思想体现。作为这种思想在现实政治实践中的体现,儒家一方面直接议论朝政,另一方面便是不断地按照儒家的思想模式,以教育的形式来塑造皇帝和培养构成国家官僚阶层的知识分子。为王者师,这是儒家一贯的自负。

传统的中国政府对教育无疑是重视的,国家设立的教育机构"有些甚至表面上与我们的大学十分相近,至少很像我们的研究院"①,但是,政府设立的教育机构却往往反与政府作对,黄宗羲提到的"东汉太学三万人,危言深论,不隐豪强,公卿避其贬议。宋诸生伏阙槌鼓,请起李纲"②。正是其中的典型。当然,这并不能改变学校受制于君主的根本状态。宋以后,书院得以兴盛,这使得儒家在一定程度能够游离于国家设立的太学以及各级官府设立的府学、县学。凭借着这一阵地,儒家的学者们不仅可以彼此唱酬,形成群体,推动学术思想的发展,书院遂亦因此成为理学兴起的摇篮,而且还以儒家的标准臧否人物,议论时政。但是在"溥天之下,莫非王土",君权影响力极大的传统中国,书院终究难免蜕变成科举制度的工具,这在明朝尤为严重。"所谓学校者,科举嚣争,富贵熏心,亦遂以朝廷之势利一变其本领。"③黄宗羲对学校的讨论正是在这样的传统与现实背景下进行的。

关于学校的功能,黄宗羲讲:"学校,所以养士也。然古之圣士,

---

① 韦伯:《新教伦理与资本主义精神》,黄晓京等译,四川人民出版社,1986 年,第 14 页。
② 《明夷待访录·学校》,《黄宗羲全集》第一册,第 11 页。
③ 同上,第 10 页。

其意不仅此也,必使治天下之具皆出于学校,而后设学校之意始备。"①教育本属于儒家分内事,并不需饶舌,因此"必使治天下之具皆出于学校"成为黄宗羲更关心的问题。作为基本的思想与立场,黄宗羲所谓"天子之所是未必是,天子之所非未必非,天子亦遂不敢自为非是,而公其非是于学校"②,实质上仍只是儒家"道统"高于"君统"的另一种说法。但是在黄宗羲这里,并没有使这种观念始终停留在理论上,而是凭藉学校这样一种切实的制度使之得以贯彻。因此,黄宗羲详尽地提出了建设学校以及发挥学校功能的基本准则。这主要有三条:一是"郡县学官,毋得出自选除。郡县公议,请名儒主之。自布衣以至宰相之谢事者,皆可当其任,不拘已仕未仕也"。"太学祭酒,推择当世大儒。"③从制度上保证了儒家作为精神领袖的真实地位。二是"每朔日,天子临幸太学,宰相、六卿、谏议皆从之。祭酒南面讲学,天子亦就弟子之列。政有缺失,祭酒直言无讳"。"学官讲学,郡县官就弟子列,北面再拜。""郡县官政事缺失,小则纠绳,大则伐鼓号于众。"④这样,儒家为王者师就不再是一句自负的空话。三是在人才荐送、民间社会生活的管理方面,学官拥有切实的权威。其中上述三条中的第二条容易被比附于近代西方代议制,因此黄宗羲讨论的学校也因此被理解成中国的议会,但这其实是一种似是而非的认识。议论时政从来就是儒家的传统,在君统(即政统)与道统之间,儒家的立场决不是政统高于道统,而必须是道统高于政统。因此根据儒家的道评判现实的政治是一种必然之举。这里并不

---

① 《明夷待访录·学校》,《黄宗羲全集》第一册,第10页。

② 同上。

③ 同上,第12页。

④ 同上。

非要引入西方的代议制这样一个概念来理解《明夷待访录》。至于学校这个实体及其评判现实政治的功能，也并不是黄宗羲的新发明，而是儒家早已付诸实践的传统形式，黄宗羲的贡献是在于他把这种基于儒家政治思想而自发产生的实践试图通过制度的建设而得到肯定与保证。的确，如果仅仅是孤立地看待这一点，认为《明夷待访录》所讨论的学校相似于西方的议会并无不可，但如果将这种议论放在儒家的政治思想以及实践中来加以审视，那么这样的认识不免是种误解。

为说明这一点，这里有必要进一步来看一下《学校》篇中的几段话。"天之生斯民也，以教养托之于君"，然而事实却是民既无养，亦失教，"授田之法废，民买田而自养，犹赋税以扰之；学校之法废，民蚩蚩而失教，犹势利以诱之"。君主既无仁德，那么养只能有赖于相，而教则寄托于儒。相与儒，实便是君主之左右分身。所谓太学祭酒，"其重与宰相等，或宰相退处为之"，"择名儒以提督学政，然学官不隶属于提学，以其学行名辈相师友也"①。正点明了这一点。因此，学校的建立与相位的设置一样，目的是从制度上贯彻儒家的政治思想，而这一政治思想并不是要推倒君主这个权威，相反是要通过相与儒各自的努力——这种努力都存在着上下两维。作为相，上是维持官僚制度的自主性，下是厚生富民；作为儒，上是议论时政，用道指导现实政治，下是教化移俗——把真正的权威赋予君主。黄宗羲对学官教化之职的强调："入其境，有违礼之祀，有非法之服，市悬无益之物，土留未掩之丧，优歌在耳，鄙语满街，则学官之职不修也。"②无

① 《明夷待访录·学校》，《黄宗羲全集》第一册，第11—12页。
② 同上，第14页。

疑是对这一认识的极好说明。

至此,本文就《明夷待访录》的《原君》、《原臣》、《原法》、《置相》、《学校》,亦即《明夷待访录》的基本政治思想作了一番粗疏的分析和理解。按照这种理解,黄宗羲的政治模式实际上是由君主和以相为代表、以法为倚靠的国家官僚制度,以及儒家的精神权威"道统"三部分构成的。黄宗羲关于君主的观念表明他在政治思想的根本立场上坚持了儒家传统政治思想的核心,即道德主义的原则。黄宗羲对君主专制的批判实质上是以儒家政治思想中以道德为核心、集道德与才能于一身的君主观念批判专制的君王,而非君主制度,更不是对民权的鼓吹。这种恪守儒家传统政治思想的立场在其余两方面同样得到各自的反映。但《明夷待访录》的政治思想又决非传统的儒家政治思想的简单翻版或拼凑。黄宗羲的根本贡献在于他力图将儒家抽象的政治思想转化为一种基于中国历史本身的现实的合理化制度,使儒家的政治思想成为现实政治真正的灵魂。黄宗羲的工作一方面是从根本上推进了儒家的政治思想,另一方面也给儒家的政治思想在传统的中国社会中的发展画上了句号。因此,《明夷待访录》虽然不同于西方近代启蒙运动意义上的著作,但这并未使它失去在中国思想史上的重要地位。

原载《清史研究》1994 年第 2 期

论《明夷待访录》的经世观念

一、引　言

　　儒家传统的政治哲学一般由两个部分构成：一部分是关于政治理念的，如政治存在的基础及建筑于其上的政治的根本宗旨、构成政治体系的主要因素及其相互间的关系、君臣角色的定位等内容；另一部分则主要涉及具体的建制和经济政策。从整体上讲，虽然前后两部分作为政治哲学中的内容，都是以观念形态呈现的，但理论上的倾向是有明显区别的，前者近于政治原理，后者更像济世之策，以中国思想固有的术语称经与术、或道与术作为两者之称谓尚是比较贴切的。

　　黄宗羲的《明夷待访录》作为儒家政治哲学史上最系统的理论建构，其思想内容也是依此而展开的。今本《明夷待访录》除《题辞》外，正文存 21 篇，细目如次，《原君》、《原臣》、《原法》、《置相》、《学校》、《取士》2 篇、《建都》、《方镇》、《田制》3 篇、《兵制》3 篇、《财计》3 篇、《胥吏》、《奄宦》2 篇。此 21 篇大而分之，《原君》、《原臣》、《原法》、《置相》、《学校》所论，主要属于政治原理。大凡视《明夷待访录》为开启中国近代民主思想的启蒙著作的学者，往往也是据此而立论。由是之故，我曾就此标以"政治思想"加以专门讨论，提出了不同的看法。[①] 但是，若要真正理解《明夷待访录》的思想，而不是仅限于其政治原理的定性分析，那么进一步讨论其余的篇章是非常必要的。[②] 本文取"经世观念"一词，固然有相别于旧文名称的功用，但更重要的是基于上述的认识。

为益于下文的分析，有必要重复一下我对于《明夷待访录》的政治思想的根本性质的认识。《明夷待访录》只是传统意义上的儒家政治思想，而不是西方近代意义上的那种民主思想的启蒙著作。这里不妨简单地申述两点：第一，按照康德的解释，西方近代的启蒙运动，"就是人类脱离自己所加以自己的不成熟状态。不成熟状态就是不经别人的引导，就对运用自己的理智无能为力"[③]，是一种全民摆脱外在权威，有勇气运用自己的理智的运动。而《明夷待访录》不仅缺乏这种精神意识，而且其精神旨趣也决不在此。第二，虽然黄宗羲在《原君》开篇就确立了与西方休谟、洛克等相似的"有生之初，人各自私也，人各自利也，天下有公利而莫或兴之，有公害而莫或除之"这样哲学上的人性设定，但他并没有因此开出政治思想中的契约论，而是沿着儒家传统的思路，期待一种合乎道德精神的贤人政治。提出这些，在我看来，并不等于表明儒家的思想中开不出现代生活中所需要的民主意识或契约思想，而是欲以强调黄宗羲在他的《明夷待访录》中的精神旨趣并不在这些方面。当我们因为两种思

① 参见拙稿：《论〈明夷待访录〉的政治思想》，《清史研究》1994 年第 2 期。
② 狄百瑞（W. T. de Bary）在其《中国的专制政治与儒家理想》（载《中国思想与制度论集》，联经出版公司，1976 年）一文中，对《明夷待访录》的主要篇章进行了富有启发的讨论，但他似乎没有揭示黄宗羲政治哲学中的建设性意见。
③ 《历史理性批判文集》，商务印书馆，1990 年，第 22 页。

想外在的某些相似而进而希望借用其中的一种来解释另一种时，应该警惕牵强附会的危险。因此，本文不想简单地将西方的人文精神套用在对中国思想文化的认识上，而欲把《明夷待访录》置于中国的历史文化传统中加以讨论。

二、肯定现实体制基础上的改革设想

从《取士》、《建都》、《方镇》、《田制》、《兵制》、《财计》、《胥吏》、《奄宦》这些篇目可以看出，黄宗羲的经世观念所涉是非常广的，几乎讨论到了当时社会发展在政治经济体制方面所反映出来的所有问题。但是透过粗疏的观察，有一点是非常清楚的，尽管黄宗羲的整个经世观念都是针对中国社会发展到明代所出现的问题而提出的，然从思想所触及的问题而论，这些观念无疑存在着层次上的差别。《取士》、《建都》、《胥吏》、《奄宦》诸篇所论较切于具体问题，而《方镇》、《田制》、《兵制》、《财计》中的观念则涉及中国社会传统体制中的核心问题。这里先讨论前者。

秦汉郡县制推行以来，操作中国行政事务的官僚体系的来源一直是一个重要的问题，因为它本身是构成和维护中央集权制的基本因素。隋唐以后的科举制是历史长期发展过程中的一种产物，它无疑适应了中国社会力求摆脱政治活动中的宗法干扰的需要，促使政治运作呈一种有序的客观化的过程。虽然郡县帝制的基本格局不可能彻底消除整个政治生活中的宗法性，但是，从皇帝对皇族、外戚的政治限制，到豪族门阀被科举取士所取代的基本历史事实，毫无疑问地表明了中国政治体制存在着一种消除以血缘家族为根本特征的宗法力量的趋向。对于科举制的这一基本价值，黄宗羲是认同的。因此在《取士》中,他的根本点并不在否定科举制这一取士制度本身,而是详尽地表达了他对科举制实际操作中所存在着的具体问题的认识,并提出了相应的改革意见。这里单看他对科举的考试内容的议论。明代士子应试主要读的是《四书》朱注,外加八股文,学风浮薄,这样的科举取士,最根本的问题是不能保证真正有才能的人被选中,因此崇祯帝力求通过拔贡、保举、准贡、特授、积分、换授六法补其不足,"思以得度外之士"。但是黄宗羲细加分析的结果是,"凡此六者,皆不离经义,欲得胜于科目之人,其法反不如科目之详,所以徒为纷乱而无益于时也"。他进而追述唐宋,指出,明代科举的弊病实前代尽有,改革的设想与实践也都曾有过,而从这些弊病与改革看,科举取士中关键的问题是设置的科目如何既要保证能见到考生在经学上的学问基础,又能反映考生的通经致用的独立见解。注重前者不仅可以排除取士时"有司率情上下其手",保证考试的公正性,更可以引导士子弃空疏而笃实;强调后者则避免选用死读书、读死书的愚蔽者。由此黄宗羲所设想的"变浮薄之一术"是,"复墨义古法,使为经义者全写《注疏》、《大全》、汉宋诸儒说,一一条具于前,而后申之以己意,亦不必墨守一先生之意"[1]。事实上,如果将黄宗羲对科举制的基本立场与晚清知识分子对科举制的认识加以对比,那么其间思想观念上的性质区别是非常清楚的。

与此相似,《胥吏》和《奄宦》所关心的问题不仅在大的方向上属于官僚系统的范畴,而且在方式上也是在于厘清一些具体的问题。按照黄宗羲的思想,奄宦与胥吏不属于国家正式的官僚组织中的成

---

[1] 《明夷待访录·取士上》,《黄宗羲全集》第一册,浙江古籍出版社,1985 年,第 15 页。

员,而只是行政操作中的辅助添设部分。奄宦本质上是皇室的家仆,胥吏则是具体承长官之命处理具体事务的办事人员。但是在实际中,奄宦干政于上,胥吏弄权于下,干扰乃至破坏了正常的政治运作。然尽管如此,奄宦与胥吏并不能从根本上去除,而只能作具体的改革,这构成了黄宗羲思想观念的基本点。因此他进而讨论了胥吏与奄宦职能的界定、胥吏的来源、奄宦的数量等具体事项。实际上,如果将《取士》、《胥吏》、《奄宦》三篇与《原臣》、《置相》对照起来研读,则不难看清,诸篇所关注的问题是同一的,即围绕的都是政治系统中的人的问题。其间的区别仅在于,《原臣》和《置相》,尤其是《原臣》是从原则上正面陈述政治系统中的官僚角色理论,故我将其视为政治原理而论之,而《取士》等三篇如上所述是从实际操作中的具体问题上来入手贯彻。其中,《取士》重在官僚队伍本身的建设,而《奄宦》和《胥吏》则重在消除外部对政治运作的干扰,因而在性质上,这种贯彻是在实际的层面上来支撑黄宗羲所认定的政治原理。

至于《建都》,本是一个具体问题。明初定都于建康,自永乐取代建文帝,始定都于燕京。朱元璋起兵于长江流域,重心在此,同时元朝虽北退大漠,但实力并没有完全丧失,定都燕京不免涉险。但朱棣封于燕,经营有年,如还都建康,则亦不利。故而有明一代都城的迁徙在很大的程度上是取决于当时的实际情况的。这种最基本的国史常识,黄宗羲当然是非常清楚的,但他的讨论却是放在更大的历史背景中展开的。主要有两点:其一,都城在地域上应有安全性。中国历史上胡马南牧是最大的危险,从儒家华夷相别的观念论,此更系重心所在。对明朝而言,以幽燕为都,"则身守夫门庭矣"①。其二,都

---

① 《明夷待访录·建都》,《黄宗羲全集》第一册,第 21 页。

城当定在经济文化发达之地,尤其是经济的富庶区域。黄宗羲在讨论到这点时,反映出他高明的历史洞察力。他指出,纯从地理上考虑,定都当以关中为上,但随着江南的开发,中国的经济中心已发生南迁,如果将国都定于非经济富庶区,为维护政治中心的良性存在,"江南之民命竭于输挽,大府之金钱靡于河道",实不足取。

三、改革税制田制与中央政府职能的修正

如果说黄宗羲在上述诸篇中的基本立场,是在肯定现实体制的基础上建议适当改革具体的做法以求完善,那么,《方镇》、《田制》、《兵制》、《财计》诸篇则明显含有否定中国社会传统政治经济体制,修正中央政府职能的倾向。

《方镇》篇容后讨论,这里先依次分析黄宗羲在《田制》、《财计》和《兵制》中的意见。

《田制》分三篇,讨论的问题却只有两个:税制和田制。

先看税制的问题。

黄宗羲在讨论税制时,思想上存有一个前提,即秦汉以下的郡县制与三代的封建制定税的前提是根本不同的。"古者井田养民,其田皆上之田也。自秦而后,民所自有之田也。"生产资料的来源与所有权完全不同。因此秦汉以后,中央政府即便将税定得比较低,如汉代文、景的三十税一,"较之与古亦未尝为轻也"[1]。这种价值评价上的取舍,其历史依据的真实性与有效性无疑是值得怀疑的。透过黄宗羲观念陈述的外在逻辑,与其说是获得一种历史观,毋宁说是认识

---

[1] 《明夷待访录·田制一》,《黄宗羲全集》第一册,第23页。

到儒家在政治哲学上的一个恒定立场,即以三代封建之制作为用以规范和批判现实政治的参照,以明确道统高于君统。

在明确了这样一种基本的道德评价之后,黄宗羲才进而讨论具体的定税问题。关于定税方法,黄宗羲是通过对现状的分析提出的。黄宗羲认为,"斯民之苦暴税久矣",而造成这种残恶现状的原因有三:其一是"有积累莫返之害"。黄宗羲对中国历代的税制作了概略的回顾,指出,三代"止税田土而已",魏晋列户调名目,"田之外复有户矣",而唐行租庸调法,田户外"复有丁矣"。中唐以后因均田制破坏,民户流亡,杨炎改租庸调为两税法,"虽租庸调之名浑然不见,其实并庸调而入于租"。宋沿袭其法,以为两税之外尚别有丁赋可征,不知实已是重复征税了。明以后改行一条鞭法,又步前尘,税额不断积累。因此黄宗羲强调,今欲定税,必须严格地限于田租,并且必须对授田与民自有田作分别对待。其二是"有所税非所出之害"。自然经济一直是古代中国社会根本的存在基础。晚明时期,江南经济中出现了一些突破自然经济的趋向,但一则是范围与规模都有限,二则是这些新的经济行为始终受到朝廷高税额的封杀,因而当黄宗羲反省已往的赋税政策时,关注的对象仍主要是自然经济。按照黄宗羲的看法,自然经济下的主要取税方式应当是"任土作贡","纳钱"只能是"随民所便"的一种通融方法。但后世却将因一时权变而"许依折法以银折输"的取税法依样因袭,结果使百姓在以物兑银的过程中遭到中间盘剥。所以黄宗羲指出:"圣王者而有天下,其必任土所宜,出百谷者赋百谷,出桑麻者赋布帛,以至杂物皆赋其所出,其民庶不至困瘁尔!"这里引出了一个问题,根据黄宗羲主张的取税法,他无疑在思想上是强调自然经济的,而时论多引黄宗羲所言之"工商皆本",视为新的经济行为模式的要求,如何来解释这一思想上的分歧呢？此容下文再论。其三是"有田土无等第之害"。黄宗羲指出，"民间田土之价，悬殊不啻二十倍，而有司之征收，画以一则"①，造成实际上的不合理，尤其是农田得不到休养，土力日竭。改革的方式是通过数量的等级来弥补田的肥沃差别，而后确定租额。

　　除了具体的定税方法，黄宗羲以为国家在确定总的税额时，必须受一个基本的原则支配，即总税额不能根据政府的财政需要，而必须依据现实的土地状况，如反其道而行之，"不任田而任用，以一时之用制天下之赋"，结果必是代代相因袭，致使"天下之赋日增，而后之为民者日困于前"。至于在确定税量的技术上，黄宗羲提出，要使天下百姓相安，应"合九州之田，以下下下为则"，即以瘠土作为参照来确定单产税的征收标准。但是，这样的定税方针所征得的收入是否足以保证国家财政呢？对此一问题，黄宗羲没有正面给予回答，只是借古今对比给出了一个隐喻。他说："古者千里之内，天子食之，其收之诸侯之贡者，不能十之一。今郡县之赋，郡县食之不能十之一，其解运至于京师者十有九。彼收其十一者尚无不足，收其十九者反忧之乎！"②其实，郡县制下的国家财政费用与封建制下的宗主财政费用完全是两个不可类比的数字。中国古代社会中的政治机构的财政费用，除去君主及其集团奢侈以及其余的人为因素以外，政治组织的费用根本上是由政治组织的功能决定的。封建制下天子代表的政治组织与郡县制下皇帝代表的政治组织是完全不同的，作为大历史学家的黄宗羲，用无法类比的两种政治组织来申明他的观点，只能表明他在很大程度上对郡县制下的中央政府的职能持不满意的态度，这

① 《明夷待访录·田制三》，《黄宗羲全集》第一册，第29页。
② 《明夷待访录·田制一》，同上书，第24页。

种不满意在《明夷待访录》中可以看得比较清楚。其实正是这点,反映出黄宗羲否定现实的政治制度的思想倾向。

再看田制的问题。

黄宗羲在讨论田制的问题上,涉及的是儒家经世思想中最富乌托邦色彩的井田制。但是反观极力鼓吹井田制的孟子,应该不难认识到,隐藏在井田制这一形式中的实际内容,其实就是耕者有其田的朴素要求,所谓"明君制民之产,必使仰足以事父母,俯足以畜妻子,乐岁终身饱,凶年免于死亡"①。郡县取代封建以后,历朝中晚期,无不出现严重的土地兼并,最后导致被迫游离土地的农民造反,而欲救世的思想家与政治家无不以阻止土地兼并为根本,无数的"限民名田"政策和劫富夺豪行为便是其体现。但黄宗羲似乎是不主张限民名田,更反对合法或不合法的种种劫富之举。他说:"古之圣君,方授田以养老,今民所自有之田,乃复以法夺之,授田之政未成而夺田之事先见,所谓行一不义而不可为也。"②

然则如何保证耕者有其田呢?这便自然要重提井田制的设想。黄宗羲分析了前贤各不相同的看法。一种观点是认为井田的恢复,必"乘天下大乱之后,土旷人稀而后可",这恐怕是大多数人的一种简单的想法,而黄宗羲认为,一种良好的政治,必须要通过一种莫大的罪恶才能建立起来,这实是不可思议的。黄宗羲又提及苏洵。苏洵曾详细论证了推行井田制的困难,而黄宗羲以为苏洵所谈的道路、水利等其实是没能抓住要害,如真推行井田制,这些并不成问题。黄宗羲复提及胡翰和方孝孺。然而他们"但言其可复,其所以复之

---

① 《孟子·梁惠王上》。
② 《明夷待访录·田制二》,《黄宗羲全集》第一册,第24页。

法亦不能详"。由此,黄宗羲提出了自己的设想。他认为,从明代实行的屯田制可以推想出井田制。这实际上表明黄宗羲思想中并不认为历史上有某种具体的井田制可资照搬,他借用井田制这一儒家固有的理想,实质上欲以解决的是现实的问题。黄宗羲在详细计算卫所屯田的支用情况的基础上,修改卫所屯田的实际营行方式,以万历六年的土地和人口统计数据为依据,推算出"每户授田五十亩,尚余田一万七千三十二万五千八百二十八亩",以此余田,"以听富民之所占,则天下之田自无不足,又何必限田、均田之纷纷,而徒为困苦富民之事乎!"①这里且不讨论黄宗羲这一与传统思路迥异的设想可行性的问题,以及隐含于其中的可能的理论问题,如土地资源与人口变化的关系,而只就本文所关心的论题言,黄宗羲关于田制的设想实突破了支撑中国古代社会结构的土地基础。中国古代郡县制下的中央集权,其政治上的权威本质上是建立在经济权威基础上,它不允许地方经济或私有经济的极度发展,以构成对中央的威胁。而自然经济下的古代中国,经济的根本发展只能源自农业。限田的政策虽然有保证耕者有其田的功能,但同时也具有限止非皇权经济成分膨胀的功能。在黄宗羲提出的设想中,耕者有其田的功能的保存有一个前提,即社会总的经济收入是一个恒数,在这个恒数中保留出相当的份额供富民占有以求发展,其实质便是相对地减少了中央政府所占有的份额,换言之,上述限田政策的后一个功能在黄宗羲的经世观念中被削弱了,而这正是黄宗羲否定现实的经济体制,欲对他不满意的中央政府职能加以改革的一个具体途径。

---

① 《明夷待访录·田制二》,《黄宗羲全集》第一册,第26页。

四、天下安富的途径与障碍

如果说田制与税制的讨论，旨在卸掉民众身上的沉重负担和确立经济发展相对自由的条件的话，那么《财计》三篇则是从正面关心儒家的传统问题，即如何富民的问题。黄宗羲与历代思想家的经世观念有别，他将如何富民的突破点主要选在通货问题上，具体的讨论则从两方面展开，首先是提出"废金银"，其次是确定"行钱法"。

黄宗羲概述了金银从饰物发展到通货的历史，揭示出了两个有意义的现象。其一是当金银成为通货时，它的流通是与钱钞并存的。这种并存的结果往往是金银所含的值为世人所承认，钱钞则常不然。政府为了盘剥民财，一方面以钱钞兑换金银，另一方面则垄断金银矿。黄宗羲进而分析道，以钱钞兑换金银，实质上是"罔民而收其利也"，实难取信于民。由于钱钞的信用度降低，大家都希望拥有金银，而政府又垄断金银矿，这就必然引来第二个现象，即作为通货的金银的严重不足。从前文已知，黄宗羲已指出长时期来的赋税方式是将实物折成银上缴，但现实是通货不足，因此便造成"田土之价，不当异时之什一"，"百货之价，亦不当异时之什一"的局面。毫无疑问，实际受到损失的只能是黎民百姓。根据黄宗羲的这种分析，显然，阻止天下安富的障碍在于通货的混乱，废金银、铸钱币是唯一的出路。值得注意的是，黄宗羲的这一主张其本意绝非是出于什么近代意义的工商业发展的需要，而完全是为了当时中国自然经济状态下的人民与政府之间的经济关系的良性运作考虑的，这从它指出的废金银具有的七利的前两条就可以看得清楚。"粟帛之属，小民力能自致，则家易足"，这是黄宗羲对基本的经济结构的保护；"铸钱以通有无,铸者不息,货(指通货)无匮竭"①,则是以通货的足用来保证兑换的正常。

但是,强调这一点并不是说黄宗羲的讨论没有意义,他对通货问题的清理仅就对中国传统社会的经济关系的影响而言,就存有非常重要的价值。因为富民问题尽管是儒家政治哲学所确定的一个现实目标,但已往的思考更多地局限于土地以及赋税的问题,如此详细地从通货这一关节点上提出思考几乎是不曾有过的。更何况,一个思想家的历史贡献并非依据其思想产生的主观考虑,因为历史更重要的不是由人类有意识的目的,而是由人类行为实际的结果推动发展。黄宗羲主张废除金银的主观愿望固然为了是消除自然经济状态下的通货的混乱,但他提出的通货设想却不仅仅有益于自然经济下的经济关系的维持,而且同样具有支持和推动近代工商业形成与发展的功能。这点通过他关于"行钱法"陈述,可以看得非常清楚,只是不能因此而误解黄宗羲提出这种观念的目的。

关于"行钱法",黄宗羲是从钱钞的功能,以及支撑这种功能的因素的分析而提出他自己的看法的。他指出,钱钞的功能有"一时之用"与"久远之利"的区别,前者是通过实行通货膨胀的政策,即所谓"以三四钱之费得十钱之息,以尺寸之楮当金银之用",剥夺民财,这显然是黄宗羲所反对的。后者是将钱币限定为流通媒介,因而能促成"封域之内"的财用流转,这是黄宗羲所要肯定的。当然,金银与钱钞变成通货本来就在于社会生活中有此需要,问题是如黄宗羲所指出的那样,"治天下者,常顾此而失彼,所以阻坏其始议也"。因此黄宗羲着力强调的是如何来保证通货作为流通媒体。对此他提出

---

① 《明夷待访录·财计一》,《黄宗羲全集》第一册,第38页。

两点:其一是增强钱钞的权威性。黄宗羲详细分析了历代与明朝在此问题上的错误,提出三方面的要求:造币严格,通货归一,使用一贯。其二是增强钱钞的信用度。黄宗羲观察了唐代飞钱及其在宋代的使用,非常清楚地指出钱钞的信用度必须靠它所含的值来支撑。因此钱钞的制作量必须严格以等值的"官钱",即国家的经济实力作依据。从这些关于通货的陈述中,反映出黄宗羲的一个非常重要的观念,即通货的制作、发行和流通的整个过程必须由中央政府设立专职来实施并加以控制,他所强调的"须重为之禁,盗矿者死刑,金银市易者以盗铸钱论","使货物之衡尽归于钱。京省各设专官鼓铸,有铜之山,官为开采,民间之器皿,寺观之像设,悉行烧毁入局"①,便是这一观念的明确展示。

需要进行考虑的是,为什么黄宗羲要将天下安富的关键点定为通货问题,而不是其他问题,譬如现在许多学者热衷谈到的晚明江南出现的生产关系问题?要回答这个问题,有必要分析黄宗羲在《财计》第三篇讨论的内容。《财计》第三篇表面上讨论的是社会习俗问题,但实际上涉及的是经济生活中的两个重要的环节:消费与生产。

国家赋税减轻,钱法推行正确,足以促成天下安富。但黄宗羲以为,这只是问题的一面。问题的另一面在于,倘若"民间之习俗未去,蛊惑不除,奢侈未革,则民仍不可使富也"。换言之,集中体现于消费方式上的整个社会的生活方式是影响天下安富的另一根本。对于晚明社会消费方式存在的问题,黄宗羲指出了三点:即上引之习俗、蛊惑、奢侈。所谓习俗,就是婚葬红白事情上的无度开销;所谓蛊惑,就是佛巫对民财的侵吞;所谓奢侈,就是娼优、酒肆、机坊上面的

---

① 《明夷待访录·财计二》,《黄宗羲全集》第一册,第39页。

花费。黄宗羲沉痛地指出："今夫通都之市肆,十室而九,有为佛而货者,有为巫而货者,有为倡优而货者,有为奇技淫巧而货者",而"倡优之费,一夕而中人之产;酒肆之费,一顿而终年之食;机坊之费,一衣而十夫之煖"①。显然,这样的消费方式不是自然经济下的普通民众所能享用得了,故"皆不切于民用"。

由于黄宗羲认为,晚明社会习俗的现状是传统的"吉凶之礼既亡,则以其相沿者为礼"的结果,所以他强调,"治之以本,使小民吉凶一循于礼,投巫驱佛",而承担这一社会改造任务的正在于学校。在此"治本"的基础上,再辅之以"治末","倡优有禁,酒食有禁,除布帛外皆有禁"。黄宗羲强调,正是他这种治本治末的社会改造观念,是"古圣王崇本抑末之道"。由此"崇本抑末"的解释,黄宗羲进而批评了那种在经济生产门类上作本末区分的观念,提出了自己与"消费"相对应的"生产"观念。他认为,构成富民的生产,并非世儒所认为的那样,仅仅是农业,而"工商为末,妄议抑之",农业当然是经济生产的根本和基础,但工商亦同属促成天下安富的根本,故"工固圣王之所欲来,商又使其愿出于途"②。

如果我们从黄宗羲对财计问题的整个思考出发,结合他对晚明社会消费方式的批判,尤其是他在文中将机坊与倡优、酒肆同列,将"为奇技淫巧"与"机坊"共列于这种批判之中,我们可以体会出黄宗羲没有将机坊像时论所着力证明的那样,当作什么新的生产方式,而只是视为传统手工业的一种不正当发展来加以看待并提出禁抑主张的。因此他讲"工商皆本",决非是基于对晚明江南出现的生产方式

① 《明夷待访录·财计三》,《黄宗羲全集》第一册,第41页。
② 同上,第44页。

的认识而作出的对非自然经济模式的工商经济的前瞻与要求，而只是对传统中国社会中自然经济状态下作为农业补充的手工业与商业活动的肯定，他讲的"工固圣王之所欲来，商又使其愿出于途"的话，亦当与孟子所谓的"今王发政施仁，使天下仁仕者皆欲立于王之朝，耕者皆欲耕于王之野，商贾皆欲藏于王之市，行旅皆欲出于王之途，天下之欲疾其君者皆欲诉于王"①作同等观，皆视为儒家的政治理想。由此可以确信，黄宗羲所言的"工商皆本"与前文所述的他所主张的取税法，并无思想立场上的冲突，它们同属立足于儒家传统政治哲学上的黄宗羲于经世问题上的现实性思考。同时也可理解，黄宗羲之所以要将天下安富的关键点定为通货问题，而不是现在许多学者热衷谈到的晚明江南出现的生产关系的问题，原因在于我们今天看来是新鲜而最重要的问题，在黄宗羲看来只是一个陈旧而第二位的问题。消费与生产观念出现的问题尚不会左右经济活动本身，它们只是一个认识性的问题，而通货问题则关系到整个天下的安富与否，属于整个国家制度性的建设问题。正是这种轻重关系决定了它们在黄宗羲思考过程中的地位，《财计》三篇中的最后一篇甚短于前两篇在一定意义上实也透示出这点。

五、兵民不分及军队的管理

对于一个具有高度历史观念与丰富历史知识的思想家来讲，与国家财政相关的民事与军事实是维系国家存亡的根本，因为就国家最基本的管理而言，"国之兴亡系于财之丰耗，阜财者，民也；耗财

---

① 《孟子·梁惠王上》。

者,军也"①。故黄宗羲讨论兵制,并不是单纯对具体的军事组织感兴趣,而是首先从国家财政的负担上来考虑,其次才涉及军事组织中的问题。

明代兵制实行卫所制。后变而为招募,成民变之祸;再变而为大将屯兵,又成尾大不掉之势。后来的变化本属不得已而求牵免度日之举,不足以细说,黄宗羲只就制度本身并无不善的卫所制作为讨论的对象。他讲:"原夫卫所,其制非不善也。一镇之兵足守一镇一地,一军之田足赡一军之用,卫所、屯田,盖相表里者也。"②关于卫所制下的明朝军队的供给基本上是通过屯田自给,后世学者的研究也给予了证明。但是黄宗羲强调的是,原初并无不善的卫所制最后被破坏,原因固然在末流之弊,但"亦由其制之不善所致也",而"制之不善,则军民之太分也"③。在黄宗羲看来游离于民众的职业军队的长期存在是国家财政的严重负担,而改变这种状态的办法是还军于民。其具体方法是依照人口数来确定军队数量,而军队的供给根据平时和调发两情况,以某种比例的户籍数来提供,给养由各户均分,军队实行退伍制。对此,黄宗羲以万历六年为例作有详细说明。他认为只有这样,国家财政负担才能减去,军队战斗力方能提高。同时,为了解决乡土观念的问题,军队的来源及负责的区域都限于本地区,京畿之内则实行更番入卫。

关于军事组织的管理,黄宗羲首先批评明代兵制的军事权力互相节制的问题。明代兵制总兵由职业军人担任,但总兵"必听节制于督抚或经略",督抚与经略是实际的将领,他们是由不懂军事的文

---

① 孟森:《明清史讲义》,中华书局,1981年,第29页。
② 同上书,第40—44页。
③ 《明夷待访录·兵制一》,《黄宗羲全集》第一册,第31页。

臣担任的。这种兵制的目的是使"节制者不得操兵,操兵者不得节制",相互制约,"使其势不可为叛"。国家承平之时,职业军人的地位相对于文臣言,始终很低,"有将之名而无将之实";明末兵兴以后,崇祯帝"专任大帅,不使文臣节制"①,结果武臣拥众自重。对此,黄宗羲认为,军队不能通过兵将分离、管理者与操作者分离这样的权力制约来进行管理,因为"天下有不可叛之人,未尝有不可叛之法",在变故时期,督抚受总兵胁迫而随之上下的事情是见多不怪的。但黄宗羲不主张提高职业军人的地位,而是强调使文臣真正掌管兵权。当然,这样主张的前提是因为黄宗羲认为,文臣更具有操行,但是他强调,儒生必须"知兵书战策"。至于职业军人,只能"供指使,用气力",同时要培养职业军人的职业道德,即"亲上爱民"②。

其次,黄宗羲提出了整个国家军队体制的改革设想。明代军队体制是内设都督府、锦衣卫,外设都司与卫所。黄宗羲主张,内设机构取消,只设兵部,而且兵部尚书兼为京营之总兵,侍郎为副将。如起战事,朝廷派出兵部尚书,侍郎代尚书主持兵部与京营事务。显然,黄宗羲的主张一方面是削减机构,降低财政开支;另一方面平时与战时的军事长官始终是与军队合一的,不存在不懂军事的问题。此外,需加注意的是,黄宗羲固然提出"将自中出"的方针,但似乎并不特别强调,他认为,"用巡抚为将"③,直接以地方行政长官统领军队并不是不可行的。当然行政长官必须懂军事是一个前提,这点黄宗羲是考虑到的。问题的关键是在于,由前述已知,

---

① 《明夷待访录·兵制二》,《黄宗羲全集》第一册,第32页。
② 《明夷待访录·兵制三》,同上书,第35页。
③ 同上。

军队的兵源、供给都在地方，而现在将领又直接由地方长官转任，这就有使中央政府对军队的统帅权在很大程度上转移到地方的可能。然而，黄宗羲对此似乎是认可的，这点可以在《方镇》篇中看得更清楚。

《方镇》所陈述的观念的出发点是国家内外的安全问题，故将其归之于军事范畴来理解亦无不可，但它反映出来的问题却涉及黄宗羲对整个国家体制的看法。虽然黄宗羲在《明夷待访录》中对郡县制与封建制的看法已不像最初的《留书》那样有强烈的偏向，而持较中肯的立场，指出"封建之弊，强弱吞并，天下之政教有所不加；郡县之弊，疆场之害苦无已时"，但他的思想着眼点无疑仍是在郡县制的弊病。黄宗羲认为，行封建已不可能，但因时乘势，恢复方镇则是可行的。他分析了唐方镇之利弊，方镇强大一方面威慑到中央，但另一方面适足以控制寇乱。两者比较，黄宗羲思想上明显表现出对后者的重视，他讲："唐之所以亡，由方镇之弱，非由方镇之强"，因此加强地方力量实成为黄宗羲重要的经世观念。由于黄宗羲所讲的"寇乱"，毫无疑问不是只限于外族之入侵，而是包括了黄巢这样的内乱，故而他加强地方的观念针对的是整个国家，决非仅是边疆地区。至于东北、西北、西南边疆地区所设方镇，按黄宗羲"务令其钱粮兵马，内足自立，外足捍患；田赋商税，听其征收，以充战守之用；一切政教张弛，不从中制；属下官员亦听其自行辟召，然后名闻；每年一贡，三年一朝，终其世兵民辑睦，疆场宁谧者，许以嗣世"①的设想，实已成为国中之国，不是封建的封建。

---

① 《明夷待访录·方镇》，《黄宗羲全集》第一册，第21页。

六、结　论

　　至此,本文已对《明夷待访录》中黄宗羲的儒家政治哲学中的经世观念的所有篇章作了分疏,从中我们可以把握黄宗羲的基本立场,以及服务于这种立场的改革设想。撰写《明夷待访录》的目的,与先十年写成的《留书》一样,是为了探讨中国社会的"治乱之故",《留书》已是黄宗羲对此问题"观之也熟"①后的思想结晶,因而后来十年在《留书》基础上重新撰成的《明夷待访录》更属黄宗羲深思熟虑的精神产物。中国社会从秦代发展到明代,中国传统的郡县制形式下的政治经济体制实已经过历史的无情鉴定,总结了正反面的各种经验与教训,不断修正自身而发展得非常完善;代明而起的清,"除武力别有根柢外,所必与明立异者,不过章服小节,其余国计民生,官方吏治,不过能师其万历以前之规模"②,因此黄宗羲讨论的问题断非限于明季,实可理解成对整个中国传统政治经济体制的检讨。

　　除去《原君》诸篇所提出的政治思想外,就本文的论题范围言,黄宗羲对中国传统的政治经济体制的具体反省与修正是分成两方面来进行的。一方面他基本上是肯定了现有的体制,进而提出了相当具体的改革意见,这些可从前文对《取士》、《建都》、《胥吏》、《奄宦》诸篇的讨论中看到。在这些问题上,黄宗羲的观念基本上可以视作是操作手段的完善,有些观念实质上甚至是因时而异的,如《建都》涉及的问题。从总体上讲,黄宗羲这一方面的观念在他整个思想中

① 　《〈留书〉自序》。
② 　孟森:《明清史讲义》,中华书局,1981 年,第 13 页。

不占重要的位置,相对而言是次要的。另一方面则完全不同,讨论的问题涉及的不是某个具体层次,或某个具体方面,而是关系到传统的政治经济体制的基础的核心点,即上文分析到的《方镇》、《田制》、《兵制》、《财计》诸篇。在这些点上,黄宗羲所提出的经世观念明显含有否定传统的政治经济体制的思想倾向,正是这种倾向成为黄宗羲的思想立场。

从上文对《田制》、《财计》、《兵制》和《方镇》的分析,不难看出黄宗羲否定传统的政治经济体制的基本点是他提出了加强地方实力、放宽地方与个人经济的生长空间的观念,这种观念所针对着的无疑是郡县制下的中央政府在政治权力与经济权力两方面的高度集中。黄宗羲在其早年的《留书》中用明确的语言肯定封建制,表明了对郡县制的否定是他思想上的一贯,尽管在他后来的《明夷待访录》中没有再用强烈的言辞来表达这种观念。儒家向来将想象的真实赋予"三代",并借用它来匡正现实。封建制的政治经济体制无法在现实的中国社会中推行,具有高度的历史意识的黄宗羲对此自然是非常清楚的,因此,他提出封建制来对抗郡县制,实质就在于他希望借助儒家道统的思想权威来否定郡县制下的政治经济体制。

只是,正如《明夷待访录》的思想水准已远胜《留书》那样,黄宗羲在坚持他批评郡县制思想立场的同时,已不是仅仅否定郡县制,而是通过具体改换和修正中央政府的职能的方式来改革郡县制下的政治经济体制。这种职能的改换与修正从前面的讨论中可以看到其基本的思路是:大幅度削减中央向地方民间派征的税额;在保证土地均有的前提下解除限田政策,允许富民在经济上的自由发展;在强调农业的同时并重工商业发展,引导正确的消费;通过还军于民,以地方财力供给军队,使中央财政的压力得到减轻。这些目标是通过传统的政治经济高度集权了的中央政府的职能的修正,实质上是权力的下放来达到的。但是中央政府通过对通货发行、流通的管理,以及对地租与工商税的征收,即所谓的"除田土赋粟帛外,凡监酒征榷,一切以钱为税"①,对整个国家的经济行为实行管理,这实际上是中央政府在下放了权力后的职能的重新确定,这种新的职能在某种意义上很相似于我们现在常讲的宏观管理。毫无疑问,这一基本的思路构成了黄宗羲经世思想的重要观念。

显然,传统的政治经济体制中占核心位置的是如何保证中央集权,尤其是政治上的权威性的问题,黄宗羲没有作为他经世方略的重要内容加以考虑。这部分原因固然是因为他有加强地方权力的思想倾向,但更为重要的原因恐在于这个问题在黄宗羲思想上不属于经世之策,而属于对以君臣为代表的整个国家官僚制度的定位,换言之,黄宗羲在很大的程度上是通过一种良性的价值系统的确立来维护权力关系的,这样,他在《原君》、《原臣》诸篇中的讨论实可理解成是对此问题的思考。

由此我们明白,关于中央与地方关系的处理,在本文的讨论范围里,黄宗羲主要是从经济关系上的疏理来解决的。但是权力结构与新的社会结构方面的问题实际上是存在的。军队地方化以后如何保证它对中央的服从? 地方权力的增强所带来的地方自治如何与中央政府的权威相协调? 个人,实际上主要是富民、豪族经济地位的上升对整个国家经济,以及社会结构带来怎样的利弊? 等等,这些问题黄宗羲没有提出他的想法,但它们却因黄宗羲的《明

① 《明夷待访录·财计二》,《黄宗羲全集》第一册,第 39 页。

夷待访录》引发了出来,并足以成为儒家政治哲学思考中国现实发展的重要问题。

原载《中国文化月刊》1997 年第 4 期

思想史的界定与门径

——以两部学案为例

　　在专门史的研究中，思想史或是最难界定的领域。即便是在概念清晰的西方学术世界中，思想史的研究也常常分别在 history of ideas，intellectual history 和 history of thought 三种名下进行展开。此三者的研究对象与方法虽然有所分别，但实际上仍交叉重叠。思想史界定的这种困难，固然是由于思想比较抽象，不像制度、经济、社会等领域那么具象，但更主要的还是在于思想本身所涉甚广，内容难以区分。思想包括了人的精神活动的过程与结果。无论是过程，还是结果，都蕴涵着各种内容及其复杂的关系。认知、情感、意志、想象、困惑，乃至神秘性的感悟都参与并左右着精神活动的过程，其结果也不仅只是有形的思想产品，如文本，而且还有无形的观念、心态，乃至心理等。这尚且只是以"思想"为本位而言。如果从思想的主体者来看，则人的一言一行无不是"思想"的表现，人的全部历史因此无不是"思想"的历史。而且，这个人可以是精英，也可以是大众；可以是个体，也可以是社群。

　　毫无疑问，对"思想"作上述理解，对于思想史研究具有重要的意义，因为只有拥有这种认识，才足以拆除在思想史研究中所存在的篱笆。思想史研究的根本目的是为了通过对人类历史中的精神自我的认识而使自己不断获得超越,历史中的精神自我在何种层面与何种方面获得关注,根本上取决于研究者源自当下时代的精神关怀,换言之,思想史的研究对象是因时因人而开放的。但是,对于一名思想史的具体研究者来说,上述的意义必须通过具体的研究才能得以实现,而在思想史的任何具体的研究中,研究者却仍然需要在疆域模糊的思想世界中确立起对某种研究对象的界定,并获得亲切而着实的门径。从学术史的角度看,这种的界定与门径其实又常常隐藏在既往与现行的研究中。中国的现代史学毫无疑问从梁启超的新史学开始,中国思想史的现代研究也首推梁启超的《清代学术概论》与《中国近三百年学术史》,但是梁启超明确指出,"中国有完善的学术史,自梨洲之著学案始"①。回顾现代中国的思想史的研究,特别是有关中国近世,即从中晚唐到清代前中期的思想史研究中,黄宗羲的《明儒学案》,以及黄宗羲创始、全祖望补成的《宋元学案》,确实具有着奠基的性质,不仅确立起了关于中国近世思想的最初理解,而且形成了相应的研究门径,深刻影响并左右着迄今为止的中国近世思想史研究。故本文拟以两部学案为例,具体讨论思想史的界定与门径。

一、思想史的形态与内容

黄宗羲在《明儒学案发凡》中讲:

> 尝谓有明文章事功,皆不及前代,独于理学,前代之所不及也,牛毛茧丝,无不辨晰,真能发先儒之所未发。程、朱之辟释

① 《中国近三百年学术史》,《梁启超论清学史二种》,复旦大学出版社,1985年,第148页。

氏,其说虽繁,总是只在迹上;其弥近理而乱真者,终是指他不出。明儒于毫厘之际,使无遁影。①

宋代理学是否真的不及明代,另当别论,但黄宗羲将《明儒学案》的儒家思想限定在"理学",其核心主题是辨晰儒佛,即以佛教为思想的参照背景来阐明儒家思想,却是很明确的。根据这个理解,明代的儒家思想显然被界定为是具有形而上学特征的。后来中国现代学术体系建立起来以后,宋明理学被划入源于西方的"哲学"的名下,儒家思想史的研究也很大程度上属于哲学史(history of philosophy)的研究,认识的依据大致也就在这里。不过,哲学概念的引入与现代学术分类的建立都是后来的事情。同时,理学固然呈现出思想的精微性,但终究有别于西方的哲学。西方的哲学既有高度理论化的形态特征,又以抽象概念世界的建构为旨趣,这不仅与大部分儒家思想者的论学风格迥异,而且也与儒家思想以俗世践履为论学的目标不同。因此,《明儒学案》对明代儒家思想的理解虽然偏向于后来的哲学,但其本身更近于观念史(history of ideas)和学术史(intellectual history)的研究。

观念史的研究大致由哲学史研究转出,因此与哲学史的研究有很大的相似性或共同处,两者都注重观念的分析与阐释。但观念史既从哲学史中转出,自然又有区别。一是哲学是西方学术中具有严格形态的学科,属于思想的核心,而提出各种观念的思想者并不一定是严格意义上的哲学家,因此对这些思想家进行思想分析与解读往往归入观念史。二是哲学史研究通常以哲学家为对象,但那些在历史的各个层面与阶段产生重要影响的观念却并不属于某个哲学家,

① 《黄宗羲全集》第七册,浙江古籍出版社,1992年,第5—6页。

因此针对这些观念及其影响进行专门研究也属于观念史的工作。显然，《明儒学案》属于前一种类别的观念史研究，即以思想家为对象，而不是围绕观念来展开的；而这一类别的观念史研究，与学术史性质的研究不存在明显的区别。至于后一种类别的观念史研究，在后来的中国思想史研究中，至多表现为中国哲学概念的研究，而没有真正发展出洛夫乔伊《存在巨链》那样的观念史研究。

《明儒学案》具有比较典型的"学术史"研究的性质，后来梁启超改"学案"为"学术史"，实际上反映了这一特征。学术史性质的思想史研究，在形态上主要体现于三个方面：一是其对象是置身于知识谱系中的知识分子。这个知识分子在传统中国社会就是士大夫，他们的思想是在特定的儒家思想谱系中形成而变化的。明代王阳明后学虽然出现了显著的民间化趋向，但并不脱离儒家的思想谱系。二是思想既在特定的谱系中展开，就自然拥有相应的学术话语与理论形态。明代理学由唐宋以来新儒学运动衍化而来，整个学术话语与理论形态保持着延续性。三是思想既以相应的学术话语呈现，就必然以文本为载体，文本成为最重要的分析对象。《明儒学案》中黄宗羲虽然也为那些没有文本传世的学人立了小传，如卷十《姚江学案》王阳明之后有王阳明的学友许璋、王文辕的小传，但就全书来看，重点显然是在有著述传世者。

《宋元学案》虽然基本上沿袭了《明儒学案》关于儒家思想的理解与研究形态，将研究推进到了宋元两朝，但是在理解与研究形态两方面又都有重大突破。[①] 其一，突破"理学"，改变思想史观念。全祖

---

① 关于《宋元学案》以及全祖望思想史观的详细讨论，请参见拙稿《宋元儒学的重建与清初思想史观——以〈宋元学案〉全氏补本为中心的考察》，《中国史研究》2006年第2期。

望虽然高度评价了黄宗羲的宋代儒学史观,认为:

> 公(黄宗羲)以濂洛之统,综会诸家:横渠之礼教,康节之数学,东莱之文献,艮斋、止斋之经制,水心之文章,莫不旁推交通,连珠合璧,自来儒林所未有也。[①]

但他同时也非常清楚地指出黄宗羲具有严重的"党人之习气"与"门户之见",论学颇具主观性,不是"无我之学"。[②] 事实上,黄宗羲撰写《明儒学案》,也确实偏重于理性重建(rational reconstruction),极具以史昌学的性质。全祖望增补《宋元学案》,不仅跳出了"理学"的窠臼,而且很大程度上摆脱了"理学"这一概念背后所纠集的"道统"意识,力求在广阔的视域中更客观地梳理宋元儒家思想的历史过程。如他在全书最后增补卷九八《荆公新学略》、卷九九《苏氏蜀学略》和卷一百《屏山鸣道集说略》,虽限于当时学术与政治的双重压力,以"略"代"案",以示"外之之意",但其实已是尽最大可能对宋元儒家思想进行历史重建(historical reconstruction)。从理性重建转向历史重建,两部学案的思想史观念发生了显见的变化。

其二,突破"学术",拓展思想史论域。尽管仍然是"学案",但是全祖望增补了卷三《高平学案》、卷四《庐陵学案》、卷四四《赵张诸儒学案》,以及卷九六《元祐党案》、卷九七《庆元党案》。增补这些内容,旨在表明两宋儒学的发展与其环境之间有着不可分割的复杂的互动关系,这些关系或通过某些重要的政治文化复合性人物,如范仲淹、欧阳修、赵鼎、张浚等产生影响,或通过更大范围的历史事件,如

[①] 《梨洲先生神道碑文》,《全祖望集汇校集注》上册,上海古籍出版社,2000年,第220页。

[②] 参见《答诸生问南雷学术帖子》,《全祖望集汇校集注》中册,第1695—1696页。

元祐、庆元党禁发生作用。这就使得思想史的研究完全突破了相对狭隘的学术谱系，思想的理解与阐释被置于更宽广、更深远的历史视野中进行，思想与环境的互动被纳入关注之中。这些正是 history of thought(思想史)的研究主题。① 换言之，由于研究对象的拓展，全祖望将《宋元学案》的研究形态由《明儒学案》的"观念史"、"学术史"，延伸到了"思想史"。西方学术中关于思想史的三种形态，在《宋元学案》中都获得了呈现。需要申述的是，思想史以思想与环境的互动为主题，但所谓的环境，所谓的更宽广、更深远的历史视野，并不是漫无际涯、没有轻重的，而是完全根据具体的思想活动本身来进行取舍的。以全祖望增补的上述五个专案而论，它们所涉及的正是对宋代儒家思想发生重大影响的古文运动、书院师道，以及政治文化。下文将提到全祖望在《宋元学案》中增设的师友弟子表，也反映了同样的性质。

两部学案在时间上没有涵盖整个近世。清代当然非黄、全二人所及，上限则因断以朝代，只从宋开始。但究其实，只要进入北宋前中期的儒家思想世界，就会非常清楚地看到这一世界直接导源于中晚唐的韩愈等思想家，以及晚唐五代以来的政治、文化与社会，因此近世中国思想的上限实已有所呈现于其中。

在内容上可能的质疑是，虽然对两部学案的作者来说，将宋元明的思想界定为儒学是天经地义的事情，但在现代学人这里，限于儒学是否意味着中国近世思想的狭隘化？因为诚如陈寅恪所讲：

---

① 参见史华兹：《关于中国思想史的若干初步考察》，收入《中国思想与制度论集》，联经出版事业公司，1977 年；另参见他的《古代中国的思想世界》"导言"部分及注 1，江苏人民出版社，2004 年。

> 自晋至今,言中国之思想,可以儒释道三教代表之。此虽通
> 俗之谈,然稽之旧史之事实,验以今世之人情,则三教之说,要为
> 不易之论。①

中晚唐以降的近世中国的思想世界实非儒学所能尽摄,儒释道三教
应共同构成中国近世思想的研究对象。不过,近世中国的思想世界
能够在整个中国思想史上自成一个单元,当然不是因为朝代或者其
他诸如近世、近代这样的历史分期,而是因为近世思想根本上具有着
它的独特性。这个独特性,一言以蔽之,就是新儒学的崛起与发展。
因此,两部学案以儒学来范围思想,即便今日而言,仍未尝不是一种
合理的选择。况且,前文着意指出,黄宗羲在《明儒学案》中所强调
的理学核心主题是辨析儒佛。事实上这也是《宋元学案》中的思想
基调。因此,以儒学来范围思想,佛道两教不仅仍在视域之中,而且
必在认识之内,只是重心不同而已。

二、思想史的体例与方法

两部学案除了在内容与形态上为中国近世思想史的研究奠基以
外,在体例与方法上也同样垂范后世。从表面上看,著述体例似乎只
是一种形式,但其实蕴涵着史法。

在中国传统的史书体例中,原有"列传"与"书志"二目②,分别
记载人事与著述。"书志"虽以著录书目为主,但其分类已含梳理的

---

① 《冯友兰中国哲学史下册审查报告》,《陈寅恪史学论文选集》,上海古籍出版社,
1992 年,第 511 页。
② 参见赵翼:《廿二史札记》卷一"各史例目异同"条,中华书局,1984 年。

功能；后世衍出提要，自然更进一层。新儒学崛起以后，无论是思想家自身，还是史书编撰者，都对这一思想史上的新突破具有充分自觉，尝试以新的著述方式来呈现。从朱熹撰《伊洛渊源录》①、朱熹与吕祖谦合编《近思录》，到元人所修《宋史》新辟《道学传》，都反映了这一努力。此外，南宋学者还发展出其他的著述体例，如叶适的《习学记言序目》与黄震的《黄氏日抄》，两者都是在摘录的基础上，再加上自己的论述。黄宗羲、全祖望非常熟悉这些浙东前辈的著述，尤引黄震为楷模。因此，学案体实际上是远袭传统史书的例目，近承南宋著述的文体而形成的一种专论思想史的文体。②

《明儒学案》每卷结构基本一致，先是黄宗羲关于案主思想的总论，然后是案主的略传，最后是案主著述的选编，间加评论性质的案语。《宋元学案》除了两卷《党案》主要采用了"表"的方式外，其余各卷在主体上沿袭了《明儒学案》的上述结构，但是增加了两个新的部分，一是卷首的师友弟子表，其详情载于卷末；二是卷后的"附录"，记录各种评论。

两部学案的上述结构实际上奠定了后来各种哲学史、学术史、思想史的体例框架，不同的地方一是今人著述将对每个思想家的总论散入具体的论述之中，二是极大地减少了材料的选编，代之以现代的分析，间加的案语与各种评论一并转入相应的分析中，三是师友弟子

---

① 陈垣指出禅宗灯录体盛行以后，影响及于儒家，朱熹的《伊洛渊源录》即是模仿灯录体而作。见《中国佛教史籍概论》，中华书局，1962年，第92页。

② 全祖望称黄宗羲"建续抄堂于南雷，思承东发（黄震）之绪"（《梨洲先生神道碑文》，《全祖望集汇校集注》上册，第215页）。至于他自己，《寄怀穆堂阁学》云"冉冉蹉跎老，王（应麟）黄（震）绪莫寻"（《全祖望集汇校集注》下册，第2253页），表达得很清楚。黄宗羲在《明儒学案发凡》中虽首言周汝登《圣学宗传》与孙奇逢《理学宗传》，但明确表示不以为然。关于学案体的由来，以及两部学案的介绍，另参见陈祖武：《中国学案史》，东方出版中心，2008年。

事与心：浙学的精神维度

302

表转变为具体的叙述。这样的体例转变当然反映出思想史研究的巨大推进，但不必讳言，两部学案的架构隐然其中。

在学案体的架构背后，透露出黄宗羲、全祖望在思想史研究中的基本方法。首先，思想者的生平成为解读思想的必要环节。在传统的史书中，列传与书志分列，事迹与思想属于不同的领域。宋代学者论学，也基本上通过文本的语义分析来进行。两部学案改变了这一方式。虽然生平叙述与思想材料仍然自成一个部分，但两者同为一个学案的组成部分。这样的结构，最直接的作用就是让思想者的言与行相互印证，其思想得到鲜活的呈现，如梁启超所说，"每读完一案，便觉得这个人的面目活现纸上"①。更重要的则在于，它意味着思想史研究在解读思想时，必须意识到思想者的存在。思想者的浮现标示了思想不是悬空的语言，而是与思想者的生活有密切的关系，思想者的生活世界构成了理解思想的必要背景。

除了思想者个人的生活通过传记得到了反映，而且思想者所属的思想环境在两部学案中也获得关注，具体就是对思想共同体的重视。黄宗羲在《明儒学案发凡》中指出，虽然儒家的思想谱系没有佛教宗派那样严格，但"有所授受者，分为各案"。《明儒学案》的主体部分就完全由诸个思想共同体构成，而且它们彼此之间存在着关系。这足以凸显思想者不是单独的个体，其思想的形成受到了思想共同体的影响。对于那些特起而归属不明的思想者，黄宗羲虽然专列了"诸儒之案"，但一则所占篇幅不大，二则这些"诸儒之案"仍然被置于他们同时代的那些思想共同体的背景之中加以认识。

《宋元学案》形式上有所改变，它没有按照思想的共同体来设置

---

① 《中国近三百年学术史》，《梁启超论清学史二种》，第149页。

学案,而是基本上以每个思想者个人立案。然而,《宋元学案》在每案卷前设师友弟子表,卷后详细分类载录这些师友弟子的材料,因此它对每个思想者的思想环境的重视其实比《明儒学案》有过之而无不及。《宋元学案》将师友弟子进行分类整理,设"学侣"、"同调"、"家学"、"门人"、"私淑"等,这与现在的思想史研究重视引入社会史的研究视角与方法,表现出相同的倾向。

其次,思想解读的具体方式。前文已借助西方学术中的观念史、学术史和思想史三种形态来说明两部学案的研究门径,实际上集中在学术史与思想史两种形态上。比较而言,学术史基本限定在思想谱系的脉络上进行,思想足以得到充分阐释,但容易失落思想外的历史世界;思想史则重在呈现思想与环境的互动,对于思想的外缘情境与思想者的活动或能洞若观火,但又常常使思想本身遭到遮蔽,成为无思想的思想史。两部学案似乎尚不存在这样的弊病。无论是引入思想者的生平传记,还是增补政治文化,以及师友弟子表之类的内容,两部学案的重心始终是呈现思想,集中的体现就是思想者的思想资料选编占据了主要篇幅。虽然对思想者各有总论,在选编的资料中也间有点评性质的案语,但大量的思想资料选编仍然与现代的思想史著述大量的研究者分析迥然相异。

两部学案的编纂者都是极富识见的学者,选择这样的方式来呈现思想,毫无疑问是受到了传统学术风格的限制。但是,不能因此认为他们这样呈现思想是没有考虑的,其方式完全没有启发性。事实上,以思想资料的选编来呈现思想者的思想,完全是两部学案的编纂者高度自觉的行为,他们对于思想史的研究正体现在资料的选编上。在《明儒学案》以前,明代学者已有两部近似学案的著述,即周汝登的《圣学宗传》与孙奇逢的《理学宗传》。对这两部著述,黄宗羲在

《明儒学案发凡》中指出：

> 海门（周汝登）主张禅学，扰金银铜铁为一器，是海门一人
> 之宗旨，非各家之宗旨也。钟元（孙奇逢）杂收，不复甄别，其批
> 注所及，未必得其要领，而其闻见亦犹之海门也。

据此，黄宗羲以为，思想史的解读必须首先把握住每位思想家的思想宗旨，因为"大凡学有宗旨，是其人之得力处，亦是学者之入门处"。各案总论，大致就在揭示宗旨；而宗旨与具体选编的思想资料，黄宗羲喻之为杜牧的"丸之走盘"：

> 丸之走盘，横斜圆直，不可尽知。其必可知者，知是丸不能
> 出于盘也。

其次，思想资料的选编仍然还有着具体的要求。黄宗羲讲：

> 每见钞先儒语录者，荟撮数条，不知去取之意谓何。其人
> 一生之精神未尝透露，如何见其学术？是编皆从全集纂要钩玄，
> 未尝袭前人之旧本也。①

显然，不仅选录范围必须是思想者的整个著述，而且更要"纂要钩玄"，以见思想者"一生之精神"。这一选编原则在《宋元学案》中得到同样的贯彻。因此，两部学案虽然没有今日著述那么详尽的分析，但对于思想史的呈现仍有着它独到的意义。现代诸多研究宋元明儒家思想的名著，在脉络与资料上遗袭两部学案者，所在多有，足以证

---

① 《黄宗羲全集》第七册，第5—6页。所引杜牧之喻，见杜牧《樊川文集》卷十《注孙
　子序》，黄宗羲是略引，文字略有出入。俊按：此喻也常为余英时先生所用（参见他
　为三联书店出版的"余英时作品系列"所写的"总序"），可见思想史家对于宗旨的
　体认有其共同之处。

之。其至在某种意义上讲，由于古今迥异，今日的思想史著述虽然力求心契古人，但实际上终是"隔山望南斗"，而两部学案的编纂者与他们面对的思想者不仅同在相近甚至一样的生活世界，而且秉承共同的儒家思想谱系及其话语系统，因此他们所选编的思想资料所呈现出来的思想者一生之精神，更为鲜活与准确。也许正因为此，两部学案的编纂者才觉得只要点出思想者的论学"宗旨"，将思想资料"纂要钩玄"出来，分析反而是画蛇添足了。现代的思想史研究风格固然不可能返回两部学案，但诚如梁启超所言，其"方法和精神是永远应采用的"[1]。事实上，即便在具体的叙述风格上，冯友兰也以"叙述式的哲学史与选录式的哲学史"来说明西方哲学与中国学案的不同，指出各自的利弊，从而兼取两种方式来建构中国哲学[2]。此外，为方便读者求证与深究，两部学案所辑资料，都注明出处，这与现代的研究在技术要求上已是完全相通的了。

这里顺带指出，两部学案的思想资料选编应该如此理解，《宋元学案》的师友弟子表也宜这样看。师友弟子表有些源理梳理从宋初到元代，很容易让今人觉得已失去信史价值，但其实全祖望添置这一师友弟子表，恰恰反映出近世中国思想由于新儒学的崛起，这种强烈的师承传统已构成重要的思想观念，无论是对于一个具体的思想者，还是对于整个近世中国思想的流变，它都具有着复杂的影响。

三、知识与价值诉求下的思想史观

与思想资料的选编相比，思想者的删选是思想史研究中另一件

---

[1] 《中国近三百年学术史》，《梁启超论清学史二种》，第149页。
[2] 参见冯友兰：《中国哲学史》，第一章之（十），中华书局，1961年，第22页。

困难而重大的事情。如果说思想资料的选编更多地反映一个研究者的识见，那么思想者的删选不仅决定于识见，而且更表证着研究者的思想史观。通常重要的思想者总是不容易被遗忘。当后人在一个相对长的时段中来梳理思想的流变时，主流往往比较清楚，思想者的重要与否也容易以此而定。两部学案无疑都以重要的思想者为重，但删选宗旨仍别有值得体会的意味。《明儒学案》极其明显地以阳明学为主流贯穿全书，但对于主流之外、或持异见者同样设立专案，如《诸儒学案》与《东林学案》，因为黄宗羲的编选原则是：

> 学问之道，以各人自用得著者为真。凡倚门傍户，依样葫芦者，非流俗之士，则经生之业也。此编所列，有一偏之见，有相反之论，学者于其不同处，正宜著眼理会，所谓一本万殊也。以水济水，岂是学问![1]

全祖望在《宋元学案》中同样贯彻了这一原则，仅举全祖望增补的卷六《士刘诸儒学案》，以概其余。此卷《序录》云：

> 庆历之际，学统四起，齐、鲁则有士建中、刘颜夹辅泰山而兴；浙东则有明州杨、杜五子、永嘉之儒志、经行二子，浙西则有杭之吴存仁，皆与安定湖学相应；闽中又有章望之、黄晞，亦古灵一辈人也；关中之申、侯二子，实开横渠之先；蜀有宇文止止，实开范正献公之先。筚路蓝缕，用启山林，皆序录者所不当遗。

这里，全祖望极其自觉而强烈地要彰显那些处在思想晦暗而不安的孕育期，以他们微弱而不连贯但却充满热忱的思想开辟着思想新时代的学者们。强调思想必以思想者的真切创见为原则，拒绝"以水

---

① 《明儒学案发凡》。

济水",在思想史的主流以外,对于思想的开启者、边缘者、相异者,甚至异端者也同样予以关注,意味着两部学案极大程度上持有着多元性的思想史观,尽管黄宗羲与全祖望本人都有自己的思想立场。豪舍尔(Roger Hausheer)在介绍伯林(Isaiah Berlin)的观念史研究时,首先就指出了伯林最重要的贡献就是对于思想史上的那些异见者以及主流之外的思想者的关注。[1] 可以说,两部学案在这点上也颇具特色。

不过,两部学案的思想史观仍有申述其区别的必要。前文言及,两部学案一重理性重建,一重历史重建,这涉及思想史研究中极为重要的思想史观。自有史学以来,述史者的主体性对于客观的历史现象的认识与解读就具有着明显而又复杂的影响,晚近的后现代史学则是对此获得了高度自觉,并着意彰显以求颠覆史学所悬的客观性,从而"全盘否定该学门存在的理由"[2]。在后现代史学的荡涤下,史学是否仍应该或能够以客观信史为第一诉求,以及所谓信史的确切含义是什么,这些理论问题一时难有答案,这里自然更无力探讨。只是对于思想史研究而言,自觉到客观性以及研究者的主体性问题是非常必要的。与史学其他领域研究的客观性相比,思想史似乎存在着先天的困难。从对象来说,思想史以思想的解读为职志,而思想不同于具体的制度与事件,客观性不容易证实。从研究者来说,治思想史者必有自己的思想,这种思想会自觉不自觉地构成思想史解读的潜在背景,甚至干脆将思想史变成自己思想的注脚。

对于思想史研究中的这种独特性,既不宜视而不见,更不宜简单

---

① 参见罗杰·豪舍尔:"序言",伯林:《反潮流:观念史论文集》,译林出版社,2002年,第1—3页。

② 黄进兴:《后现代主义与史学研究》,三联书店,2008年,第3页。

地肯定与否定。以两部学案而言,《明儒学案》对于明代理学的梳理毫无疑问是以黄宗羲所认同的阳明学为主,表现出了明显的取舍,如果根据明代理学的实际传衍,进行质疑是完全可以的。但是,如果我们认同思想史研究的一个重要目的是在于通过对思想史的解读来获得自己的文化价值的深刻体认与抉发,那么又必然不会质疑黄宗羲以史昌学的思想史观,充其量只会去考量黄宗羲所体认与抉发的价值能否认同。至于经过全祖望增补而完成的《宋元学案》,固然改变了《明儒学案》那样明显的以史昌学的思想史观,力求思想史的客观呈现,但是我们如果意识到全祖望真正关心的并非是已为刍狗的思想史陈迹,而是陈迹背后透露出的精神旨趣,那么客观性同样面临怀疑。

可以说,价值与知识的平衡,既是思想史研究中的最大挑战,也是思想史的魅力所在,因为它实际上正反映了人的现实困境。值得庆幸的是,在中国思想史研究的奠基时期,两部学案就将思想史研究中价值诉求与知识诉求这对难以分拆的矛盾充分彰显了出来,令后来学者思考与探索①。

原载《浙江社会科学》2010 年第 1 期

---

① 梁启超针对唐鉴在《国朝学案小识》中对黄宗羲的訾议而反驳,虽然直接的话题仍还是道统,但其实质就是价值与知识的关系问题。见《中国近三年学术史》,《梁启超论清学史二种》,第 149 页(注二)。

宋元儒学的重建与清初思想史观[①]
——以《宋元学案》全氏补本为中心的考察

宋明儒学的历史谱系，由于受到"哲学"立场的规定，长期以来没有摆脱程朱、陆王的两系说，以及唯理、唯心、唯气的三系说[②]。邓广铭标示"宋学"的范畴，希望还宋代儒学以本来面目，惜未能全面展开[③]。按照梁启超的看法，"中国有完善的学术史，自梨洲之著学案始"[④]，但

---

① 此稿原是 2004 年 11 月应小岛毅教授邀请访问日本东京大学等校时的学术报告，题为《〈宋元学案〉全氏补本的性质及其思想史观》，报告期间曾得到近藤一成、市来津由彦等教授的指教；投稿《中国史研究》后，编辑部转来专家匿名审稿意见，今修改定稿，一并志此致谢。

② 参见陈来：《张岱年先生的学术贡献》之三，《中国社会科学文摘》2004 年第 5 期，第 138 页。

③ 邓广铭：《略谈宋学》，《宋史研究论文集》，浙江人民出版社，1987 年。俊按：余英时在 1975 年发表的"Some Preliminary Observations on the Rise of Ch'ing Confucian Intellectualism"一文中（载 *Tsing Hua Journal of Chinese Studies*, New Series XI. 1/2 [December 1975], pp. 105-144）辟有专节讨论宋学的概念，并据此而讨论新儒学的分期，但可能限于资讯而未引起注意。

④ 梁启超：《中国近三百年学术史》，朱维铮校注：《梁启超论清学史二种》，复旦大学出版社，1985 年，第 148 页。

黄宗羲撰写学案,实极具以史昌学的性质①。只有《宋元学案》因为全祖望的续补,才彰显出了重建真实思想史的特征,但却长期被遮蔽。②《宋元学案》一百卷,学案九十一个,其中"梨洲原本所无而为谢山特立"的"全某补本"达三十三卷,学案三十二个③,约占全书三分之一。梁启超曾指出,全祖望续撰《宋元学案》"视梨洲盖难数倍",并点出有"不定一尊"、"不轻下主观的批评"、"注意师友渊源及地方的派别"三个特色。④ 本稿以《宋元学案》全氏补本为中心⑤,试图考察全祖望对宋元儒学的重建及其呈现出的思想史观,同时反

---

① 小岛毅曾通过比较黄宗羲的《明儒学案》与李清馥的《闽中理学渊源考》,指出黄著的这一性质。参见小岛毅《中国近世における禮の言说》,东京大学出版会,1996年,第181—182页。早坂俊广受小岛毅的启发,在《关于〈宋元学案〉的"浙学"概念》(《浙江大学学报》2002年第1期)一文中进一步分析了《宋元学案》,指出它是一本"表明话语之书",而不只是"记述事实之书",有以作者家乡为思想之最终代表的门户意识。我对黄、全二氏学案所呈现的思想史观的关注,最初源于他们的工作,但我以为全氏工作偏重于家乡,更主要的原因是受制于文献。梁启超认为全氏续补工作"视梨洲盖难数倍",原因即在于文献收集的困难。

② 关于《宋元学案》的思想分析,仍以侯外庐主编《宋明理学史》下卷之二(人民出版社,1987年)第二十七章最为详尽,但所论完全将黄、全视为一体,没有说明两人的区别,因此全祖望续补工作的性质及其思想史上的意义几被遮蔽。

③ 王梓材:《校刊宋元学案条例》。关于《宋元学案》成书过程,详见王梓材、冯云濠:《宋元学案考略》(收入沈善洪主编:《黄宗羲全集》第三册,浙江古籍出版社,1985年)、吴光《黄宗羲遗著考[三]宋元学案补考》(收入《黄宗羲全集》第六册)。俊按:三十三卷补本中,《涑水学案》分上、下两卷,故学案三十二个,《遗著考》疏忽为三十三个。

④ 梁启超:《中国近三百年学术史》,第199页。

⑤ 据王梓材《条例》,"梨洲原本,谢山分其卷第而特为立案者",即"黄某原本,全氏补定",也是反映全祖望思想史观的重要部分。本稿讨论虽以"全氏补本"为中心,但间亦论及"全氏补定"。关于全祖望与《宋元学案》,尤其是全祖望所撰《序录》,王永健作有较全面的介绍,参见他写的《全祖望评传》,南京大学出版社,1996年,第283—354页。

映清代浙东学术的变化,折射出清初学术①有别于宋学的特征。

一、突破道统与历史还原

关于黄宗羲的宋代儒学史观,全祖望有所说明:

> 公以濂洛之统,综会诸家:横渠之礼教,康节之数学,东莱之文献,艮斋、止斋之经制,水心之文章,莫不旁推交通,连珠合璧,自来儒林所未有也。②

显然,"自来儒林所未有"一语,已表明全祖望对黄宗羲的高度肯定,而且从《宋元学案》的整个格局与脉络看,全祖望的"补本"也是以此为基础的。但是尽管如此,由于"全氏补本"达全书三分之一,"补本"在很大程度上也足以修正黄宗羲的史观。其中,最显著的莫过于卷九八《荆公新学略》、卷九九《苏氏蜀学略》和卷一〇〇《屏山鸣道集说略》这三卷补本。黄宗羲的儒学史观,虽然较前儒已甚为开放,但终究仍是"以濂洛之统,综会诸家",未脱道统之窠臼。全祖望这三卷补本,却足以突破道统,还宋元儒学之真相。

新学与蜀学,全祖望没有立为"学案",而称之为"学略",也没有按照历史的时序补在北宋诸儒之间,《屏山鸣道集说略》也没有补在

---

① 全祖望生于康熙四十四年(1705),卒于乾隆二十二年(1755),论年代已介于惠栋(1697—1758)与戴震(1723—1777)之间,可以算是清代前中期的人物。按王国维"国初之学大,乾嘉之学精,道咸以降之学新"(《观堂集林》卷二三《沈乙庵先生七十寿序》,商务40年长沙石刻本)的清代学术分期与评定,以及全祖望的思想史关怀在乾嘉时期已非学界主流,故我将全祖望归入"国初"的范畴,视他为清代学术思想由"大"转"精"而偏重于前者的人物。

② 《梨洲先生神道碑文》,《全祖望集汇校集注》(以下略称《集注》),上海古籍出版社2000年,上册,第220页。

宋元之间,而是一并置于最后,甚至在《元祐党案》与《庆元党案》之后。显然,此三卷的地位在形式上是低一格的,《略》与《党案》形同《学案》的附录。王梓材认为,"谢山以其并为杂学,故列之学案之后,别谓之'学略'云"①。"不曰'案'而曰'略',盖示外之之意云。"②所谓"杂学",即如全祖望《荆公新学略》案语所讲,"荆公欲明圣学而杂于禅,苏氏出于纵横之学而杂于禅",《屏山鸣道集说略》案语所谓,"李屏山之雄文而溺于异端"。只是宋儒杂于禅的很多,特别严重如"晦翁最贬之"者王苹,全祖望仍为之"补本"立《震泽学案》(卷二九),为什么偏将此三者置于此地呢?③ 应该能够判定,"杂学"并不是真正的原因。

就王安石而言,"略"取代"案"的真正原因应是长期以来的历史偏见。余逊为清人蔡上翔《王荆公年谱考略》所撰《跋》有一个很清楚的概述:

> 宋熙、丰间厉行新法以后,至元祐而废,绍圣复兴,执政者甲起乙仆,互为消长,门生故吏各党于所私,造为已甚之辞以相丑诋。传世之《涑水纪闻》、《邵氏闻见录》诸书,丛诟荆公,诬蔑已甚。《神宗实录》三易其稿,而最后撰定则为绍兴之本,主其事者范冲,又元祐党人范祖禹之子也。理学名儒,如龟山、考亭诸人,学宗伊洛,率贬斥新法。元人修《宋史》,以表彰道学为职

---

① 《宋元学案》卷九八《荆公新学略》案语。

② 《宋元学案》卷一〇〇《屏山鸣道集说略》案语。

③ 王永健认为"(王梓材)此说尚可商榷",并加以辨析,这是对的。但他认为全祖望这样的处理是因为三者"具有与众不同的特殊性,非传统学案所能范围"(见王永健:《全祖望评传》,第346—353页),却值得质疑。这个"特殊性"究竟是什么?因为仅就三者的思想形式,传统学案未尝不能范围。

志,据私书、实录以传荆公,挟正史之尊严,以谤书为定献。后之学者,习于所闻,语及荆公,辄同然一辞以相诋毁,鲜有能平其心以察之者。①

蔡上翔所撰《王荆公年谱考略》,立意表彰王安石,但由自序知其书成于嘉庆九年,距全祖望死已约五十年,而即使如此,由蔡序可知时至当时对王安石的偏见依旧。因此,全祖望在黄宗羲“以濂洛之统,综会诸家”的《宋元学案》中能够补立专卷来反映王安石新学,实已属极开明的做法,不仅要有卓绝的史识,而且也要有巨大的勇气。必须意识到,康、乾时代朱学已属正统,全祖望极推重的师长李绂力主陆学,在当时尚有学术和社会政治的双重压力②,更何况要为王安石新学平反。

以“略”代“案”,形式上固然有“外之之意”,但恐亦不无权宜之虑,因为通览《荆公新学略》,全祖望对王安石及其新学并没有表现出“外之之意”,相反还努力说明其地位与影响,如在王安石传后的案语中,全祖望列数靖康以后朝臣对王安石及其新学的打压,但“上以辅臣之言谓前后毁誉虽不同,其文章终不可掩,但去王雱”。《全祖望文集》中有数篇文章为王安石辩诬,这些文章《荆公新学略》中已引数则,这里再引《荆公新学略》未引的一则。《重和五经字样板本题词》云:

> 荆公之《字说》,予尝得见之吴下,其中盖有卓然足以正前人之失者,未可尽指为穿凿。故当时虽以山谷之不相苟合,亦谓

---

① 《王安石年谱三种》,中华书局,1994 年,第 742 页。

② 见 Huang Chin-shing, *Philosophy*, *Philology and Politics in Eighteenth-century China*: *Li Fu and the Lu-Wang School under the Ch'ing*, pp. 169-172. Cambridge University Press,1995。

其妙处足以不朽,是非雷同之徒所能知也。①

王安石的著作中,最初只有《字说》被禁,批评也最多,而全祖望仍有这样高的评价,实足以表明全祖望对新学决无歧视的看法。

蜀学理应与新学有别,因为蜀党是列入元祐党籍的,前引全祖望有关王安石传的案语中也提到,淳熙四年在要求撤去王安石父子从祀的同时,曾"议升范、欧、马、苏"。对于范仲淹、欧阳修、司马光,全祖望均有补本,分卷立案(卷三、四、六与七),置于宋初三先生与北宋五子之间,唯独苏氏蜀学降为"略"。

从《苏氏蜀学略》轼、辙部分仅录《朱文公文集》卷七二《杂学辨》中朱熹对《苏氏易解》、《苏黄门老子解》的辩驳来看,全祖望对苏氏蜀学似有"外之之意"。但令人疑惑的是,全祖望所撰三苏生平,评价并不低。尤其是,对苏洵,并没有讲杂于佛,相反称誉他"晚而好《易》";对轼、辙昆仲,除表彰其名迹外,对苏轼逃禅更是甚表理解,认为"小人挤排,不得安于朝廷,郁懔无聊之甚,转而逃入于禅,斯亦通人之蔽也"。窃以为,全祖望为苏氏蜀学作"补本",以"略"代"案",真正的原因与《荆公新学略》一样,也是迫于清初奉朱学为正统的环境压力而取的方便,因为朱熹毕竟曾严斥蜀学。

之所以作这样的推测,是因为全祖望作"补本"时,尽可能抬出濂、洛之统中人的话为依据。譬如卷三《高平学案》补本,他引征朱熹的话;卷四《庐陵学案》补本,他引征杨时的话;卷六、七《涑水学案》补本,引征程颐的话和朱熹确认的"六先生之目"。当然,需要说明,"晦翁最贬之"的王苹,全祖望为什么仍会为之补本立《震泽学案》(卷二九)呢? 这恐与王苹属于程门学统有关。王梓材在《震泽

---

① 《集注》中册,第1185页。

学案》"序录"后案语中讲,"震泽以杨门而入程门,故次于程门诸子专《学案》之末"。王苹固然逃禅,但性质与新学、蜀学大不同,新学、蜀学远非王苹所可比肩,他们与濂、洛是各自为宗的。

至于《屏山鸣道集说略》以"略"附末尾,真正的原因既非"杂学",也非清初的压力,而应该是历史正统观使然,全祖望"序录"首句云:"关、洛陷于完颜,百年不闻学统,其亦可叹也!"便证明了这一点。李纯甫是金人,金与元不同。宋易为元,前后相续,这中间不存在历史的正统问题①,故元儒可立《学案》;金与宋并立,且先于宋而亡,宋与金之间便有一个历史的正统问题②,作为金儒的李纯甫等只能以"略"为"案",且置于全书之末。虽然这样的做法与荆公新学、苏氏蜀学一样,都有贬义,但对于全祖望而言,能补立此卷已是难能可贵了。③

总之,全祖望《荆公新学略》、《苏氏蜀学略》、《屏山鸣道集说略》三卷补本,在体例上是颇费苦心的。如果说,黄宗羲"以濂洛之统,综会诸家"已表现出对程朱道统有所突破,那么此三卷补本,则

---

① 全祖望论史,并不抱狭隘的大汉民族观念。参见杨启樵:《论全谢山史学的精髓》,收入方祖猷、滕复主编:《论浙东学术》,中国社会科学出版社,1995 年,第 391—401 页。

② 关于宋、辽、金、元的正统问题,《明史·文苑·杨维桢传》云:"会修辽、金、宋三史成,维桢著《正统辩》千余言,总裁官欧阳元功读且叹曰:百年后公论定于此矣。"杨氏认为,"论正统之说,出于天命人心之公,必以《春秋》为宗,不得以割据僭伪当之。论元之大一统,在平宋之后,故元统乃当承宋。又以道统立论,道统为治统所系,道统不在辽金而在宋"。所引以及关于此问题的详细讨论,见饶宗颐:《中国史学上之正统论》,上海远东出版社,1996 年,第 54、49—65 页。

③ 关于金代儒学,参见田浩(Hoyt C. Tillman):《金代的儒教——道学在北部中国的足迹》,《中国哲学》第十四辑,人民出版社,1988 年;Hoyt C. Tillman, "Confucianism under the Chin and the Impact of Sung Confucian Tao-hsueh", In *China under Jurchen Rule*, ed. Hoyt C. Tillman & Stephen H. West, pp. 71-114. State University of New York Press, 1995.

足以表明全祖望的思想史观远较黄宗羲开阔,他基本上突破了道统的观念,在整个儒学的视野中还原历史的全貌。全祖望《答诸生问南雷学术帖子》于高度肯定黄宗羲之余,尝指出黄宗羲学术上仍有两个根本问题:

> 其一,则党人之习气未尽,盖少年即入社会,门户之见深入,而不可猝去,便非无我之学。其一,则文人之气未尽,不免以正谊、明道之余技,犹留连于枝叶,亦其病也。①

毫无疑问,既然有这样的深刻认识,那么花费巨大心力续撰《宋元学案》,全祖望应该会非常自觉地克服道统门户意识。尤为重要的是,全祖望分析出,党人习气实际上是学术主观性(非无我之学)的反映,这足以表明他对这个问题远非就事论事,而是已提高到学术基本立场与方法的高度加以看待,他的目的要重建客观的历史。这里尚需指出,全祖望固然已有这样的认识,但在实际的撰述中却仍不可避免地表现出旧传统所难以完全摆脱的门户意识,这中间既有历史的限制,也有思想史本身的限制,因为平心而论,在思想史的论域中,客观性原则的贯彻比其他领域的历史重建要困难许多。全祖望当然清楚地意识到这种困难,所以他才"不轻下主观的批评。各家学术为时人及后人所批评者,广搜之以入'附录',长短得失,令学者自读自断,著者绝少作评语以乱人耳目"②。而且,众所周知,全祖望非常推崇顾炎武舍经学无以为理学的思想,并将它进一步转述为"经学即

---

① 《集注》中册,第1695—1696页。关于黄氏的党人门户意识,梁启超后来也指出,并认为浙东学术自万斯同起,论学已力脱门户意识,他引四库馆臣的意见,指出万斯同所撰《儒林宗派》在《明儒学案》以后,已表现出对黄宗羲学术思想史观"不甚以为然了"。参见梁启超:《中国近三百年学术史》,第194页。

② 梁启超:《中国近三百年学术史》,第199页。

理学"①,正表明他希望并力求以客观的经学考证来约束、控制甚而取代主观的理学论说。

这里需引申一个问题。按照章学诚的看法,

> 梨洲黄氏,出蕺山刘氏之门,而开万氏弟兄经史之学;以至全氏祖望辈尚存其意,宗陆而不悖于朱者也……世推顾亭林氏为开国儒宗,然自是浙西之学。不知同时有黄梨洲氏,出于浙东,虽与顾氏并峙,而上宗王、刘,下开二万,较之顾氏,源远而流长矣。②

但是由前面的分析,似乎不难推出这样的判断:就全祖望思想史观中的客观性确立和主观性剔除而言,与其说他继承了黄宗羲的思想,毋宁说他更是继承了顾炎武的思想。全祖望曾非常用心地为黄、顾分撰碑铭③,若仔细勘比两者,可以发现:黄碑虽以学术为脉络,但笔墨更在其名迹;而顾碑虽也叙述名迹,但细梳总撮学术于前,从学术史的角度予以高度肯定。若非对顾炎武学术有足够了解与推崇,全祖望显然是写不出或不愿这样写的。梁启超论万斯同,称他在人格上受黄宗羲影响甚深,但学术思想上却表现出极大的独立与批判性。④这样的评定同样适用于全祖望⑤,而且可以进一步指出,在学术上,

---

① 《亭林先生神道表》,《集注》上册,第 227 页。余英时指出,顾炎武"原文辞气远较全氏转述之语为和缓"。参见余英时:《清代学术思想史重要观念通释·经学与理学》,《文史传统与文化重建》,三联书店,2004 年,第 203—204 页。

② 叶瑛校注:《文史通义校注》卷五《浙东学术》,中华书局,1994 年。章氏两浙学术并峙的谱系,实有为自己张目挑战戴震的心理需要,参见余英时:《论戴震与章学诚》,三联书店,2000 年,第 62—72 页。

③ 《梨洲先生神道碑文》、《亭林先生神道表》,《集注》上册,第 212—225、226—232 页。

④ 参见梁启超:《中国近三百年学术史》,第 195 页。

⑤ 梁启超也指出全祖望人格得力于王学,学术超出王学。《集注》上册,第 199 页。事实上,全祖望主张人品与学术分而论之,如《读林简肃公周易集解》关于林栗学术与人品的分析,《集注》中册,第 1264—1265 页。

全祖望追步着顾炎武,并自觉地克服黄宗羲的毛病。这意味着两点:其一,就清代浙东学术而言,囿于地域论学是有局限性的,清代浙东学术决非是封闭展开的;其二,就清初学术而言,全祖望续撰《宋元学案》,虽然仍在宋学的话语系统内论学,但上述三卷"补本"表明,他力图在思想史的领域中确立起清代客观性学术的范式,与主观性严重的宋学相区别。

回到上述三卷"补本",可以看到,由于全祖望这三卷补本,虽然濂洛之统以及综会之诸家仍为主线与主要内容,但完全独立于这一主线与内容,而且在宋学正统谱系中不为所容的新学、蜀学、金代儒学,以及他们的传承演变也得到了反映,从而勾勒出宋元儒学的整个历史画卷,在思想史的领域中极好地折射出王国维所论定的"国初之学大"的特征。

二、儒学源流的多元与丰富

"全氏补本"中大量的专案是给了那些被历史埋没了的人物,即如全祖望自己所说,"予续南雷《宋儒学案》,旁搜不遗余力,盖有六百年来儒林所不及知,而予表而出之者"[1],极大地呈现了宋元儒学源流的多元与丰富。兹循序分述于下。

1. 濂洛未起以前(卷一至卷六)

此段全祖望补了四个学案:卷三《高平学案》、卷四《庐陵学案》、卷五《古灵四先生学案》、卷六《士刘诸儒学案》。其中,卷三、卷四待下节讨论,这里只讨论卷五与卷六。

---

① 《蕺山相韩旧塾记》,《集注》上册,第580页。

卷五《古灵四先生学案》序录：

> 安定、泰山并起之时，闽中四先生亦讲学海上，其所得虽未
> 能底于粹深，然而略见大体矣。是固安定、泰山之流亚也。宋人
> 溯导源之功，独不及四先生，似有阙焉。或曰：陈烈亦尝师安定，
> 未知所据。

卷六《士刘诸儒学案》序录：

> 庆历之际，学统四起，齐、鲁则有士建中、刘颜夹辅泰山而
> 兴；浙东则有明州杨、杜五子、永嘉之儒志、经行二子，浙西则
> 有杭之吴存仁，皆与安定湖学相应；闽中又有章望之、黄晞，亦
> 古灵一辈人也；关中之申、侯二子，实开横渠之先；蜀有宇文止
> 止，实开范正献公之先。筚路蓝缕，用启山林，皆序录者所不
> 当遗。

全祖望在卷一《安定学案》序录中开宗明义地讲，"宋世学术之盛，安
定、泰山为之先河。程、朱二先生皆以为然"。再加上泰山孙复弟子
石介，便构成了开伊洛之先的"宋初三先生"的历史谱系。全祖望清
楚地点出，这个谱系是经过程、朱确认的。下逮黄宗羲，仍未对这一
谱系提出强有力的挑战。[①] 全祖望表面上似乎也没有正面做出挑
战，而且仍沿用程、朱的说法来修定卷一《安定学案》、卷二《泰山学

---

① 这个谱系至今左右着当代学者对宋代儒学的认识，如侯外庐等主编的《宋明理学
史》上卷，人民出版社，1984 年，第 31—45 页；陈来的《宋明理学》，辽宁教育出版
社，1991 年，第 33—40 页。即便是极力破斥程朱道统的漆侠，在他的《宋学的发展
和演变》(河北人民出版社，2002 年)中虽然彰显了王安石新学，但在宋初儒学的认
识上，仍囿于旧谱系，参见第 218—258 页。限于所见，只有陈植锷对此谱系提出质
疑，但似未引起注意，参见陈著《北宋文化史述论》，中国社会科学出版社，1992 年，
第 207—208 页。

案》,但这只不过是他对前人与时代的一种尊重,以及续撰的体例限制,因为从他专立卷五、卷六两个学案补本,以及所撰序录,可以清楚地看到,他实际上已不认同这样的谱系,他想用史实本身来说明,开伊洛之先的远不止"宋初三先生"。佐藤仁曾精辟地指出,全祖望的这些补本"都证明代表宋代思想界的濂洛关闽学,并不是从完全的不毛之地唐突地冒出来的。它的产生是有众多的先驱者铺垫了基石的"。通过对明州五先生的进一步考察,佐藤仁指出,从中唐萌生的中国社会由中世向近世的转变,到宋庆历年间(1041—1048)已是历史发展的必然所趋,它反映在文化教育方面,而且并不局限于一个地区①。

此外,据佐藤仁考证,全祖望关于明州五先生的撰述,是以宋代同籍王应麟所撰著述的内容为主要依据写成的。由此引出一个问题,即全祖望与王应麟在学术上的关系。全祖望引用王应麟的著述当然并不说明什么,因为全祖望续撰《宋元学案》,搜集利用了大量前人所撰史书和地方志,如他补定的卷六六《南湖学案》,即是在明代临海学者金贲亨所撰《台学源流》以及《台州府志》等基础上写成的。这里我所关心的是李绂赞许全祖望"为深宁、东发以后一人"所反映出的问题。全祖望在《寄怀穆堂阁学》之三中有"冉冉蹉跎老,王黄绪莫寻"的诗句,且自注"先生谬许予为深宁、东发以后一人"云云②,可知全祖望是非常欣赏这个赞许,也是以此自期的。而别有意味的是,这样的赞许为什么没有用在清代浙东学派的开创者黄宗羲

---

① 《全祖望撰〈庆历五先生书院记〉考》,收入方祖猷、滕复主编:《论浙东学术》,第11—21页。
② 《集注》下册,第2253页。

身上？事实上全祖望曾指出，黄宗羲"建续抄堂于南雷，思承东发之绪"①，在学术思想上是追步黄震的。这表明，在学术继承上，全祖望是意识到自己与黄宗羲之间的区别的。黄震与王应麟同为晚宋认同朱学的学者，并且都力求在学术思想的论述上引入客观性，克制主观性，但比较而言，黄震仍非常清楚地彰显着他的思想立场，而王应麟则基本上使自己的思想立场摆脱了思想的直接表白，而代之以客观性很强的经史考证。对于清代学者而言，他们认同的是王应麟，而不是黄震。② 梁启超评定黄宗羲，"总之梨洲纯是一位过渡人物，他有清代学者的精神，却不脱明代学者的面目"③，实际上正可以从黄宗羲传承黄震、全祖望兼传王应麟的不同学术谱系上得到印证，这种不同既反映了浙东学术的转变，也折射出清初学术对宋学某些特征的摆脱。

2. 濂洛时代（卷七至卷一九）

此段全祖望补了两个学案：卷七、八《涑水学案》和卷十九《范吕诸儒学案》。

《涑水学案》序录：

> 小程子谓"阅人多矣，不杂者司马、邵、张三人耳"，故朱子
> 有"六先生"之目。然于涑水，微嫌其格物之未精；于百源，微嫌

---

① 《梨洲先生神道碑文》，《集注》上册，第215页。如果比较黄宗羲原本与黄震《黄氏日抄》相关卷次，可以看出两者间的继承与推进关系。《黄氏日抄》区分《读本朝诸儒理学书》、《读本朝诸儒书》、《读文集》三个层次，黄震认同朱学，但不简单否定陆学与永嘉学，而只是将有关陆九渊的札记归入《读本朝诸儒书》，有关叶适的札记则归入《读文集》中。黄宗羲"以濂洛之统，综会诸家"，加之他的王阳明心学立场，对陆学、浙学作了肯定，但在谱系上仍基本遵循了《日抄》。关于《日抄》这方面的讨论，参见拙稿《南宋儒学建构》，上海人民出版社，2004年，第376—379页。
② 参见拙稿《南宋儒学建构》中关于黄震、王应麟的讨论，第374—385页。
③ 梁启超：《中国近三百年学术史》，第145页。

其持敬之有歉,《伊洛渊源录》中遂祧之。今本补入康节,非朱子原本也。草庐因是敢谓涑水尚在不著不察之列。有是哉? 其妄也。

此案补在关于邵雍的《百源学案》前。黄宗羲原本中有《百源学案》而无《涑水学案》,据序录所谓"《伊洛渊源录》中遂祧之",以及夹注"今本(指《伊洛渊源录》)补入康节,非朱子原本也",可知黄氏原本完全是依据着《伊洛渊源录》而做出的取舍。全祖望作此补本,并指出吴澄之妄,正反映出他的思想史观能跳出朱熹的窠臼。

《范吕诸儒学案》序录:

> 庆历之后,尚有诸魁儒焉,于学统或未豫,而未尝不于学术有功者:范蜀公、吕申公、韩持国一辈也;吕汲公、王彦霖又一辈也;丰相之、李君行又一辈也。尚论者其敢忽诸?

此案虽补在濂洛关学之后,但指出这批学者属于濂洛时代,他们虽"于学统或未豫,而未尝不于学术有功",讲历史是不可忽视他们的。[1]

比较这两个学案补本,不难看出,《涑水学案》还有程、朱的话可以借助,《范吕诸儒学案》则完全出自全祖望的独到见解。通过这两个增补的学案,以及前文已述的《荆公新学略》、《苏氏蜀学略》,濂洛时代的儒学全貌在《宋元学案》中始得完整的呈现。虽然在这中间,全祖望依然划分出了主次,但应该意识到,这是他续补《宋元学案》的体例本身的局限所致,同时也是清初朱学正统的环境使然,就全祖望的思想史

---

[1] 《黄宗羲全集》收录的《宋元学案》分成四册,其中首册截止在卷一七、一八《横渠学案》,而将卷一九《范吕诸儒学案》划入下一册中,实没有体会到全祖望的思想。其余诸册也多少有类似问题。分册或因字数而定,未虑及内容。

宋元儒学的重建与清初思想史观

观而言,通过他的补本,显然已达到了他力所能及的极致。

3. 濂洛以后、晦翁以前的时代(卷二○至卷四七)

濂洛时代与晦翁时代分别是宋代儒学的两个高峰时期,处于其间的正是各脉的流传、演变。由于此段情况复杂,故先将黄宗羲原本与全祖望补本列表于下,再略加讨论。

黄氏原本/共 17 个	内容	全氏补本/共 11 个	内容
<u>卷二三《荥阳学案》</u>	程学	卷二○《元城学案》	司马后学
卷二四《上蔡学案》	程学	卷二一《华阳学案》	司马后学
卷二五《龟山学案》	程学	卷二二《景迂学案》	司马/邵雍
卷二六《廌山学案》	程学	卷二八《兼山学案》	程学
卷二七《和靖学案》	程学	卷二九《震泽学案》	程学
<u>卷三○《刘李诸儒学案》</u>	程学	卷三五《陈邹诸儒学案》	程/司马/邵雍
<u>卷三一《吕范诸儒学案》</u>	关学	卷三七《汉上学案》	程学
<u>卷三二《周许诸儒学案》</u>	程/关学	卷三八《默堂学案》	程学
<u>卷三三《王张诸儒学案》</u>	邵雍后学	卷四四《赵张诸儒学案》	吾道疏附
<u>卷三四《武夷学案》</u>	程学	卷四五《范许诸儒学案》	独学崛起
<u>卷三六《紫微学案》</u>	程学	卷四六《玉山学案》	程学
卷三九《豫章学案》	程学		
卷四○《横浦学案》	程学		
<u>卷四一《衡麓学案》</u>	程/湖湘学		
卷四二《五峰学案》	湖湘学		
<u>卷四三《刘胡诸儒学案》</u>	程学		
卷四七《艾轩学案》	程学		

(注:黄氏原本下划线者属于全氏补定)

由上表可以清楚地看到，黄氏原本除了卷三一、三二记述了关学、卷三三记述了邵雍后学外，其余都是洛学，所有学案都是接着濂、洛时代的学案来展开的。全氏补本则有四种情况：(1)司马光学派的传播，(2)程学的传播，(3)独学崛起者，(4)吾道疏附者。其中，吾道疏附者待下节讨论。这里看其余三种情况。

(1)司马光学派的传播。共有三个专案。全祖望在濂、洛时代既已增补《涑水学案》，因此这里增补涑水后学是很自然的，正如表中所示的黄氏原本是接着濂、洛时代的学案来展开一样。至于兼传司马、程、邵雍的卷三五《陈邹诸儒学案》，则表明他尊重学术传递中的复杂性。

(2)程学的传播。共有五个专案。全祖望增补这些学案，各有针对与目的。卷二八《兼山学案》叙录程门弟子郭忠孝及其流传。郭氏属于有点背叛程门的人，《伊川先生年谱》大观元年九月条引尹和靖语，"忠孝自党争起，不与先生往来，及卒，亦不致奠"①。全祖望在序录中对"和靖所记党锢后事"表示怀疑，同时指出郭氏父子品格高洁，其学术传递绵绵不断，所以补为专案。

卷二九《震泽学案》叙述王苹思想学统。全祖望在序录中说明，朱熹对王苹最贬斥，而王阳明又最称赞，他增补此案旨在追溯陆九渊的思想谱系，指出陆、王心学为洛学所固有，维护心学的正统性。

卷三七《汉上学案》记录朱震学术。朱震以易学为主，"世之传其学者稍寡"，但朱震对于"洛学见用于中兴"是有功的。同时也因为朱震出自谢良佐一系，宋室南渡后，论学归于杨时，全祖望增补此案，也是为了呈现儒学传播的丰富性。

---

① 《二程集》上册，中华书局，2004年，第345页。

卷三八《默堂学案》记述陈渊学术。陈渊虽是杨时学生与爱婿，但杨时之后，因朱熹而光其师，故重在罗从彦道南正统。全祖望增补此卷，目的正与上卷相似。

卷四六《玉山学案》记述汪应辰思想。汪氏师事张九成、吕本中，张、吕本人学已侵佛，更非南宋儒学之正统，而全祖望增补此案，意在呈现南宋洛学诸脉的流变。

尤需指出的是，在上表所示黄宗羲原本17个学案中，除了上蔡（谢良佐）、龟山（杨时）、鹿山（游酢）、和靖（尹焞）、武夷（胡安国）、豫章（罗从彦）、横浦（张九成）、艾轩（林光朝）八个学案外，其余九个学案都是全祖望"补定"的。据王梓材《校刊宋元学案条例》，"补定"与"修定"大不同，"补定兼著其特立"，性质上是与"补本"极相近的。换言之，对于程门主流以外的宋代儒学两高峰间的各种流变，主要是靠全祖望的工作才得到了全面而清楚的梳理，从而尽显两宋儒学的丰富性与复杂性。

（3）独学崛起者。在上述（1）（2）两种情况中，全祖望的梳理虽然已极大地突破了伊洛以降的主流思想脉络，全面地呈现两宋儒学的演变，但依据的仍是濂洛时代已奠定基础的各派思想。卷四五《范许诸儒学案》则完全别开生面，其序录云：

> 伊洛既出，诸儒各有所承，范香溪生婺中，独为崛起。其言无不与伊洛合，晦翁取之。又有襄陵许吏部，得中原之文献，别为一家。萧三顾则尝学于伊洛，而不肯卒业，自以其所学孤行，亦狷者邪？

此卷学案的增补，不仅重构两宋儒学，而且更为重要与难得的是，全祖望基本否定了正统谱系对儒学的垄断性。比较黄宗羲两部学案，体例上一个最显见的区别是《宋元学案》比《明儒学案》多了各案前的师承表。全祖望论学,对于学统师承也非常重视。但卷四十五的增补,以及"独为崛起"的标示,说明全祖望更重视历史本身的重建,而不泥囿于谱系化的学统。他在该学案的《范浚传》中讲:"要之是时(两宋之际)学者……皆承伊洛之风而出者,虽不在见知闻知之列,而同车合辙,可谓豪杰之士也。"这里的重点是在"虽不在见知闻知之列,而同车合辙",至于所谓"皆承伊洛之风而出",由前文所引佐藤仁的讨论,其实应理解为唐宋以来中国社会的整个转型所趋。视伊洛为代表尚可,以其遮蔽整个时代则大不可。宋代儒学自朱学正统化以后,这种遮蔽日益严重,门户意识也因此而生。全祖望重构历史的工作无疑是在消除这种遮蔽与意识,清代学术在思想史上的诉求由此完全可以体会。

4. 朱熹时代

此段黄宗羲原本包罗最广,自朱熹以下,张栻、吕祖谦、陈傅良、薛季宣、叶适、陈亮、陆氏三兄弟,皆已立学案。全祖望补本仅三个,但意义仍不小。

卷五九《清江学案》序录:

> 朱、张、吕三先生讲学时,最同调者清江刘氏兄弟也,敦笃和平,其生徒亦遍东南。近有妄以子澄为朱门弟子者,谬矣。

卷六○《说斋学案》序录:

> 永嘉诸先生讲学时,最同调者说斋唐氏也,而不甚与永嘉相往复,不可解也。或谓永嘉之学,说斋实倡之,则恐未然。

卷六一《徐陈诸儒学案》序录:

　　　　三陆先生讲学时,最同调者平阳徐先生子宜、青田陈先生叔向也。陆氏之谱竟引平阳为弟子,则又谬矣.

显然,全祖望是为朱熹时代那些非主流、甚至针锋相对而被埋没的学者补立学案。兹举唐仲友为例,以窥全祖望的思想史观。

乾、淳之际,婺州是南宋学术的中心地区,婺学也相当兴盛,吕祖谦、唐仲友、陈亮是代表人物。此三人中,吕、陈皆当时并后世有称,唯唐仲友被埋没。全祖望《唐说斋文钞序》云:

　　　　唐台州说斋以经术史学负重名于乾淳间。自为朱子所纠,互相奏论,其力卒不胜朱子,而遂为世所訾。①

又讲:

　　　　予少时未见说斋之文,但从深宁《困学纪闻》得其所引之言,皆有关于经世之学。深宁私淑于朱子者也,而津津如此,则已见昔人之有同心。说斋著书,自《六经解》而下,共三百六十卷,文集又四十卷,今皆求之不可得。近于《永乐大典》中,得其文若干首,诗若干首,钞而编之,以备南宋一家之言,因为论其人之本末……要之,说斋之被纠,所当存而不论,而其言有可采者,即令朱子复起,或亦以予言为然也。②

全祖望补本的性质就是要重建真实的思想史,至此实甚了然。

　　5. 后朱熹时代

　　从朱熹门人至元朝都纳入这一时代。此段全祖望共增补了七个

---

① 唐仲友为吕祖谦不喜、与陈亮交恶,更为朱熹所纠,以及官司等各种因素集合在一起而被迫杜门著书以老。参见周学武:《说斋学述》,台湾学海出版社,1980 年。
② 《集注》中册,第 1190—1191 页。

学案,其宗旨与上文所示一贯,都是为了重现真实的儒学发展史。如卷七二《二江诸儒学案》是补充后朱熹时代儒学在蜀地的传播,从而展示了儒学在南宋各地区的发展;卷七八《张祝诸儒学案》是记录邵雍之学在晚宋的流变,揭示出儒学发展的复杂性;卷七九《邱刘诸儒学案》则梳理了自淳熙至嘉定,不入乾淳诸先生之学派中的各位学者的思想,客观地彰显了儒学发展中的多元性;卷八四《存斋晦静息庵学案》记录晚宋陆学的强盛,反映朱学正统化过程中的复杂性;卷九四《师山学案》补充调和朱陆的情况;卷九五《萧同诸儒学案》梳理元代儒学。

除了上述各学案外,增补的卷八八《巽斋学案》别有指意,其序录云:

> 巽斋之宗晦翁,不知所自。考之沧洲弟子,庐陵有欧阳谦之,实尝从游。巽斋其后人邪?其遗书宗旨,不可考见。然巽斋之门有文山,径畈之门有叠山,可以见宋儒讲学之无负于国矣!

细玩其辞,欧阳守道(巽斋)的学术思想显然不是关键,增补此一学案的根本是在于"巽斋之门有文山"。阅此学案,亦知文山生平思想的记录是此卷重点。因此可知,增补此卷,根本目的是全祖望要强调"巽斋之门有文山(文天祥),径畈之门有叠山(谢枋得),可以见宋儒讲学之无负于国矣!"徐霖(径畈)与谢枋得已收入上述补本卷八四中,其中谢枋得亦占较大篇幅。此处全祖望并举分属朱学、陆学的文山、叠山,强调宋儒讲学无负于国,显然是为了纠正宋代儒学清谈误国的看法。应该说,全祖望的这个思想与顾炎武是有所不同的。①

---

① 清谈孔孟而误国的指责,是清初学者比较共同的看法,见梁启超:《中国近三百年学术史》,第95—97页。

前文已述,全祖望对顾炎武学术思想高度认同。全祖望纠正黄宗羲的地方很多,纠正顾炎武的很少,这里的思想异同颇能反映出全祖望论学的独立性。换言之,在全祖望这里,浙东学术既开放,又富有批判性,从而保持了自己的论学精神。正因为有此精神,故他的思想史观既能跳出道统史观的束缚,在思想史的领域呈现"国初之学大"的特征,又能致力于思想史复杂与丰富性的细微梳理,在思想史的领域透露出已然到来的"乾嘉之学精"的特征。

三、思想史的视野

最后讨论全氏补本中的卷三《高平学案》、卷四《庐陵学案》、卷四四《赵张诸儒学案》、卷九六《元祐党案》、卷九七《庆元党案》。

这五卷补本,虽内容、体例上有别,三卷为《学案》、两卷为《党案》,但性质应该说是相似的,全祖望增补此五卷,都是为了反映宋代儒学建构过程中思想与环境的互动关系。

《宋元学案》濂洛以前诸卷,如前所述,旨在揭示宋代儒学运动"学统四起"的状况,其中黄宗羲原本仍是按照朱熹所强调的宋初三先生而定,全祖望增补《古灵四先生学案》与《士刘诸儒学案》,恢复了宋代儒学源起的多元性。只是黄氏原本加上全氏补本,都仍重在呈现儒学自身的兴起。然而在全祖望看来,宋代儒学的崛起,并不是仅靠了自身的力量,而是凭借着各种外在力量的推动与培植。

卷三《高平学案》序录云:"晦翁推原学术,安定、泰山而外,高平范魏公其一也。高平一生,粹然无疵,而导横渠以入圣人之室,尤为有功。"引朱熹的话,自然是表示增补此案有根据,但全祖望更着意指出,"导横渠以入圣人之室,尤为有功"。说明儒学发展得益于外力的推动。

卷四《庐陵学案》序录云："杨文靖公有言：'佛入中国千余年，只韩、欧二公立得定耳！'说者谓其'因文见道'。夫见道之文，非圣人之徒亦不能也。"这表面上是在为欧阳修的文人形象辩护，实际上是肯定了"文"与"道"的相辅相成关系。

尤需指出的是，在影响儒学崛起与成长的环境各要素中，全祖望非常看重民间与朝廷的相互配合、思想与政治的良性互动。《庆历五先生书院记》曰：

> 有宋真、仁二宗之际，儒林之草昧也。当时濂洛之徒方萌芽而未出。而睢阳戚氏在宋①，泰山孙氏在齐，安定胡氏在吴，相与讲明正学，自拔于尘俗之中。亦会值贤者在朝：安阳韩忠献公、高平范文正公、乐安欧阳文忠公，皆卓然有见于道之大概，左提右挈。于是学校遍于四方，师儒之道以立。②

除了在朝诸贤"左提右挈"，这里全祖望还具体提到"学校遍于四方，师儒之道以立"，标示出了教育作为儒学运动的载体的历史作用。毫无疑问，全祖望增补此二案，一方面是表彰先贤，另一方面是在开阔的视野中重现历史。

卷四四《赵张诸儒学案》的增补，则是反映南渡以后儒学重建过程中的政治与学术关系。其序录讲得很清楚："中兴二相，丰国赵公尝从邵子文游，魏国张公尝从谯天授游。丰公所得浅而魏公则惑于

---

① 据王梓材《高平学案序录》案，范仲淹发源于睢阳隐者戚正，故在《高平学案》中补述其事迹于范仲淹前，见卷三。
② 《集注》中册，第1037页。

宋元儒学的重建与清初思想史观

331

禅宗,然伊洛之学从此得昌。"①

如果说上述三学案是通过具体人物来反映宋代儒学建构中的儒学与环境,尤其是儒学与政治的关系,那么卷九六《元祐党案》、卷九七《庆元党案》则是集中地通过两个重要历史事件来综述两宋儒学运动与政治的关系。

卷九六、九七《元祐庆元党案》序录:

> 元祐之学,二蔡、二惇禁之。中兴,而丰国赵公驰之。和议起,秦桧又禁之。绍兴之末又驰之。郑丙、陈贾忌晦翁,又启之。而一变为庆元之锢籍矣。此两宋治乱存亡之所关。嘉定而后,阳崇之而阴摧之,而儒术亦渐衰矣。其事迹已散见诸公传,又放大事表之意。述《元祐庆元党案》。大略用《道命录》为底本。以至晚宋,如周密之徒,凡诋詈诸儒者皆附之。

其中,《元祐党案》中又附有"绍兴学禁",《庆元党案》附"晚宋诋詈诸儒者",从而使两宋儒学与政治的关系得以全景式展现。

全祖望此五卷的增补,充分表明了他的思想史观已完全突破狭隘的"思想"或"学术",而是将学术思想的理解、阐释置于更宽广、更深远的历史视野中展开。这里的历史视野并不是漫无际涯、没有轻重的,而是围绕着学术思想本身来拓展延伸的,即如上述,全祖望看到了古文运动的意义、学校师道的作用,特别是政治的影响力。平实而论,全祖望这样的思想史视野,仅就方法论而言,即在今日也不得不令人折服。因为在基本的层次上看,这样的视野可以有助于儒学源流的梳理和兴衰的理解,而从深一层的认识看,它实质上标示了儒

---

① 关于两宋之际政治与儒学的互动,以及赵鼎、张浚对南宋儒学运动的影响,参见拙稿《南宋儒学建构》,第2—14页。

学的根本性格,即儒学的世俗性。这种世俗性既使儒学将自己的终极关怀投注于民生与政治,也同样深刻地受到民生与政治的影响、左右乃至支配。

如果下观后来的中国学术思想史、哲学史的研究,全祖望的这种思想史观仍呈现出学术研究范式上的意义。梁启超《中国近三百年学术史》属于新史学中学术思想史的开创性著作,全书共十六节,从"楔子"完了的正文起,便分上、中、下三节专述"清代学术变迁与政治的影响"。冯友兰晚年著《中国哲学史新编》,立意超越自己的两卷本《中国哲学史》,其中最自觉而显明的诉求之一便是欲置哲学于环境中加以阐释。余英时新著《朱熹的历史世界》,更是一反几十年来以西方哲学诠释宋代儒学的格义法,要实现思想史研究范式上的"哥白尼回转",将被抽离了的宋代儒学放回到宋代政治文化的历史语境重新理解。①

由全祖望的思想史视野,我们不免要追问,全祖望既然对儒学的根本性格有如此的历史洞见,那么他又是如何看待儒家思想与环境

---

① 《朱熹的历史世界》,台北允晨文化公司,2003 年,三联书店,2004 年。余英时的新著甫出,其研究范式即引起学界的极大反响,书评除了黄进兴的,仅我所见,即有陈来《从"思想世界"到"历史世界"》(《二十一世纪》2003 年第 10 期,第 130—139 页),刘述先《书评》(《九州学林》2003 年冬季号,第 316—334 页),杨儒宾《如果再回转一次"哥白尼回转"》(《当代》2003 年 11 月第 195 期,第 125—141 页),葛兆光《拆了门槛便无内无外:在政治、思想与社会史之间》(《当代》2004 年 2 月第 198 期,第 86—96 页),杨儒宾的再答文《我们需要更多典范的转移》(同上,第 97—105 页),以及包弼德(Peter K. Bol)和田浩(Hoyt C. Tillman)发表在《世界哲学》(2004 年第 4 期)上的书评。余英时对刘述先与杨儒宾的文章也分别作有回应:《"抽离"、"回转"与"内圣外王"》(《九州学林》2004 年春季号,第 301—310 页),《我摧毁了朱熹的价值世界吗?》(《当代》2004 年 1 月第 197 期,第 54—73 页)。

此外,中国哲学史学界近来提出的"重写"中国哲学史的讨论,也正是对长期以来将中国哲学抽离于历史环境,并将之比附于西方哲学的叙述范式的反省。参见《中国社会科学文摘》2004 年第 5 期,第 23—26 页,所摘要的相关讨论。

的关系呢？从上述五卷的讨论足能看出，全祖望无疑认为，儒学的展开是需要外部环境的，尤其是良好政治的配合的，但是他似乎更坚定地认为，政治的配合决不是以政治的权力来干预，甚至支配儒学，否则便等于置儒学于死地。"朝廷之修官书，足以为害，不足以为益……盖天下之足以废弃一切者，莫有若官书也。"①全祖望彻底否定清初朱学重臣李光地，极大的原因恐亦在此。他在《答诸生问榕村学术帖子》中讲：

> 榕村之学术，即其相业可以想见，倘谓其能推崇朱子，足接坠绪，则梼昧无知之言也已。榕村于明儒中稍立门户者，皆加力诋。②

由此亦能看到，浙东学术发展至全祖望，浙学重独立、批判的精神依然得到了贯彻。清初经过雍正高压之后，学术自由的空间已相当逼仄，朝廷力挺狭义上的程朱宋学，而全祖望对李光地的批判透露出了清初学术极珍贵的历史脉动与精神特征。③

四、结　论

全祖望续补《宋元学案》，体例与基本架构虽然沿袭了黄宗羲的思想史观，但由于他特立增补的内容达三分之一，加之由他补定的内容又有三分之一，因此全祖望的工作极大程度上改变了《宋元学案》

---

① 《与谢石林御史论古本大学帖子》，《集注》中册，第1611页。
② 《集注》中册，第1697页。
③ 梁启超尝以汉宋之争为线加以描述，参见梁启超：《中国近三百年学术史》，第112—117页。

黄氏原本的面貌，同时也呈现出了全祖望很不同于黄宗羲的思想史观，从而决定了全氏补本不只是一般的著作续补，而是具有反映学术思想变迁性质的著作。

全祖望通过宋初学案的增补，还原了宋代儒学起源上的多元性；通过荆公新学、苏氏蜀学、涑水学派、同时代范、吕诸儒，以及金代儒学的增补，突破了道统与正统的观念，恢复了宋元儒学史的真相；通过两宋之际诸学案的增补与补定，重构了儒学运动的区域性、丰富性与复杂性；通过重要政治人物，以及党案的特立，揭示了宋代儒学与其生存环境的互动，以及彰显出儒学的性格。全祖望的工作，不仅突破了朱学正统化以来的宋元儒学的基本确认，在时代所能允许的范围内最客观性地重构了历史本身，而且尤为重要的是，他呈现了自己的思想史研究范式。在这个范式中，历史的客观性原则、地方思想及其与主流意识的关系、学术思想及其与政治诸环境的互动等等，都成为学术思想史关注的基本问题。作为传统的学术样式，"学案体"有着自身的局限，长于文献摘编而拙于内容分析，但全祖望的思想史范式所彰显的问题关注，仍然使之既远胜于学术谱系的简单学统式排列，又不自囿于单纯学术思想的概念辨析，展现了学术思想史所涵盖的丰富空间，对今天仍有巨大启发。

由全祖望补本的具体讨论，能够看到他对学术思想史的重建虽然自觉地继承了黄宗羲（上承黄震）的传统，但显然并不盲目和封闭，而是开放地择善是从，远追王应麟，近步顾炎武，透露出浙东学术演变中的重大变化，以及这种变化的性质，即如梁启超所言，"厌倦主观的冥想而倾向于客观的考察"①,同时全祖望所代表的清初思想史观也折射出清初学术思想宏大及其转向中期精深的特征,亦即前引王国维"国初之学大,乾嘉之学精"的评定。

原载《中国史研究》2006 年第 2 期

---

① 梁启超尝以汉宋之争为线加以描述,参见梁启超:《中国近三百年学术史》,第 91 页。

后　记

　　首先,衷心感谢二十年来先后发表拙稿的学术刊物与论文集,正是它们让我有机会把关于浙学的认识请教于学界的朋友们。

　　此外,非常感谢浙江省教育厅科研项目的支持。本书中有些论文是在浙江省教育厅 2005 年重大研究项目"浙江思想学派源流"的资助下完成的。事实上,本书最初的构想也来自于这个项目,可以说本书也是这个项目的最终成果。

　　另外也有论文是 2009 年 9—12 月在复旦大学文史研究院做访问学者时完成的,非常感谢葛兆光教授和复旦的朋友们。

　　本书的雏形是 2010 年 4—5 月在台湾大学人文社会科学高等研究院做访问学者时完成的,非常感谢黄俊杰教授和台大的朋友们。

　　本书最终定稿并列入"清华国学丛书"出版,归功于清华大学国学院的支持与肯定,2012 年 5—6 月的访问研究计划使我终于了结这项工作。非常感谢陈来教授、刘东教授和国学院的朋友们。尤其要感谢陈来教授的赐序,他在序中对于浙学及其特性,以及区域学术传统的连续性问题作了很值得思考的阐述。

　　还要感谢本书的责编田炜小姐,她为本书做了细致负责的工作。

　　最后,非常感谢余英时先生为拙书题签,先生对我的关怀不断勉励我致力于新知的追求与价值的思考。

何俊

2012 年 11 月 10 日于杭州三墩